W9-AHA-717

ROBIN ALEXANDER

DIE GETRIEBENEN

ROBIN ALEXANDER

DIE GETRIEBENEN

Merkel und die Flüchtlingspolitik:
Report aus dem Innern der Macht

Siedler

Der Verlag weist ausdrücklich darauf hin, dass im Text enthaltene
externe Links vom Verlag nur bis zum Zeitpunkt der Buchveröffentlichung
eingesehen werden konnten. Auf spätere Veränderungen hat der Verlag
keinerlei Einfluss. Eine Haftung des Verlags ist daher ausgeschlossen.

Verlagsgruppe Random House FSC® N001967

Fünfte Auflage
März 2017

Copyright © 2017 by Siedler Verlag, München,
in der Verlagsgruppe Random House GmbH,
Neumarkter Str. 28, 81673 München

Umschlaggestaltung: Rothfos + Gabler, Hamburg
Satz: Ditta Ahmadi, Berlin
Druck und Bindung: GGP Media GmbH, Pößneck
Printed in Germany 2017
ISBN 978-3-8275-0093-9

www.siedler-verlag.de

Inhalt

Vorbemerkung

Dies ist ein Buch über 180 Tage in der deutschen Politik. Am 13. September 2015 wurde ein bereits fertiger Befehl, Asylbewerber an der deutschen Grenze abzuweisen, in letzter Minute geändert. Aus der Ausnahme einer Grenzöffnung für einige tausend Flüchtlinge wurde ein sechsmonatiger Ausnahmezustand, Hunderttausende kamen nach Deutschland. Am 9. März 2016 wurde der Andrang gestoppt – als Mazedonien an seiner Grenze keine Flüchtlinge mehr passieren ließ und so die Balkanroute gegen den erklärten Willen der Bundeskanzlerin schloss. Diese 180 Tage haben Deutschland verändert. Aus einer entpolitisierten Gesellschaft ist ein Land geworden, in dem viele ein neues Selbstbewusstsein daraus ziehen, für Flüchtlinge ihr Herz, ihr Portemonnaie oder ihren Kleiderschrank geöffnet zu haben. Aber das Land ist auch gespalten. Viele Bürger fürchten sich vor islamistischem Terror, und ein erstarkter Rechtspopulismus fordert die Demokratie heraus.

Angela Merkel, die zuvor in zehn Jahren Kanzlerschaft wenig Profil zeigte, polarisiert jetzt wie keiner ihrer Vorgänger. Ihre Bewunderer loben ihre Führungsstärke in historischer Stunde, allein und gegen viele Widerstände habe sie das ethisch Gebotene durchgesetzt. Ihre Verächter halten sie schlicht für überfordert – sie habe in großer Naivität und das Recht missachtend die Souveränität Deutschlands preisgegeben. Die Anhänger beider Sichtweisen werden von diesem Buch enttäuscht sein. Es erzählt weder eine Heiligengeschichte noch ein Schurkenstück.

Dieses Buch schildert das wohl dramatischste Kapitel der jüngeren deutschen Geschichte aus einer besonderen Perspektive, nämlich die der politisch Handelnden. Natürlich ist das nur ein

Ausschnitt des Geschehens. Das Schicksal der Menschen, die in Deutschland ankamen, die Gründe für das Verlassen ihrer Heimat, die tragischen Umstände ihrer Flucht – all diese Geschichten sind es wert, aufgeschrieben zu werden. Aber dies ist kein Buch über Flüchtlinge. Ich möchte vielmehr zeigen, unter welchen Umständen und in welchen Zwängen die politisch Verantwortlichen handelten, zuallererst Angela Merkel. Aber auch die anderen führenden Akteure: der CSU-Vorsitzende Horst Seehofer, der damalige SPD-Chef Sigmar Gabriel, Finanzminister Wolfgang Schäuble, Kanzleramtschef Peter Altmaier und Innenminister Thomas de Maizière. Regieren hieß im Ausnahmezustand der deutschen Flüchtlingskrise Entscheidungen von enormer Tragweite treffen – unter großem Druck, in sehr kurzer Zeit, auf Grundlage unvollständiger Informationen. Manchmal haben die Akteure gemeinsam gehandelt, öfter haben sie miteinander gerungen und erstaunlich häufig gegeneinander gearbeitet.

Als Reporter berichte ich über Angela Merkel seit acht Jahren, begleite sie auf Auslandsreisen und auf europäische Gipfel in Brüssel. In der Flüchtlingskrise flog ich in der Delegation der Kanzlerin in Länder auf der Balkanroute und nach Istanbul zu Recep Tayyip Erdoğan. Die Nachricht vom Rücktritt ihres einstigen Hauptverbündeten, des österreichischen Bundeskanzlers Werner Faymann, erreichte die Kanzlerin, während sie einigen Kollegen und mir im Kanzleramt ihre Sicht auf das EU-Türkei-Abkommen und die Schließung der Balkanroute erläuterte.

Für dieses Buch habe ich im Sommer und Herbst 2016 noch einmal das Gespräch mit allen Akteuren in der Flüchtlingskrise gesucht. Die Interviews fanden in Berlin und München statt, in Wien, Budapest und Brüssel. Eine Reise nach Ankara verhinderte der Putsch im Juli 2016, trotzdem kam es zu Gesprächen mit türkischen Insidern. Einige meiner Gesprächspartner bestanden auf Vertraulichkeit. Um Rückschlüsse zu vermeiden, nenne ich grundsätzlich keinen Informanten. Angela Merkel war zu einem rückblickenden Gespräch über ihre Rolle in der Flüchtlingskrise für dieses Buch nicht bereit.

Ein Jahr nach den Ereignissen, von denen ich in diesem Buch berichte, scheint die Flüchtlingskrise schon Geschichte. Nur noch wenige Asylbewerber kommen nach Deutschland, die Erstaufnahmeeinrichtungen und Heime leeren sich. Aber Deutschland hat das Problem nur an die Grenzen Europas ausgelagert. Zu einem hohen Preis.

1
18 Uhr: Grenzschließung

»Es ist so weit!« Mit diesen knappen Worten meldet sich Dieter Romann, Präsident des Bundespolizeipräsidiums und damit Deutschlands oberster Grenzschützer, bei seinen führenden Beamten. Es ist Samstag, der 12. September 2015, am frühen Abend, als der Befehl ergeht, die Grenzschließung für Flüchtlinge vorzubereiten. Keine 24 Stunden später, am Sonntag um 18 Uhr, sollen an den Übergängen von Österreich nach Bayern Polizeikellen hochgehen. Alle Reisenden werden kontrolliert. Wer keinen Pass hat oder kein Visum, wird abgewiesen. Deutschland macht dicht, die Willkommenskultur ist Geschichte – nur eine Woche, nachdem Angela Merkel die Grenze für Flüchtlinge geöffnet hat.

So erscheint es jedenfalls in dieser Nacht, als sämtliche Einheiten der Bundespolizei in Alarmbereitschaft versetzt werden und sich 21 Hundertschaften auf den Weg an die deutsch-österreichische Grenze machen. Mit Bussen werden die Beamten aus ganz Deutschland herangefahren. Dieses Großmanöver ist sorgfältig geplant. Romann nutzt dazu einen Vorwand: In Hamburg, also am anderen Ende der Republik, sind an diesem Samstag viele seiner Beamten im Einsatz, sie helfen dort, den Nazi-Aufmarsch »Tag der Patrioten« und potenziell gewaltbereite Gegendemonstranten unter Kontrolle zu halten. Aber in der Nähe ist auch ein provisorischer Hubschrauberlandeplatz eingerichtet. Als Samstagabend der Befehl kommt, werden Hunderte von Polizisten in Wellen von Hamburg an die Grenze in den Alpen geflogen.

Um eine Grenze, an der Wachhäuser und Schlagbäume schon vor Jahren abgebaut wurden, über Nacht wieder scharf zu stellen, braucht man nicht nur sehr viele Beamte, sondern auch jede Menge schweres Material: Container, Zelte, Lichtmasten, Pionierzeug. Das aber ist größtenteils schon vor Ort. Ohne Wissen der Politik hat der Chef der Bundespolizei dafür gesorgt, dass eine kurzfristige Grenzschließung jederzeit möglich ist. Auch dafür hat er einen Trick gefunden: Erst im Juni fand in der gleichen Gegend der G-7-Gipfel von Elmau statt – der größte Polizeieinsatz des Jahres. Romann hat danach einen Großteil des Materials einfach vor Ort einlagern lassen.

Als am Sonntag um 17.30 Uhr tatsächlich Einsatzbereitschaft gemeldet wird, fehlt zur Grenzschließung nur noch ein allerletzter Befehl. Auch der ist bereits geschrieben. Er umfasst dreißig DIN-A-4 Seiten, aber entscheidend sind nur fünf Wörter: Wer nicht einreiseberechtigt ist, soll *auch im Falle eines Asylgesuches* zurückgewiesen werden.

Dieter Romann spricht nicht öffentlich über den Herbst 2015. Aber es ist möglich, seine Rolle in jenen Wochen in Gesprächen mit Polizisten und Ministerialbeamten zu rekonstruieren. Der Polizeichef ist promovierter Verwaltungsjurist und war als Beamter im Innenministerium Referatsleiter für die Themen Ausländerterrorismus und Ausländerextremismus. Schon aus dieser Erfahrung ist seine Einstellung zur »Willkommenskultur« eher nüchtern. Im Büro raucht er selbstgedrehte Zigaretten und spricht, obwohl er lange Ministerialbeamter war, eher die Sprache seiner Polizisten als die von Ministern und Abgeordneten.

Vielleicht ist das der Grund, warum er glaubt, die Politiker mit einem Video aufrütteln zu müssen: Im Frühjahr und Frühsommer 2015 zieht Romann mit einer selbstgebrannten DVD durch das politische Berlin, es gibt persönliche Vorführungen im Innenministerium, im Kanzleramt und bei SPD-Chef Sigmar Gabriel. Es sind Aufnahmen von Flüchtlingen auf der Balkanroute, sie stammen von Bundespolizisten, die zur Amtshilfe nach Serbien entsandt worden waren.

Dramatischer Höhepunkt des kurzen Films ist eine Kamerafahrt, die eine schier endlose Menschenkolonne an der serbischmazedonischen Grenze zeigt. Romann berichtet den Politikern von

fallenden Schlepperpreisen für die einzelnen Etappen auf der Balkanroute, er beschreibt, wie Kriminelle und staatliche Stellen dort
zunehmend Hand in Hand arbeiten. Und er erzählt eine Anekdote,
die später die Runde macht: Die mazedonische Staatsbahn habe sich
eigens zusätzliche Züge ausgeliehen, um alle Migranten in Richtung
Deutschland weiterbefördern zu können – und damit das erste positive Betriebsergebnis ihrer Geschichte erwirtschaftet. Romanns
Botschaft: Es sind zu viele Flüchtlinge. Sie werden gezielt zu uns
geschickt. Wir müssen sie an der Grenze abweisen.

Schnell folgen die Einwände: Ist das durchführbar, erfordert das
Asylrecht nicht die individuelle Prüfung jedes einzelnen Antrages?
Romann kontert jedes Mal mit Artikel 16 des Grundgesetzes. Zwar
heißt es dort »Politisch Verfolgte genießen Asylrecht«, doch schon
der zweite Absatz schränkt ein: »Auf Absatz 1 kann sich nicht berufen, wer aus einem Mitgliedstaat der Europäischen Gemeinschaften
oder einem anderen Drittstaat einreist« – wenn in diesem die Genfer
Flüchtlingskonvention eingehalten wird. Das gilt für alle Nachbarländer Deutschlands. Aber wurden Grenzkontrollen innerhalb
Europas nicht abgeschafft, seit 1995 das Schengener Abkommen in
Kraft trat? Ist die Grenzschließung juristisch und praktisch also
überhaupt möglich?

Das soll bald bewiesen werden. Für den G-7-Gipfel, der im Juni
in Deutschland stattfinden wird, hat die Bundespolizei beim Innenministerium beantragt, aus Sicherheitsgründen temporäre Grenzkontrollen einzuführen. Die letzten Kontrollen dieser Art gab es in
Deutschland neun Jahre zuvor, ebenfalls bei einem Gipfel der Staats-
und Regierungschefs, damals in Heiligendamm. Doch 2015 zögert
die Bundesregierung mit der Genehmigung. Will das Kanzleramt
zeigen, dass man einen Besuch von Barack Obama und anderen
Führern der westlichen Welt, der die allerhöchste Sicherheitsstufe
auslöst, sogar bei offenen Grenzen meistern kann?

Ausgerechnet militante Linksradikale aus Italien kommen der
Bundespolizei zu Hilfe. Sie reisen am 18. März nach Frankfurt und
verwandeln dort eine Demonstration gegen die Eröffnung des
Neubaus der Europäischen Zentralbank in eine Straßenschlacht.

Polizisten werden schwer verletzt, Polizeiwagen brennen vollständig aus. Die Fernsehbilder zeigen Rauchschwaden, die über Frankfurts Skyline ziehen.

Rauchschwaden über »ihrem« G-7-Gipfel will die Kanzlerin nicht riskieren – wenige Tage nach der Frankfurter Randale bekommt die Bundespolizei die beantragten Kontrollen für den Gipfel genehmigt. Zum angestrebten Beweis, dass Grenzkontrollen sehr wohl möglich und sinnvoll sind, könnte der Ort gar nicht günstiger gelegen sein. Die Staats- und Regierungschefs tagen in Schloss Elmau, einem Fünfsternehotel in den Alpen. Es liegt im Landkreis Garmisch-Partenkirchen, in Oberbayern, direkt an der Grenze zu Österreich. Hier genau treffen die beiden Hauptmigrationswege in Europa aufeinander, die Balkanroute und die Mittelmeerroute: Wenn man hier die Grenze für Flüchtlinge dicht machen kann, funktioniert es überall.

Der Elmauer Gipfel wird ein Erfolg. Die Führer der westlichen Welt beschließen, die globale Wirtschaft so umzubauen, dass bis zum Jahr 2100 kein Kohlenstoffdioxid mehr freigesetzt wird. Merkel kann ihr mittlerweile verblasstes Image als »Klimakanzlerin« aufpolieren. Und die schönen Fotos von der Kanzlerin mit Barack Obama in einem bayerischen Biergarten lösen im Kanzleramt Wohlgefallen aus.

Auch für die Bundespolizei hätte Elmau kaum besser laufen können. Denn ihre »mobilen Grenzkontrollen« bringen das erwünschte Ergebnis: 13 800 Verstöße gegen das Aufenthaltsrecht werden registriert, 1200 Fahndungserfolge und 151 Vollstreckungen offener Haftbefehle kann Romann wenige Tage später dem Innenausschuss des Deutschen Bundestages präsentieren. »Wir haben nur einmal kurz das Licht angeknipst«, erklärt er in der nichtöffentlichen Sitzung. Gemeint ist: Wir haben gezeigt, dass die Zustände an den offenen Grenzen unhaltbar sind. Die wichtigste Zahl aber ist eine andere: 1030 »Zurückweisungen« hat die Bundespolizei im Umfeld des Gipfels vorgenommen. Für Romann der Beweis: Auch im Jahr 2015 ist Deutschland in der Lage, an seinen Grenzen Menschen abzuweisen. Nach dem Elmauer Gipfel wurden die Grenzkontrollen allerdings wieder eingestellt.

Als dann in jener Nacht zum 5. September die Grenze geöffnet wird, erfährt die Führung der Bundespolizei davon erst aus den Medien und fragt im Innenministerium nach: Sind das nicht alles unerlaubte Grenzübertritte? Machen sich unsere Beamten nicht sogar strafbar, wenn sie diese geschehen lassen?

Zwar beschließt die Große Koalition als Sofortmaßnahme unmittelbar nach der Grenzöffnung dreitausend neue Stellen für die Bundespolizei. Doch Merkel sendet durch Selfies mit Flüchtlingen und öffentliche Äußerungen nicht gerade Signale in Richtung Grenzschließung. »Das Grundrecht auf Asyl kennt keine Obergrenze«, erklärt sie in einem Zeitungsinterview, das am Freitag, dem 11. September, erscheint.

Am gleichen Tag melden allerdings vierzehn Bundesländer dem Bundesinnenministerium, dass sie zurzeit keine neuen Flüchtlinge mehr aufnehmen können. Obwohl von der Turnhalle bis zur Kaserne jedes mögliche Gebäude als Unterkunft erschlossen wird, gibt es an diesem Tag in ganz Deutschland nur noch 850 als frei gemeldete Plätze. Dem stehen 40 000 neue Flüchtlinge gegenüber, die an diesem Wochenende nach Schätzung des Außenministeriums erwartet werden. Inzwischen lässt sich nicht mehr leugnen, dass die Bilder der deutschen Willkommenskultur vielerorts die Massenbewegung noch zusätzlich befeuert haben. Siebentausend Migranten treffen von Griechenland aus in Mazedonien ein – pro Tag.

Innenstaatssekretärin Emily Haber warnt intern, Österreich habe die Kontrolle über den Weitertransport verloren und winke nur noch durch in Richtung Deutschland. Die deutsche Botschaft in Afghanistan berichtet, die Regierung in Kabul habe eine Million Reisepässe gedruckt – wer sich um einen solchen bemühe, wolle zumeist nach Deutschland. Eine geplante Übung von Bund und Ländern mit LÜKEX, dem gemeinsamen System für den Katastrophenschutz, wird abgesagt, weil alle Ressourcen gebunden sind. Auch die Bundeswehr lässt Reservistenübungen ausfallen. Die Absage des gemeinsamen Herbstempfangs von Bundesnachrichtendienst (BND), Verfassungsschutz, Bundeskriminalamt (BKA) und

Bundespolizei ist aber ein politisches Signal: Die Verantwortlichen für die Sicherheit der Republik wollen in dieser Lage nicht miteinander anstoßen.

Hinter verschlossenen Türen wird der Ton schärfer. Zwischen Donnerstagabend und Freitagmittag lassen die Landesinnenminister ihrem Ärger gegenüber der Bundesregierung in gleich fünf Telefonkonferenzen freien Lauf. »Wir befinden uns im Flugzeug, dessen Sprit ausgeht, und wissen nicht, was wir tun sollen«, wird anschließend ein Sitzungsteilnehmer zitiert. Ein anderer bringt die Diskussion auf den Punkt: »Sind wir uns einig, dass wir am Limit sind und bald keine Flüchtlinge mehr aufnehmen können?« Die von der Union gestellten Innenminister fordern von ihrem Parteifreund Thomas de Maizière am Freitagmittag explizit die Einführung von Grenzkontrollen – und die Zurückweisung von Flüchtlingen an der Grenze zu Österreich. De Maizière, der gerade an einer verschleppten Bronchitis laboriert, kann oder will keinen Widerstand mehr leisten. Seine Antwort: Merkel muss entscheiden.

Die Unions-Innenpolitiker drängen Merkel bewusst nur intern, die Grenzöffnung rückgängig zu machen. Sie wissen, dass öffentlicher Druck auf die Kanzlerin kaum weiterhilft. Ihren Kurs würde Merkel wohl nur dann korrigieren, wenn es so aussähe, als sei dies ihre eigene Entscheidung. Noch besteht dazu die Möglichkeit. Merkel hatte die Grenzöffnung ja selbst als »Ausnahme« begründet. Sie könnte also ein Zurück zur Normalität verkünden, ohne zugleich einen Fehler einzugestehen.

Aber genau den will ein ehemaliger Innenminister in die Welt posaunen. Hans-Peter Friedrich hat mit der Kanzlerin noch eine Rechnung offen, seit sie ihn 2014 als Innenminister entließ. Friedrich hatte damals den SPD-Vorsitzenden Sigmar Gabriel vertraulich darüber informiert, dass der Name des SPD-Abgeordneten Sebastian Edathy im Zusammenhang mit Ermittlungen zu einem Kinderporno-Versandhandel aufgetaucht sei. Als dies herauskam, wurden nicht etwa die Genossen bestraft, die Edathy gewarnt hatten – sondern ausgerechnet der unbescholtene CSU-Mann Friedrich. Sein Zorn darüber ist nie verraucht.

Jetzt kommt die Gelegenheit zur Rache. Friedrich hat schon Anfang der Woche beim »Spiegel« angerufen und gefragt, ob man ihn nicht mit einer harschen Merkel-Kritik zu Wort kommen lassen wolle. Doch das Nachrichtenmagazin hat schon ein Gespräch mit der CDU-Politikerin Ursula von der Leyen geführt, die Merkels Grenzöffnung in höchsten Tönen lobt. Man will die Leser nicht verwirren. Frustriert wendet sich Friedrich nun an die Lokalzeitung in seinem Wahlkreis, schon am Donnerstag zitieren alle Nachrichtenagenturen die deftigsten Sätze: »Eine beispiellose politische Fehlleistung« sei es gewesen, die Flüchtlinge ins Land zu lassen, die »verheerende Spätfolgen« haben werde. »Völlig unverantwortlich« sei es, Zigtausende aufzunehmen, darunter vielleicht »IS-Kämpfer oder islamistische Schläfer«, schimpft Friedrich: »Kein anderes Land der Welt« würde sich »so naiv und blauäugig« in Gefahr begeben. Aus Sicherheitsgründen werde man »schon bald Grenzkontrollen wieder einführen müssen«.

Friedrich zielt auf Merkel, aber die Salve trifft Horst Seehofer. Der sitzt als CSU-Chef weit weniger fest im Sattel als Merkel in ihrer Partei. Seehofer fürchtet, vom innerparteilichen Zorn über die Grenzöffnung weggespült zu werden – wenn er sich nicht selbst an die Spitze der Kritiker stellt. Deshalb glaubt er, Friedrich übertrumpfen zu müssen. Am Freitag lässt Seehofer bekannt werden, dass seine CSU den ungarischen Ministerpräsidenten Viktor Orbán zur nächsten Klausurtagung ihrer Landtagsfraktion eingeladen hat. Damit stellt sich die Schwesterpartei offen auf die Seite des europäischen Hauptgegners der Kanzlerin – nicht nur in der Flüchtlingspolitik. Die Grenzöffnung nennt Seehofer jetzt öffentlich einen »Fehler, der uns noch lange beschäftigen wird«. Der Beifall an der CSU-Basis ist gewaltig. Doch die Innenpolitiker sind entgeistert. Seehofer verbaut Merkel damit die Möglichkeit, die Grenzöffnung ohne Gesichtsverlust zu revidieren.

Am gleichen Tag schlagen sogar die Anhänger der Willkommenskultur erstmals Alarm. Münchens Oberbürgermeister Dieter Reiter, bisher Verfechter der offenen Grenzen, hat jetzt genug: Es sei die Aufgabe der Bundeskanzlerin, »mehr zu tun«, schimpft er.

Tatsächlich droht der bayerischen Landeshauptstadt schon am Freitag der Kollaps. Reiter hat die lokalen Brauereien gebeten, ihm mit Bierzelten auszuhelfen, und die Bevölkerung aufgerufen, Luftmatratzen und Isomatten zu spenden. Auch der Vorsitzende der Innenministerkonferenz, Roger Lewentz aus Rheinland-Pfalz, wie Reiter ein Sozialdemokrat, kritisiert Merkel erstmals öffentlich im Namen seiner Kollegen: »Die Länder sind völlig überrascht worden von der Einreiseerlaubnis der Kanzlerin. Wir hätten Zeit für Vorbereitungen gebraucht. Und wir hätten vorher davon wissen müssen.« Nun sei man »in großer Not«. An diesem Samstag werden mehr Flüchtlinge nach Deutschland kommen als jemals zuvor und danach an einem einzigen Tag: rund 13 000 Menschen. Zum Vergleich: Zwei Tage zuvor hat US-Präsident Obama angekündigt, die Vereinigten Staaten würden 10 000 syrische Flüchtlinge aufnehmen – im ganzen folgenden Jahr.

Die CSU-Attacken haben Merkel trotzig gemacht, aber die Warnungen der Kommunal- und Landespolitiker bringen sie ins Grübeln. Kurz nach 13 Uhr erreicht sie eine SMS von Horst Seehofer: »Ich kann dich nur dringend bitten, dem Ernst der Lage Rechnung zu tragen.« Um 14 Uhr tritt Merkel im Berliner »Tempodrom« an ein Mikrophon, die CDU veranstaltet ausgerechnet an diesem Tag den »ersten offenen Mitgliederkongress« ihrer Parteigeschichte. Das Besondere daran: Nicht nur Delegierte, sondern jedes einfache Mitglied und jeder interessierte Gast dürfen mitdiskutieren. Allerdings nicht zum Thema der Stunde, Flüchtlingspolitik, sondern zur Digitalisierung.

Zu Anfang ihrer Rede verteidigt die Kanzlerin die Grenzöffnung »vor einer Woche in einer Notlage«, erklärt aber kurz darauf: »Wir brauchen eine Unterscheidung. Schutz bekommen die, die schutzbedürftig sind« – wer aus wirtschaftlichen Gründen nach Deutschland komme, könne nicht bleiben. Die meisten Teilnehmer überhören diesen Akzent, denn die Kanzlerin widmet sich rasch dem nächsten Thema.

Während der CDU-Kongress noch tagt, fährt Merkel zurück ins Kanzleramt und bittet um 15 Uhr die fünf wichtigsten Politiker

Deutschlands, in den kommenden Stunden telefonisch erreichbar zu sein: Horst Seehofer und Sigmar Gabriel als Parteivorsitzende der beiden Koalitionspartner, Außenminister Frank-Walter Steinmeier, Innenminister Thomas de Maizière und Kanzleramtschef Peter Altmaier. Alle fünf fragen sich: Schließt Merkel die Grenze? Zuerst führt sie Einzelgespräche. Um 17.30 Uhr lässt sie alle zusammenschalten.

In dieser Telefonkonferenz schlägt de Maizière vor, dass angesichts der Überforderung der Bundesländer bei der Versorgung der Flüchtlinge zeitlich befristet wieder Kontrollen an der deutsch-österreichischen Grenze eingeführt werden sollen. Niemand aus der Runde widerspricht. Dann geht es darum, ob nicht nur kontrolliert, sondern auch Menschen ohne notwendige Papiere an der Einreise gehindert werden sollen. De Maizière ist dafür. Auch Seehofer. Die beiden Sozialdemokraten legen sich zunächst nicht fest, ebenso wenig Merkel und Altmaier. Die Rechtslage wird erörtert. Dann malt sich die Runde Szenarien aus: Was passiert, wenn die Migranten an der deutschen Grenze gestoppt werden? Stauen sie sich in Österreich? Versuchen sie gar, die Grenze zu stürmen? Am Ende wird de Maizières Vorschlag angenommen.

Es soll wieder Grenzkontrollen geben. Parallel dazu soll der Zugverkehr von Österreich nach Deutschland für zwanzig Stunden unterbrochen werden. Und – der springende Punkt: Flüchtlinge sollen an der Grenze zurückgewiesen werden. Jetzt entscheiden sich die führenden Politiker der Großen Koalition also genau für das, was Angela Merkel wenig später öffentlich für unmöglich erklären wird. In der Telefonschaltkonferenz stimmt sie jedenfalls noch explizit zu.

In einer Hinsicht gehen die Erinnerungen der Beteiligten auseinander: Sollten alle Flüchtlinge abgewiesen werden oder nur diejenigen aus sicheren Herkunftsländern? Das waren zu diesem Zeitpunkt sämtliche Länder der Europäischen Union sowie Bosnien-Herzegowina, Mazedonien und Serbien. Noch im August stammten fast die Hälfte der neu in Deutschland ankommenden Geflüchteten vom Balkan, nicht aus Syrien. Ihre Asylverfahren sind

fast aussichtslos. Im Sinne einer Beschränkung auf wirklich Schutz-
bedürftige, wie sie von Merkel am Nachmittag im Tempodrom öffentlich angemahnt worden war, ergäbe die gezielte Abweisung von
Migranten ohne Bleibeperspektive durchaus Sinn. Und zumindest
die Syrer wären noch immer willkommen gewesen.

Ein Teilnehmer der Telefonkonferenz erinnert sich im vertraulichen Gespräch dezidiert: Es sei damals um die Zurückweisung von
allen Asylbewerbern aus sicheren Drittstaaten gegangen, an der österreichischen Grenze also de facto von allen Flüchtlingen. Für diese
Version spricht einiges, denn nur schwer vorstellbar ist ein Szenario,
bei dem eine Bundespolizei, die es in diesen Tagen nicht einmal
schafft, die Namen aller Ankommenden zu notieren, auch noch
deren Identität rechtssicher prüft.

Nach der Telefonkonferenz ruft de Maizière sofort den Chef der
Bundespolizei an. Und der lässt unverzüglich die lange vorbereitete
Aktion anrollen. In dem Einsatzbefehl, den er längst fertig hat und
in der Nacht nur aktualisiert, steht nichts von einer Beschränkung
auf »sichere Herkunftsländer«. So bezieht die Bundespolizei in dieser Nacht Stellung, um am nächsten Tag ab 18 Uhr die Grenze für
sämtliche Flüchtlinge zu schließen. Horst Seehofer telefoniert mit
Parteifreund Hans-Peter Friedrich und ruft ihm zu: »Du hast gewonnen! Wir führen Grenzkontrollen ein!« Aber noch ist der Befehl
nicht unterzeichnet.

Während die Polizisten mit Helikoptern herangeflogen werden,
sind weiterhin Tausende Migranten von der anderen Seite auf dem
Weg zur Grenze unterwegs – in Bussen, in Zügen, manche auch
zu Fuß. Es ist ein ungleiches Wettrennen, denn die Flüchtlinge
vertrauen auf die Bilder der Kanzlerin und der jubelnden Münchner und ahnen nicht, dass sie nur noch wenige Stunden lang willkommen sind.

Am Sonntagmorgen könnten sie es erfahren. Die Nachricht von
den bevorstehenden Grenzkontrollen ist »durchgestochen« worden – so nennt man es im politischen Berlin, wenn ein Politiker
einen Reporter anruft, um einen vertraulichen Vorgang in die Öffentlichkeit zu tragen und damit einem politischen Konkurrenten

zu schaden. In diesem Fall droht allerdings eine Katastrophe: Wenn die Nachrichtenseiten von »Spiegel«, »Welt« oder »Bild« jetzt die geplanten Grenzkontrollen melden und internationale Medien sofort nachziehen, erfahren auch die Migranten in Minutenschnelle davon. Es droht ein gnadenloser Schlussspurt nach Deutschland, in dem die Stärkeren die Schwächeren überrennen und Sicherheitskräfte die letzte Kontrolle verlieren, wie man im Innenministerium fürchtet. Was die Grenzöffnung in der Woche zuvor verhindern sollte, droht jetzt umso mehr: Gewalt an der deutschen Grenze und politisches Chaos auf dem Balkan.

Um dies zu vermeiden, entschließt man sich im Innenministerium zu einem gewagten Schritt. Johannes Dimroth, der Chefsprecher, bestätigt die Information, bittet aber, von einer sofortigen Veröffentlichung abzusehen. Nur in seltenen Fällen wird so entschieden. Da die Bundesregierung keine Nachrichtensperre anordnen kann, bittet sie in extremen Lagen die Redaktionen zu freiwilligem Verzicht aus übergeordnetem Interesse. Dies geschah etwa zu Zeiten des RAF-Terrors, um das Leben von Geiseln nicht zu gefährden, aber auch während der Finanzkrise 2008. Damals bat die Bundesregierung darum, einen Bericht über einen sich abzeichnenden »Bank Run«, also eine Massenabhebung von Geldeinlagen, nicht zu veröffentlichen, bevor die Bundeskanzlerin und ihr Finanzminister eine Garantie aller Sparguthaben ausgesprochen hatten.

Ist eine solche Selbstbeschränkung auch im Netzzeitalter möglich? Die Redaktionen haben ihr Monopol, Nachrichten zu prüfen und den Zeitpunkt ihrer Veröffentlichung zu kontrollieren, doch ohnehin längst verloren, ein einzelner Tweet oder Facebook-Eintrag kann den Ansturm auslösen, der unbedingt vermieden werden soll.

Tatsächlich gibt es seit den Mittagsstunden Andeutungen in den sozialen Netzwerken, die Einführung von Grenzkontrollen stehe kurz bevor. Aber sie gehen unter neben Tausenden Meinungsbeiträgen, Halbwahrheiten und Falschmeldungen, dem Grundrauschen im Netz. Anders als bei den Selfies der Kanzlerin drei Tage zuvor, entgleitet der Regierung diesmal die Kommunikation nicht. »Spiegel Online« meldet schließlich um 16.05 Uhr die Grenzkontrollen, fast zeitgleich, gegen 16.12 Uhr, verschickt das Ministerium die Einladung zur Pressekonferenz, und um 17.30 Uhr will de Maizière verkünden, dass ab 18 Uhr an der deutschen Grenze neue Regeln gelten. Aber welche Regeln genau? Das ist zu dem Zeitpunkt, als die Nachricht von den Grenzkontrollen um die Welt geht, noch immer umstritten. Seit 14 Uhr wird im Lagezentrum des Innenministeriums darum gerungen. In diesem Konferenzraum, der mit großen Bildschirmen und neuester Kommunikationselektronik vollgepackt ist, haben sich der Minister, sämtliche Staatssekretäre, die Führung der Bundespolizei, sowie vier Abteilungsleiter und einige Unterabteilungsleiter und Referatsleiter versammelt. Aus Bonn telefonisch zugeschaltet ist der Präsident des Bundesamtes für Migration und Flüchtlinge Manfred Schmidt. Die Mehrheit der Anwesenden sind Beamte aus der Abteilung M wie Migration, die anderen kümmern sich vor allem um polizeiliche Aufgaben.

Außer de Maizière weiß keiner der Anwesenden von der Telefonkonferenz der Spitzenpolitiker, die das Ergebnis dieser Sitzung eigentlich schon vorgegeben hat. Der Minister eröffnet die Besprechung mit der Feststellung, man habe entschieden, Grenzkontrollen einzuführen. Dann aber stellt er die entscheidende Frage: Können wir zurückweisen oder nicht?

Die Runde ist in dieser Frage gespalten. Die für Sicherheit zuständigen Beamten argumentieren pro Zurückweisung und erhalten Unterstützung von de Maizières parlamentarischen Staatssekretären, den beiden CDU-Politikern Günter Krings und Ole Schröder. Doch die für die Regelung von Zuwanderung zuständigen Beamten am Tisch sind skeptisch. Denn während das deutsche Asylverfahrensgesetz Zurückweisungen von Asylsuchenden aus einem sicheren Drittstaat ermöglicht, kennen die europäischen Regeln das »Zuständigkeitsbestimmungsverfahren«. Deutschland kann nicht einfach abweisen, sondern muss erst prüfen, welches Land für das Verfahren zuständig ist, bevor es die Menschen dorthin zurückschickt.

Am Ende, so die Beamten, hänge alles an der Frage, ob die sogenannte Dublin-Verordnung noch in Kraft sei oder nicht. Sie legt fest, dass ein Flüchtling seinen Asylantrag im ersten EU-Land, das

er betritt, stellen muss und nicht zu einem Land seiner Wahl weiterreisen darf. Das ist ein heikles Thema, denn während die Bundesregierung diese europäischen Regeln de facto mit der Grenzöffnung
ausgesetzt hat, beharrt sie offiziell immer noch auf deren Gültigkeit.
Der junge Staatssekretär Schröder platzt heraus, es sei »denklogisch
doch Unsinn«, weiter zu behaupten, Dublin gelte noch. Zurückweisungen müssten möglich sein. Aber die Beamten bringen immer
neue rechtliche Bedenken vor. Irgendwann verliert der Chef der
Bundespolizei die Geduld: Beim G-7-Gipfel in Elmau seien Zurückweisungen doch auch möglich gewesen, wie könne der wort-
gleiche Einsatzbefehl nun rechtlich problematisch sein?

Der Minister verfolgt die Debatte – und berichtet zugleich an
höherer Stelle darüber. Dreimal wird de Maizière in dieser Sitzung
telefonieren. Beim ersten Mal zieht er sich nur mit seinem Handy
in eine Ecke des Raumes zurück, beim zweiten und dritten Mal
verlässt er für mehrere Minuten das Lagezentrum. Er spricht es
nicht aus, aber allen Anwesenden ist klar: Er telefoniert mit der
Kanzlerin.

Es sind die entscheidenden Telefonate der Flüchtlingskrise, sie
werden größere Konsequenzen haben als die Grenzöffnung eine
Woche zuvor. Denn die war als Ausnahme geplant und wäre auch
eine Ausnahme geblieben, wenn de Maizière nun die Grenzschließung angeordnet hätte. Mit seinen Anrufen setzt er die politische
Meinungsbildung, die eigentlich schon abgeschlossen war, noch einmal neu in Gang. Und diesmal sagt Merkel weder ja noch nein. Sie
äußert Bedenken.

Nach seinen Telefonaten richtet de Maizière eine Frage an die
Runde: Was machen wir eigentlich, wenn sich die Migranten nicht
zurückweisen lassen? Es gehöre zum Wesen des Rechtsstaats, das
Recht auch durchzusetzen, wird ihm geantwortet. Ja, argumentiert
de Maizière, aber der Rechtsstaat dürfe sich auf keinen Fall lächerlich machen, indem er daran scheitere, das Recht durchzusetzen.
Die eigentliche Frage laute deshalb: Halten wir die entsprechenden
Bilder aus? De Maizière wendet sich konkret an Romann: Was geschieht, wenn 500 Flüchtlinge mit Kindern auf dem Arm auf die

Bundespolizisten zulaufen? Der oberste Bundespolizist wirkt über-rumpelt. Das, erwidert er schließlich, entscheiden die Polizeiführer vor Ort.

De Maizière fragt, ob man sich darauf verlassen könne, einen »Dominoeffekt« auszulösen. Wie ein Dominostein den nächsten zum Kippen bringt, so soll die deutsche Grenzschließung weitere Grenzschließungen auslösen. Denn wenn Deutschland dicht macht, fürchtet die Wiener Regierung, dass sich die Migranten in Öster-reich stauen, und weist sie deshalb ebenfalls schon an seiner Grenze zu Slowenien zurück. So geht es über Slowenien, Ungarn oder Kroa-tien bis nach Serbien, Mazedonien und schließlich nach Griechen-land. Wenn die Flüchtlinge dort festsitzen, machen sich keine neuen mehr auf den Weg – zumindest nach der Dominotheorie. Der In-nenminister will wissen, wie lange Deutschland an der Grenze Flüchtlinge zurückweisen müsse, bis dieser »Dominoeffekt« ausge-löst werde? »Vielleicht drei Tage«, lautet die Antwort. Aber de Mai-zière entscheidet immer noch nicht. Stattdessen verlässt er erneut den Raum, um zu telefonieren.

Jetzt geht es um die Position der SPD. Als Parteivorsitzender hatte Sigmar Gabriel der Grenzschließung ja bereits am Vortag in der Telefonkonferenz zugestimmt. Aber in der Zwischenzeit sind de Maizière Bedenken aus der SPD übermittelt worden, ob man wirk-lich Flüchtlinge abweisen könne. Hat Merkel ihrem Innenminister erklärt, sie sei unter den neuen rechtlichen Bedenken nur bereit, der Grenzschließung zuzustimmen, wenn auch die SPD diese mittrage? Gabriel hat in den Wochen nach der Grenzöffnung mehrfach ge-genüber Vertrauten die Versuche Merkels beklagt, Verantwortung abzuwälzen. Damals sind die offenen Grenzen noch populär und in der SPD kursiert rasch die Parole: »Wir haben schon die Agenda 2010 gemacht, wir können für die CDU nicht auch noch die Grenze schließen.«

Nach diesem Telefonat, dem letzten, das er aus der Sitzung heraus führt, ordnet de Maizière an, dass der Einsatzbefehl umge-schrieben wird. Romann muss genau jene fünf Wörter streichen, auf die es ankam. Statt Zurückweisungen »auch im Falle eines Asylgesuches« werden die Polizeidirektionen jetzt angewiesen, dass »Drittstaatsangehörigen ohne aufenthaltslegitimierende Dokumente und mit Vorbringen eines Asylbegehrens die Einreise zu gestatten ist«. Es wird zwar kontrolliert, aber jeder, der Asyl sagt, wird hineingelassen – egal ob er aus einem sicheren Drittstaat oder einem sicheren Herkunftsland kommt. Die Polizisten an der Grenze können es kaum glauben: dafür der ganze Aufwand!?

Kurioserweise gehen auch viele Flüchtlinge zunächst irrtümlich davon aus, nicht mehr nach Deutschland durchkommen zu können. Da de Maizière sich nach der Sitzung vor der Presse bewusst kurz fasst und Nachfragen, was denn mit »Grenzkontrollen« genau gemeint sei, nicht zulässt, verbreitet sich auch in vielen deutschen und internationalen Medien zuerst die Falschmeldung, ab jetzt brauche man wieder Einreisedokumente, um nach Deutschland zu gelangen. Niemand aus der Bundesregierung dementiert, und tatsächlich geht in der kommenden Woche die Zahl der Ankünfte an der bayerischen Grenze zunächst zurück. Aber mehr als eine Atempause für die überforderten Länder und Kommunen ist das nicht: Die Schleuser in den Herkunftsländern klären schnell auf, dass keine Flüchtlinge zurückgewiesen werden. Auf der Balkanroute verbreiten auch staatliche Behörden diese Nachricht, damit die Migranten weiterziehen. Schnell steigen die Zahlen wieder an.

Mehr noch als die ungeplante Grenzöffnung eine Woche zuvor waren diese beiden Tage für die Politik der deutschen Regierung in der Flüchtlingskrise entscheidend. Die Bundespolizei stand für Zurückweisungen bereit. Der Innenminister hielt sie für richtig. Die Kanzlerin und beide Koalitionspartner hatten zumindest für bestimmte Zurückweisungen schon ihre Zustimmung gegeben. Warum wurden sie dann doch nicht angeordnet?

Im Innenministerium und bei den Sicherheitsbehörden schiebt man rückwirkend alle Schuld auf Merkel, die angeblich de Maizière im letzten Moment in den Arm gefallen sei. Im Kanzleramt zeigt man hingegen auf den Minister: De Maizière habe den Beschluss der Koalitionsspitzen aus der Telefonkonferenz nicht umgesetzt,

weil er sich nicht über rechtliche Bedenken einiger Beamter hinwegsetzen wollte. Bedenken, die übrigens unbegründet waren. Einige
Wochen später kommen das Innen- und das Justizministerium zur
»gemeinsame Rechtsauffassung«: Zurückweisungen an der Grenze
seien damals rechtlich zwar nicht zwingend, aber doch möglich gewesen. Der wissenschaftliche Dienst des Bundestages bestätigt diese
Einschätzung in einem Gutachten.

An diesem entscheidenden Wochenende war das allerdings noch
nicht klar. Und keiner der Beteiligten wollte in dieser Lage eine so
rechtlich umstrittene wie unpopuläre Entscheidung treffen. Deshalb
fragte der Innenminister noch einmal bei seiner Kanzlerin nach,
statt in eigener Ressortverantwortung Zurückweisungen anzuordnen. Und deshalb entschied auch die Kanzlerin weder dafür
noch dagegen, sondern erbat von de Maizière Zusicherungen, die er
nicht geben konnte. Er konnte nicht versprechen, dass die Entscheidung später vor Gerichten Bestand haben würde. Und er konnte
nicht versprechen, dass es keine unpopulären Bilder geben würde.

So bleibt die deutsche Grenze an diesem Wochenende für alle
offen. Aus der »Ausnahme« der Grenzöffnung wird ein monate-
langer Ausnahmezustand, weil keiner die politische Kraft aufbringt,
die Ausnahme wie geplant zu beenden. Die Grenze bleibt offen,
nicht etwa, weil es Angela Merkel bewusst so entschieden hätte,
oder sonst jemand in der Bundesregierung. Es findet sich in der
entscheidenden Stunde schlicht niemand, der die Verantwortung
für die Schließung übernehmen will.

2
Flüchtlingskanzlerin wider Willen

Ausgerechnet die Frau, die als Flüchtlingskanzlerin in die deutsche Geschichte eingehen wird, hat in ihrer Kanzlerschaft kaum jemanden so lange und so konsequent gemieden wie Flüchtlinge. Im Spätsommer 2015 ist Angela Merkel schon fast zehn Jahre im Amt, auf ihren Reisen durchs Land hat sie Kitas und Krankenhäuser, Handwerksbetriebe und Großkonzerne, Fischmärkte und Fleischfabriken, Konzerthäuser und Fußballstadien und sonst auch so ziemlich alles besucht, was in Deutschland zu begutachten ist. Nur eines nie: ein Flüchtlingsheim.

Ein Zufall ist das nicht, sondern Kalkül. Flüchtlinge sind politisch kein Gewinnerthema, glaubt Merkel. Ohnehin schaffen es in ihrer Amtszeit sehr lange nur wenige Asylbewerber nach Deutschland. Im Jahr 2006, im ersten Jahr der Kanzlerschaft, wurden rund 30 000 Asylanträge in Deutschland gestellt, der niedrigste Wert seit der Wiedervereinigung. Unter Merkel sinken die Zahlen zunächst noch weiter – bis 2014 über 200 000 Menschen Asyl beantragen. Diese Zahl wiederum ist 2015 bereits im Sommer erreicht. Die Flüchtlinge müssen jetzt monatelang auf einen Termin warten, um überhaupt einen Asylantrag stellen zu dürfen. Kommunalpolitiker suchen im ganzen Land händeringend nach Möglichkeiten, sie unterzubringen.

Eigentlich höchste Zeit für die Kanzlerin, um deutlich zu machen, dass sie die Sorgen teilt. Aber Merkel, die Vorsichtige, meidet nicht nur offensichtlich kontroverse Themen. Sondern schon solche, die allein das Potenzial hätten, kontrovers zu sein. Und das gilt bei Flüchtlingen gerade für das CDU-Stammklientel. Während sich Unionsanhänger, die in ihrer Kirchengemeinde engagiert sind, mit der Hilfe für Schutzsuchende geradezu identifizieren, empfinden andere ein Flüchtlingsheim in der Nachbarschaft als Zumutung. Flüchtlinge polarisieren. Polarisierung aber ist in Merkels Politikstil nicht vorgesehen. Sie will mit ihren öffentlichen Auftritten nicht nur positive Assoziationen wecken, sondern vor allem negative vermeiden. So wird der politischen Konkurrenz die Chance geraubt, sich in der Ablehnung zu sammeln. »Asymmetrische Demobilisierung« heißt das Konzept in Wahlkampfzeiten, das Merkels Beratern auch im Regierungsalltag in Fleisch und Blut übergegangen ist.

Ein Beispiel, um die Methode zu verdeutlichen: Angela Merkel ist erstaunlich sparsam mit Truppenbesuchen bei der Bundeswehr. Denn es ist demoskopisch gut belegt, dass viele Deutsche ihr Militär zwar nicht ablehnend, aber noch immer emotional distanziert betrachten, nicht so wie die Bürger anderer westlicher Länder. Zwei verlorene Weltkriege haben nicht nur im Gedächtnis, sondern vor allem im Seelenleben der Nation Spuren hinterlassen. Wenn die Kanzlerin dann doch die Bundeswehr besucht, was zuweilen unvermeidbar ist, entstehen Fotos, auf denen sie mit anspruchsvoller Technik oder beim Essen mit Soldaten zu sehen ist, aber möglichst nicht mit Kriegsgerät. In ihren Ansprachen dankt sie »Soldaten und Polizisten« gerne im selben Atemzug, oder sie lädt die Familien von beiden Berufsgruppen gemeinsam ins Kanzleramt ein. So betont sie die ordnungs- und friedenserhaltende Funktion der Bundeswehr und meidet Assoziationen zur eigentlichen militärischen Aufgabe der Truppe.

Mit der gleichen kommunikativen Logik wird das Flüchtlingsthema bearbeitet. Wenn es sich öffentlich nicht vermeiden lässt, wird ein Umgang damit inszeniert, der harmlose Randaspekte in den Vordergrund rückt und den kontroversen Kern überdeckt. Deshalb besucht die Kanzlerin im Jahr 2013 das Bundesamt für Migration und Flüchtlinge: Merkel begegnet dort deutschen Beamten, die entscheiden, ob ein Asylantrag begründet ist. Asylbewerber trifft die Kanzlerin nicht.

Sich nicht mit Flüchtlingen sehen zu lassen, ist eine politische Entscheidung. Was aber denkt und fühlt Merkel ganz persönlich, wenn es um Flüchtlinge geht? Die Kanzlerin hält ihr Innerstes verschlossener als alle ihre Vorgänger. Doch es gibt einen Moment in ihrer zehnjährigen Kanzlerschaft, als Merkel in fast familiärer Umgebung über Flüchtlinge spricht.

Am 31. Oktober 2014, dem Reformationstag, besucht Merkel die Maria-Magdalenen-Kirche im brandenburgischen Templin. Das schlichte Gotteshaus im spätgotischen Stil ist ihr von Kindheit an vertraut: Hier besuchte sie den Gottesdienst und ging allwöchentlich zur Christenlehre, hier wurde sie 1970 konfirmiert. Ihr Vater, ein evangelischer Pfarrer, leitete damals den nahe gelegenen Waldhof, eine Bildungseinrichtung, in der Behinderte betreut und Pastoren ausgebildet wurden. Sein Grab liegt in der Nähe. Merkels Mutter wohnt noch hier. Nicht weit entfernt steht Merkels »Datsche«, ihr kleines Wochenendhäuschen.

Dorthin wird Merkel gleich weiterfahren, es ist schon Freitagabend, aber vorher redet sie in der Kirche über »Reformation und Politik«. Pfarrer Ralf-Günther Schein, der ihren Vater zu Grabe trug und ihre Mutter regelmäßig besucht, hat Merkel eingeladen. Es ist kein gewöhnlicher Politikertermin für sie. Die Kanzel meidet sie bewusst, denn sie will nicht predigen, an einem schlichten Pult spricht sie »von der Freiheit eines Christenmenschen«. Es geht um ethisch besonders heikle Entscheidungen in der Politik, um Kriegseinsätze, Sterbehilfe und die Frage, ob sie als Regierungschefin das Recht habe, den Regierungschef eines anderen Landes zu kritisieren. »Der christliche Glaube verlangt nicht, dass wir auf jede Frage die gleiche Antwort finden«, schließt Merkel nach zwanzig Minuten.

Flüchtlinge kommen nicht vor, als Merkel in ihrer Heimatkirche über christliche Politik spricht. Darüber wundert sich auch die Gemeinde. In der anschließenden Diskussion fragen die Templiner Kirchgänger nach. Einer will wissen, ob die Abschiebung von Familien, die gut integriert sind, wirklich nötig sei. Merkels Antwort folgt ohne Zögern, und im Kontext der Flüchtlingspolitik im Herbst 2015 sind die deutlichen Worte bemerkenswert: Abschiebung in sichere Herkunftsländer, so die Kanzlerin, »sei auf den ersten Blick vielleicht nicht christlich, aber es ist vielleicht noch weniger christlich, wenn wir zu viele aufnehmen und dann keinen Platz mehr finden für die, die wirklich verfolgt sind.« Was immer Merkel später als Motiv für ihre Politik der offenen Grenzen zugeschrieben wird, ihre Worte in Templin lassen jedenfalls nicht darauf schließen, dass es in erster Linie ein Gefühl christlicher Nächstenliebe war.

Bald nach der Templiner Rede werden die Plätze für die Verfolgten tatsächlich knapp. Anfang 2015 kommen immer mehr Flüchtlinge. Und je mehr Unterkünfte überall in Deutschland entstehen, desto mehr fällt Beobachtern auf, dass die Kanzlerin dort nie zu sehen ist. Zumal es der erste Mann im Staat ganz anders hält: Joachim Gauck hat seit Beginn seiner Amtszeit als Bundespräsident immer wieder Flüchtlinge getroffen und fordert im Sommer 2015 in einer Rede zum Weltflüchtlingstag mehr Großherzigkeit. Auch einzelne Mitglieder der Bundesregierung wie Außenminister Frank-Walter Steinmeier und Arbeitsministerin Andrea Nahles melden sich in diesem Sinne zu Wort. Nur Merkel schweigt.

Der Zorn darüber wächst. Die linksliberale »Süddeutsche Zeitung« hat Merkel schon im April 2015 im Leitartikel »Was Merkel meidet« explizit aufgefordert, endlich in ein Flüchtlingsheim zu gehen. Im Sommer wird Merkel sogar von CDU/CSU-Abgeordneten dazu gedrängt. Doch noch bleibt sie stur. »Als Bundeskanzlerin bin ich dafür gewählt, Probleme zu lösen. Wenn ich komme, muss ich eine Lösung haben«, begründet sie dies gegenüber Vertrauten.

Aber dann wird die Kanzlerin auf überraschende Weise mit dem Problem konfrontiert. Sie trifft vor laufender Kamera auf ein Flüchtlingsmädchen, dort, wo sie es am wenigsten erwartet hat: in ihrer Veranstaltungsreihe »Bürgerdialog«. Eva Christiansen hat sich dieses Format ausgedacht – die 46-Jährige hat Merkel vor fast zwanzig Jahren als junge Mitarbeiterin der CDU-Parteizentrale kennengelernt und folgt ihr seitdem in allen Funktionen. Christiansen gehörte bereits zum legendären »Girls Camp«, wie in den ersten Jahren von Merkels Kanzlerschaft ihr innerster Beraterkreis genannt wurde, in dem nur Frauen das Wort führten. Heute leitet sie im Kanzleramt sowohl den Stab »Politische Planung, Grundsatzfragen und Sonderaufgaben« als auch das Referat »Medienberatung«: Journalisten können bei ihr vertraulich erfahren, was sie von der Politik der Kanzlerin halten sollen.

Christiansen versucht die Bürger auch ohne zwischengeschaltete Medien direkt zu erreichen. Sie hat Mitte 2014 eigens drei Verhaltenspsychologen eingestellt, die für die Regierung herausfinden sollen, wie man das Verhalten der Bürger zu ihrem eigenen Vorteil manipuliert. Nudging – »Anstupsen« – heißt dieses Verfahren, mit dem Steuerhinterziehern durch Appelle ans Gemeinwohl ein schlechtes Gewissen und Übergewichtigen durch positive Beispiele aus dem Kollegenkreis Lust auf Sport gemacht wird. Christiansens »Bürgerdialog« verströmt schon mit seinem Wohlfühl-Motto »Gut leben in Deutschland« die Aura eines achtsamen Stuhlkreises. Es ist ein Nudge-Großversuch, mit dem Merkel überall im Land als die dem Parteienstreit enthobene Bundeskümmerin inszeniert wird, die sich auch die kleinsten Sorgen und Nöte ihres Volkes anhört. Auf dass der auf diese Weise bekümmerte Bürger sich sodann mit dem Großen und Ganzen identifizieren möge – und mit Merkel gleich dazu.

Am 15. Juli 2015 gastiert der Wanderzirkus in Rostock, in der Paul-Friedrich-Scheel-Förderschule, die auch von behinderten Kindern besucht wird, unter ihnen die 14-jährige Reem Sahwil. Vor laufenden Kameras erzählt das Mädchen der Kanzlerin nicht von ihrer Gehbehinderung, sondern von ihrer Angst, nicht in Deutschland studieren zu können, weil sie das Land verlassen muss. Sie ist in einem palästinensischen Flüchtlingslager geboren, ihre Familie hat in Deutschland kein Bleiberecht. Reem bricht in Tränen aus. Nudging trifft auf harte Politik.

Als Kümmerin müsste Merkel jetzt helfen. Als Kanzlerin im Rechtsstaat kann sie sich über Behördenentscheidungen und Gerichtsurteile nicht hinwegsetzen. Merkel geht auf Reem zu, streichelt das Mädchen. Doch schwankend zwischen ihren beiden Rollen, misslingt Merkel die Geste, weil sie allzu zaghaft wirkt, fast linkisch, wie auch die Worte, die Merkel dazu spricht, unpassend klingen: »Wenn wir jetzt sagen ›Ihr könnt alle kommen, und ihr könnt alle aus Afrika kommen‹, das, das können wir auch nicht schaffen.« Dem vermeintlichen Kernsatz der Flüchtlingskanzlerin – »Wir schaffen das« – geht also nur einen Monat zuvor die Feststellung des Gegenteils voraus.

Der Bürgerdialog wird anschließend normal fortgesetzt und Merkel erhält den üblichen warmen Schlussapplaus. Noch ist eigentlich nichts passiert. Die Mädchentränen sind nur dem Regionalfernsehen am Abend einen kurzen Beitrag wert, in dem der längere Dialog auf den Gefühlsausbruch und Merkels unbeholfene Reaktion verkürzt wird. Ein Kommunikationsereignis wird daraus erst, als jemand das Filmchen am nächsten Tag ins Netz stellt. Es wird viral wie zuvor kein anderer politischer Inhalt in Deutschland. Auf Twitter entsteht sogar der Hashtag #merkelstreichelt. Merkel sei »kalt«, heißt es nun tausendfach, »kühl«, »emotionslos«, »empathieunfähig«, ja »unmenschlich«.

Merkels Sprecher Steffen Seibert ist bemüht, dagegenzuhalten, indem er die Szene vollständig ins Netz stellt, die im Kontext harmloser wirkt. Aber es ist zu spät. Am nächsten Tag thematisieren alle deutschen Zeitungen und News-Seiten, viele Radio- und Fernsehsender und sogar internationale Medien die Szene und damit die vermeintliche Gefühlskälte der Kanzlerin.

Das sorgsam gepflegte Merkel-Bild der Deutschen droht zu wanken. Seit Jahren wird sie als patente Problemlöserin inszeniert, als wandelnder Sachzwang, fleischgewordene Verlässlichkeit bürokratischer Abläufe, die den Deutschen in stürmischen Zeiten vermittelt, dass alles in geordneten Bahnen verläuft. Doch an dieses vertraute Bild schließt auch die vermeintliche Gefühlskälte aus dem Video an, das macht es ja so plausibel und damit gefährlich: »Die Eiskönigin« hatte der »Stern« sie ausgerechnet in dieser Woche auf dem Titelbild genannt, wegen ihrer Rolle in der Griechenland-Krise.

Die Eiskönigin zeigt dem Flüchtlingsmädchen die kalte Schulter – eine Image-Katastrophe, wie sie in Merkels zehnjähriger Kanzlerschaft noch nicht vorkam. Sogar in den USA wird sie registriert. Dort versucht eine andere Frau, die als ebenso klug wie unterkühlt gilt, aus Merkels Fehler zu lernen. Hillary Clinton, die demokratische Präsidentschaftskandidatin, inszeniert ein halbes Jahr später Merkels Begegnung mit dem Flüchtlingsmädchen vor Kameras noch einmal neu. In einem Werbe-Spot im US-Vorwahlkampf sieht man Clinton bei einem Treffen mit Frauen aus Lateinamerika. Der Clip zeigt ein junges Mädchen (wie Reem), das in Tränen ausbricht (wie Reem), als es erzählt, seine Eltern könnten bald abgeschoben werden (wie im Falle Reems). Doch Clinton tut im entscheidenden Moment das Gegenteil von Merkel. Sie nimmt das Kind fest in den Arm und sagt: »Ich verspreche dir, ich tue alles, was ich kann. Mach' dir keine Sorgen. Ich werde mir die Sorgen für dich machen!« Mutterwärme statt kalte Paragraphen.

Die Kanzlerin kann ihre Szene nicht ungeschehen machen und muss fürchten, dass ihr Ruf weiter Schaden nimmt. Denn das Unverständnis in der Öffentlichkeit über ihre Distanz zu Flüchtlingen wächst täglich, auch weil es immer mehr gewalttätige Attacken auf Flüchtlingsheime gibt. 150 Angriffe zählt das BKA vom Jahresbeginn bis zum Sommer. Der Eindruck verfestigt sich, Merkel beziehe keine Position, wo dies dringend nötig sei. »Kanzlerin Merkel informiert sich über die humanitäre Katastrophe nur aus zweiter Hand«, kritisiert die »Bild am Sonntag«: »Ein Flüchtlingsheim hat sie bis heute nicht besucht.«

Die Abwesenheit der Kanzlerin wird zum Sommerlochthema. Promis mischen sich in die Debatte: »Frau Merkel, Herr Gabriel übernehmen Sie!«, postet der Schauspieler Til Schweiger auf Facebook zu einem Bericht über den Anschlag auf ein Flüchtlingsheim. Gabriel reagiert noch am gleichen Tag. »Bäm!!! Der Vizekanzler hat sich gemeldet!«, jubelt Schweiger. Für die »Bild« Zeitung treffen sich beide noch zum gemeinsamen Foto. »Den Zorn von Til Schweiger kann ich gut verstehen«, erklärt der Vizekanzler. »Sigmar Gabriel ist ein gerader Mann«, lobt der Schauspieler.

Und Merkel? Selbst die Meinungsforscher machen die abwesende Kanzlerin jetzt zum Thema. Emnid fragt die Bundesbürger im Juli, ob Merkel »in naher Zukunft ein Asylbewerberheim besuchen« solle. 81 Prozent der Befragten bejahen das.

Es ist nur noch eine Frage der Zeit, bis Merkel einknickt. Am 16. August ist es so weit, im ZDF-Sommerinterview. Dieses Fernsehgespräch wird einmal jährlich ausgestrahlt – eine journalistische

Institution, die Merkel sehr ernst nimmt. Das Interview wird wenige Stunden vor der Sendung aufgezeichnet und ohne Schnitte gesendet. Deshalb lässt sich Merkel von Christiansen und Seibert auf mögliche Fragen vorbereiten. Man entscheidet, dass im Sommerinterview 2015 die unhaltbar gewordene Position, sich nicht mit Flüchtlingen zu zeigen, geräumt werden muss. Und so hat Merkel, als die Interviewerin Bettina Schausten die Kritik der Öffentlichkeit aufgreift, eine vorbereitete Exit-Strategie: »Ich werde sicherlich auch ein Flüchtlingsheim einmal besuchen.« Der Satz soll ihre Niederlage relativieren: Wenn Merkel schon zu etwas gezwungen wird, was sie eigentlich ablehnt, bestimmt sie wenigstens den Zeitpunkt selbst.

So lange will Deutschland nicht mehr warten. Am 24. August erscheint die »Abendzeitung«, Münchens Boulevardblatt, mit der Schlagzeile: »Und das sagt die Bundeskanzlerin«. Darunter sind vier große leere Zeitungsspalten zu sehen. Ein wütender Leitartikel hält ihr vor, zu den Ausschreitungen gegen Flüchtlinge zu schweigen: »Das Land hätte ihr zugehört, hätte nachgedacht, hätte diskutiert. Hätte, hätte, hätte. Leider nicht: hat. Um dieses Fehlen, diese Lücke zu dokumentieren, sie augenfällig zu machen, haben wir den oben abgebildeten Artikel leer gelassen. In der Hoffnung, dass Angela Merkel ihn in diesen Tagen füllt.«

Am selben Abend ist Kanzleramtschef Peter Altmaier in Düsseldorf zu Gast beim »Ständehaus Treff«, einer Veranstaltung der »Rheinischen Post«, und wird dort auf der Bühne interviewt. Die reiche rheinische Großstadt ist bürgerlich, das Blatt seriös und auch der Fragesteller, Chefredakteur Michael Bröcker, ist ein junger liberal-konservativer Journalist. Aber angestachelt von den Zuhörern treibt er den Kanzleramtsminister in die Enge mit der immer gleichen Frage: Warum besucht die Kanzlerin kein Flüchtlingsheim? Müsste sie als wichtigster deutscher Politiker dieses Zeichen nicht längst gegeben haben? Altmaier weiß keine Antwort, windet sich, aber das Publikum im Saal lässt keine Ausflucht gelten.

Ein lokales Ereignis, aber zumindest für diesen wichtigen Merkel-Vertrauten ein Schlüsselerlebnis, über das er in Berlin berichten wird. Auch in CDU-Hochburgen habe sich die Stimmung gegenüber Flüchtlingen so sehr ins Positive gedreht, dass Merkel sich schnell anpassen müsse und das Thema nicht länger meiden dürfe.

Doch die Kanzlerin hat den günstigen Moment verpasst. Sie kann in dieser Frage nicht mehr die Initiative zurückgewinnen. Fährt sie, hat sie den Kritikern endlich nachgegeben und zeigt damit Schwäche. Fährt sie nicht, ist sie stur und macht sich weiter angreifbar. Die Not der einen ist in der Politik immer die Chance des anderen, in diesem Fall von Merkels Vizekanzler Sigmar Gabriel.

Sozialdemokraten erinnern in Interviews und O-Tönen fast täglich daran, dass Merkel noch nie Flüchtlinge besucht hat. Es gilt, die Wunde offen zu halten. Dann bietet sich eine Woche später unerwartet die Chance, sie weiter aufzureißen: in Heidenau, einem bis dahin fast unbekannten Städtchen in der Sächsischen Schweiz.

Dort erhält am 18. August, jenem Tag, als Merkel im ZDF-Interview klein beigeben musste, ihr Parteifreund Jürgen Opitz einen Anruf, der eine Kettenreaktion auslöst, die den Ruf seiner Gemeinde ruinieren und auch die Kanzlerin erschüttern wird – mit gravierenden Folgen für die deutsche und die europäische Flüchtlingspolitik. Das ahnt Opitz, der Bürgermeister von Heidenau ist, selbstverständlich nicht. Schockiert erfährt er am Telefon, dass er spontan die Unterbringung von Flüchtlingen organisieren muss, weil eine dafür eigens vorgesehene Zeltstadt in Chemnitz überfüllt ist. Die Asylbewerber kämen schon am nächsten Tag, erklären ihm die zuständigen Beamten. In der Not beschließt Opitz, einen leer stehenden Baumarkt an einer Durchgangsstraße herrichten zu lassen. So geht es zu in diesen Tagen, überall in Deutschland, wo die Behörden schon vor der Grenzöffnung an der Belastungsgrenze arbeiten. In der Woche zuvor hat sich Opitz noch bei der Landesregierung erkundigt, ob weitere Flüchtlinge nach Heidenau kämen. Nein, hieß es da noch. Jetzt plötzlich: morgen. Zwei Tage später sind sie dann wirklich da – 700 Menschen, davon 130 Frauen und 150 Kinder. So schnell, wie der CDU-Bürgermeister mit dem Roten Kreuz Feldbetten und provisorische Sanitäranlagen für den leeren Baumarkt beschafft hat, hat ein NPD-Stadtrat schon Gegendemonstrationen mobilisiert. Tausend

Menschen belagern den Baumarkt. Vor dem Wohnhaus des Bürgermeisters sind »Volksverräter«-Rufe zu hören.

Die Polizei, die zum Schutz der Flüchtlingsunterkunft anrückt, wird mit Steinen, Flaschen und Böllern angegriffen. Nur unter Polizeischutz können nach Mitternacht die ersten Flüchtlinge einquartiert werden. 31 Polizisten werden verletzt. Am nächsten Abend gehen die Krawalle weiter. Mittlerweile sind Kameras vor Ort – die Bilder schockieren die ganze Republik. Der Mob ruft »Ausländer raus« und »Wir sind das Volk« und droht, die Flüchtlingsunterkunft zu stürmen. Die Polizei setzt Schlagstöcke und Tränengas ein, hat das Geschehen aber erst unter Kontrolle, nachdem in einem »Sonderkontrollbereich« um das Flüchtlingsheim das Demonstrationsrecht praktisch ausgesetzt wird.

Die Schande von Heidenau löst bundesweit eine Debatte über Rechtsradikalismus in Sachsen aus. Gabriel will dem schockierten Land zeigen, dass sich die Politik den Protesten nicht beugt. Er will Position beziehen, obwohl die Menschen dies vor allem von einer anderen erwarten. »Das fatale Schweigen der Kanzlerin« hat »Spiegel Online«, das größte deutsche Online-Portal, schon am ersten Tag der Krawalle getitelt. Der ideale Moment für Gabriel, sich als ebenso sensiblen wie tatkräftigen Gegenentwurf zur Kanzlerin zu präsentieren. Dafür muss er schnell ein Zeichen setzen, dass er den Mut und das Mitgefühl hat, die Merkel fehlen. Er muss nach Heidenau.

Es ist nicht sein erster Versuch, sich im Umgang mit ostdeutschen Wutbürgern von Merkel abzugrenzen. In ihrer Neujahrsansprache hatte die Kanzlerin die Deutschen überraschend deutlich aufgefordert, den islamfeindlichen Dresdner Pegida-Demonstrationen fernzubleiben. Kurz darauf erschien Gabriel demonstrativ in Lederjacke bei einer Diskussion mit Pegida-Anhängern und -Gegnern und begründete dies später mit dem Satz: »Es gibt ein demokratisches Recht darauf, rechts zu sein oder deutschnational«. Die Botschaft damals: Merkel redet nicht mit einfachen Leuten, ich schon. Doch das Manöver misslang. Gabriel erntete heftige Kritik und seine Partei büßte in Umfragen Zustimmung ein. Offenbar wollten die SPD-Anhänger nicht, dass ihr Vorsitzender die CDU-Kanzlerin rechts überholt.

Aber vielleicht klappt es ja diesmal auf der anderen Seite, quasi von links: als Flüchtlingsfreund im Widerstand zu rechten Krawallmachern. Gabriel entscheidet am Wochenende, seine Sommertour abzuändern und am Montag nach Heidenau zu reisen. Zuvor lässt er die Kanzlerin von seiner Partei ins Kreuzfeuer nehmen: »Angela Merkel ist und bleibt eine Schönwetterkanzlerin«, schimpft Gabriels Stellvertreter Ralf Stegner im Zeitungsinterview: »Wenn es unangenehm wird, wie bei den unsäglichen verbalen Annäherungen von CSU oder der Sachsen-Union an den rechtspopulistischen Stammtisch, gilt für die CDU-Vorsitzende das alte Volkslied: ›Der Wald steht schwarz und schweiget‹.« Der SPD-Abgeordnete Lars Klingbeil sekundiert: »Merkel muss ihr Schweigen beenden«, und fordert »klare Worte der Kanzlerin, was die rechten Übergriffe auf Flüchtlinge und Ehrenamtliche angeht«.

Was der Zeitungsleser nicht weiß: Gabriel hat Merkel eine Falle gestellt. Bereits am Freitag hat Regierungssprecher Seibert routinemäßig in der Bundespressekonferenz die Termine der Kanzlerin für die nächste Woche bekannt gegeben; für Mittwoch steht ein Besuch im sächsischen Ort Glashütte auf dem Programm. Das ist die Heimat eines traditionsreichen Herstellers kostbarer Uhren, der ein Firmenjubiläum feiert – eine Erfolgsgeschichte vom Aufbau Ost, bei der schöne Kanzlerinnen-Bilder im Mechanikerkittel entstehen werden. Der Termin ist schon vor Monaten geplant worden und erhält jetzt eine besondere Brisanz. Denn Glashütte, wo die Uhrenbauer werkeln, liegt nur zwanzig Kilometer von Heidenau entfernt, wo die Neonazis toben. Die Kanzlerin, die sich seit Monaten weigert, ein Flüchtlingsheim zu besuchen, müsste nun auch noch am Schauplatz der schlimmsten rechtsradikalen Ausschreitungen geradezu gezielt vorbeifahren.

Das kann sie nicht tun. Spätestens mit der Ankündigung seines Besuches in Heidenau erzwingt Gabriel, dass Merkel nachzieht. Die Meisterin des politischen Zögerns hat diesmal zu lange gewartet. Sie wollte kein Heim besuchen. Jetzt muss sie – und kann sich nicht einmal Ort und Zeit aussuchen. Als Gabriel zwei Tage später in Heidenau den CDU-Bürgermeister trifft, spricht der tapfere Jürgen Opitz in die Kameras, was alle denken: »Ich hoffe, dass ich morgen oder übermorgen Frau Merkel hier begrüßen kann.« Gabriel sattelt spontan drauf: »Das ist Pack«, ruft er in Richtung der Demonstranten, die seinen Besuch in Heidenau mit Pfiffen und Beschimpfungen begleiten. Ob Gabriel nur die Schreihälse meint oder die Randalierer oder gleich alle wütenden Bürger, bleibt offen. »Pack« – für einen Vizekanzler ist diese Sprache ungewöhnlich, für eine Kanzlerin undenkbar. Merkel wird also an Deutlichkeit und Schärfe hinter ihm zurückbleiben müssen. »Das sind Leute, die mit Deutschland nichts zu tun haben«, fügt Gabriel hinzu. Auch wenn es objektiv falsch ist, es klingt sehr entschlossen. Den Rechten, so Gabriel, müsse man klarmachen: »Ihr gehört nicht zu uns, wir wollen euch nicht – und wo wir euch kriegen, werden wir euch bestrafen.« Nicht nur die NPD-Funktionäre und der radikale Mob, auch viele Bürger von Heidenau empfinden dies als Kampfansage der Politik.

Auch deshalb könnte die Stimmung kaum aufgeheizter sein, als Merkel am 26. August an einem glühend heißen Sommertag tatsächlich nach Heidenau kommt. Die Vorbereitung des Besuches war kurz – und schlampig. Merkels Anreise verzögert sich, aber davon wird der ebenfalls angereiste sächsische Ministerpräsident Stanislaw Tillich nicht unterrichtet. Er wartet vor dem zum Behelfsflüchtlingsheim umgebauten Baumarkt und wird ebenso mit Schmähungen überschüttet wie die aus Dresden oder Berlin angereisten Reporter und Fernsehteams. Selbst ein harter Kern offen Rechtsradikaler kann nur wenige Meter entfernt demonstrieren. Die aggressive Atmosphäre wird regelrecht bedrohlich, weil alles von Autohupen übertönt wird. Die NPD hat per Facebook dazu aufgefordert, auf der genau neben dem Flüchtlingsheim verlaufenden Bundesstraße 172 hupend auf und ab zu fahren. Dort fahren Autos, die leicht als Firmenwagen örtlicher Handwerksbetriebe zu erkennen sind.

Tillich steht hier auf verlorenem Posten. Er muss ausharren, weil er ja auf die Kanzlerin wartet. In dieser hasserfüllten Atmosphäre versuchen er und Bürgermeister Opitz vergebens, mit den Bürgern zu diskutieren. Als Merkel um 12.10 Uhr endlich eintrifft, eskaliert die Lage. Ihre Wagenkolonne wird zuerst mit dem Sprechchor »Lügenpresse, Lügenpresse« empfangen. Dieser Ruf war schon auf den Pegida-Demonstrationen im benachbarten Dresden im Jahr zuvor zu hören. Doch hier in Heidenau rufen bei Merkels Anfahrt die Leute plötzlich: »Wir sind das Pack!« – eine Replik auf Gabriel und zugleich die Anspielung auf den Schlachtruf der friedlichen Revolution von 1989. Hier entsteht, als Merkel kommt, zum ersten Mal die Parole der deutschen Anti-Flüchtlingsbewegung – sie löst vor allem in Westdeutschland weithin Entsetzen aus. Dort will man auf keinen Fall zum selbsternannten »Pack« gehören. Das »Refugees Welcome!« der Münchner am Hauptbahnhof zwei Wochen später hat nicht nur mit dem Horror von Aleppo zu tun, sondern auch mit dem Horror von Heidenau. Die demonstrative Hilfsbereitschaft der Westdeutschen für Flüchtlinge ist die Antwort auf die Heidenauer Hassparole.

Doch auch in Heidenau, wo es mehr Mut erfordert als in München, gibt es Hilfsbereitschaft. Menschen organisieren sich gegen die Fremdenfeinde bei »Montagsgebeten« in der Kirche, wie einst die Opposition in der DDR – sowohl die Gegner als auch die Unterstützer der Flüchtlingspolitik versuchen, an den Herbst 1989 anzuknüpfen. Doch vor dem Heim sind nur die Gegner zu hören. CDU-Politiker und Mitarbeiter des Bundespresseamtes erleben diese Stimmung vor Ort, aber niemand warnt die Kanzlerin. Obwohl sie mit einem lauten Pfeifkonzert empfangen wird, als sie aus dem Wagen steigt, deutet sie die Protestrufe zunächst völlig falsch. Merkel dreht sich nämlich in Richtung der Demonstranten und winkt ihnen zu, als würde sie einen Gruß erwidern.

Dann lässt sie sich zu dem zur Unterkunft umfunktionierten Baumarkt führen, ohne Journalisten und Kameras. Merkel besucht nun endlich ein Flüchtlingsheim, aber Bilder sollen dabei immer noch nicht entstehen. Der Plan geht auf. Die über fünfhundert Migranten im Heim sind durch die Krawallnächte eingeschüchtert. Zudem wird Merkel gar nicht von allen erkannt. Zu diesem Zeitpunkt, vor der Grenzöffnung und vor dem »Wir-schaffen-das«-Satz, ist sie für die Flüchtlinge noch eine Politikerin, die man vielleicht aus dem Fernsehen kennt, aber noch nicht das Idol, auf das sich alle Hoffnungen und Träume richten. Falls in dem Heim, in dem sich Merkel eine gute Stunde lang herumführen lässt, überhaupt schon Selfies entstanden sein sollten – sie verbreiten sich jedenfalls nicht im Netz.

Stattdessen werden bei Facebook und YouTube zehntausendfach die Bilder angeklickt, die wenig später bei Merkels fast fluchtartiger Abreise entstehen. Da können die Polizisten einzelne Demonstranten kaum noch zurückhalten, die vor Zorn alle Hemmungen fallen lassen: »Du Hure!«, »Du Fotze!«, schreit eine Frau der Kanzlerin entgegen, die auf dem Weg zu ihrem schwarzen Dienst-Audi sichtbar irritiert wirkt: »Steig in deine hässliche Kutsche!«, kreischt die Frau. Und ein ganzer Mob schreit im Chor: »Volksverräterin! Volksverräterin!« Schon als Merkel aus dem Gebäude wieder herauskommt, spürt sie den Hass fast körperlich. Sie tritt genau an die Stelle, die ein Mitarbeiter des Kanzleramtes mit seiner Visitenkarte markiert hat, damit sie von dort aus in Kameras und Mikrophone sprechen kann. Doch der Platz ist schlecht gewählt, die Kanzlerin ist für die Zuhörer kaum zu verstehen, weil sie vom Brummen einer Kühlanlage übertönt wird, die zu einer benachbarten Möbelfabrik gehört. Gemeinsam mit dem erneut anschwellenden Hupkonzert der vorbeifahrenden NPD-Facebookfreunde und den Schmährufen der Demonstranten erhebt sich eine regelrechte Wand aus Lärm, gegen die Merkel anreden muss.

Auf Filmaufnahmen von diesem Moment ist diese Geräuschwand kaum wahrzunehmen, denn die hochsensiblen Mikrophone der Fernsehanstalten filtern den Lärm besser als das menschliche Ohr. Sie fangen die Worte einer Kanzlerin ein, die entschlossen wirkt. Das Duell mit Sigmar Gabriel um die schärfste Empörung nimmt sie nicht an. Sie wirkt ruhig und bestimmt. Merkel spricht die Gegner des Flüchtlingsheims nicht direkt an, sie sagt knapp: »Es ist beschämend und abstoßend, was wir erleben mussten.« Dann dankt sie den Helfern, berichtet von geplanten Gesetzesänderungen und erwähnt die »Struktur von Hilfsorganisationen«, ist auf dem besten Wege, sich schon wieder im Geschäftsmäßigen zu verlieren. Mit Absicht: Merkel hat sich vorgenommen, an diesem Ort bewusst keine markanten Worte zu sprechen, bewusst keinen Moment zu schaffen, der in besonderer Erinnerung bleibt.

Aber als ihr Statement nach drei Minuten eigentlich schon zu Ende ist, besinnt sie sich. Spontan verlässt sie die abstrakte politische Sphäre noch einmal und wendet sich konkreten Menschen zu: »Ich danke auch denen, die vor Ort Hass zu ertragen haben, dass sie das ertragen«, sagt sie zum Bürgermeister, zu den Helfern und den Heidenauern, die beim Friedensgebet waren. Die Worte kommen aus echtem Empfinden. Auch die folgenden: »Es gibt keine Toleranz gegenüber denen, die die Würde anderer Menschen in Frage stellen. Es gibt keine Toleranz gegenüber denen, die nicht bereit sind zu helfen, wo rechtlich und menschlich Hilfe geboten ist.« Geplant waren diese Sätze nicht. Aber sie spiegeln ein Bedürfnis, das auf diese Weise erst angesichts des Heidenauer Hasses erwachsen ist: Merkel nimmt Stellung gegen die Bosheit, die Dummheit und die Vulgarität, die sie hier gerade erlebt hat. Sie will Flüchtlingen helfen, das auch, aber es treibt sie vor allem an, den Rassisten entgegenzutreten. Damit steht sie nicht allein, so fühlt die überwältigende Mehrheit der Deutschen, als die schockierenden Bilder der in Heidenau angegriffenen Kanzlerin später im Fernsehen gezeigt werden: So nicht! Der Wunsch, den Rassisten nicht das letzte Wort zu überlassen, wird ein Grundimpuls der deutschen Flüchtlingspolitik im Herbst 2015.

Viele in Merkels Partei, vielleicht sogar die Mehrheit, teilen dieses Empfinden nicht. Die CDU ist, was Rechtsradikale angeht, von einer Urerfahrung geprägt, die sich markant von Merkels Impuls der Verachtung unterscheidet. In den frühen neunziger Jahren gab es nach dem Fall des Eisernen Vorhangs eine bis dahin einmalige Welle von Zuwanderung, die zum Aufstieg der »Republikaner« führte. Die CDU verlor 1992 in ihrem Stammland Baden-Württemberg die absolute Mehrheit nach einem als traumatisch empfundenen Wahlkampf. Der damalige Generalsekretär der Landes-CDU hieß Volker Kauder, er wird knapp zwanzig Jahre später für Angela Merkel die Bundestagsfraktion der Union führen und beinahe jeden Sonntag zum Vieraugengespräch im Kanzleramt empfangen. Kauder bezeichnet den Kampf gegen die »Republikaner« als die prägendste Erfahrung in seinem politischen Leben.

Union und SPD ändern 1993 das Grundgesetz – das Recht auf Asyl bleibt formal erhalten, wird aber stark eingeschränkt. Damals wird das Prinzip der »sicheren Drittstaaten« und der »sicheren Herkunftsländer« entwickelt. In der Folge sinken nicht nur die Asylbewerberzahlen rapide, es schrumpft vor allem die Zustimmung zu den Republikanern. Diese Partei rechts von der Union verschwindet wieder in der Bedeutungslosigkeit. Politiker wie Kauder oder auch Wolfgang Schäuble – der geistige Vater des Asylkompromisses – ziehen eine Lehre, die sich unter den führenden Politikern der Union fast zur Doktrin verdichtet: Rechtsradikale Parteien bekämpft man nicht, indem man ihre Wähler beschimpft, sondern indem man Probleme löst, die zu ihrer Entstehung führen. Verkürzt gesagt: Wenn die Bürger rechts wählen, wollen sie uns sagen, dass wir die Zuwanderung eingrenzen sollen. Grenzen wir die Zuwanderung ein, wählen sie nicht mehr rechts.

Diese Erfahrung wird meist mit einem verstümmelt wiedergegebenen Zitat von Franz Josef Strauß illustriert. Tatsächlich hatte der damalige CSU-Chef 1986 zum Aufstieg der »Republikaner« erklärt: »Es darf rechts von der Union keine demokratisch legitimierte Gruppierung von politischer Relevanz geben.«

Knapp dreißig Jahre später stellt der Erfolg der »Alternative für Deutschland« (AfD) die Frage des Umgangs mit den Rechten neu. Angela Merkel wird eine andere Antwort geben als Strauß. Und zwar schon am gleichen Abend, nachdem sie aus Heidenau ins Berliner Regierungsviertel zurückgekehrt ist.

Sie hat die Führung der einflussreichen Landesgruppe NRW aus ihrer Bundestagsfraktion zum Essen ins Kanzleramt eingeladen. Ihr Vorsitzender, Peter Hintze, ist der Vizepräsident des Bundestages, vor allem aber einer der einflussreichsten Strippenzieher im Parlament und ein absoluter Merkel-Loyalist – eigentlich. Doch diesmal sitzt er schweigend dabei, als seine Kollegen der Kanzlerin einen Politikwechsel vorschlagen: Die weitere Einschränkung des Artikel 16a im Grundgesetz, also des individuellen Anspruchs jedes politisch Verfolgten auf Asyl. Merkel ist baff. Aber die Abgeordneten sind fest entschlossen: Sie haben den ganzen Tag im »Wirtshaus Schildhorn« an der Havel bei ihrer alljährlichen Strategietagung über die Flüchtlingskrise diskutiert und erinnern Merkel jetzt an die neunziger Jahre und die Grundgesetzänderung.

Dieses Rezept wollen sie nun kopieren: Erneut soll das Asylrecht eingeschränkt werden, damit der Zuzug rasch schwindet. Auf diese Weise soll der neuen, rechten Partei, der AfD, die ihre Rhetorik gerade von Euro-Kritik auf Flüchtlingsfeindlichkeit umstellt, der Resonanzboden entzogen werden.

Aber Merkel denkt nicht daran, den Rechten inhaltlich entgegenzukommen. Die Erfahrung von Heidenau hat Eindruck hinterlassen. Sie glaubt nicht, dass die Pöbler ein Anliegen haben, das von einer demokratischen Partei gelöst werden kann. Ihre Antwort ist kein politisches Entgegenkommen, sondern Verachtung. Ein Teilnehmer des Abendessens wird später berichten, Merkel sei im »Trotzmodus« gewesen und habe von einer Grundgesetzänderung nichts hören wollen.

Dies ist der Moment, in dem Merkel wieder einmal ohne Debatte einen der Grundsätze der Union aufhebt – nämlich den, um fast jeden Preis nach rechts zu integrieren, um dort keine gefährliche politische Kraft entstehen zu lassen. Wie schon beim Ersatz des traditionellen Familienbilds durch die Doppelverdiener-Ehe, bei der Abschaffung der Wehrpflicht und der Abkehr von der Kernenergie schafft Merkel auch diesmal zunächst Fakten und liefert die Begründung nach.

Erst neun Monate später, im Mai 2016, erklärt sie in einem Interview, warum sie die Strauß-Doktrin in der Flüchtlingskrise aufgegeben hat: »Der Satz ist einerseits richtig, weil wir uns als Union stets so verstehen müssen, dass wir zur Mitte hin integrieren, auch indem wir zum Beispiel als Partei der Sicherheit Lösungen für innere und äußere Sicherheit anbieten, Ordnung und Steuerung in als ungeordnet empfundene Zustände bringen.« Dann aber verwirft die CDU-Vorsitzende den Kern jahrzehntelanger Unionspolitik: »Wenn der Satz von Strauß aber andererseits auch so verstanden werden kann, dass im Ergebnis Prinzipien relativiert oder gar aufgegeben werden müssen, damit Menschen sich nicht von der Union abwenden, Prinzipien, die für unser Land wie auch für die Union konstitutiv sind, die den Kern unserer Überzeugungen ausmachen, dann gilt dieser Satz für mich nicht.« Horst Seehofer tobt, als er dies liest. Und auch viele Christdemokraten trauen ihren Augen nicht.

Doch an jenem Augustabend im Kanzleramt akzeptieren die Abgeordneten aus NRW die kategorische Absage der Kanzlerin an ihren Vorschlag einer Grundgesetzänderung, und bald wird die Stimmung entspannt – noch ist die Grenze ja nicht offen, noch hat die Regierung nicht die Kontrolle verloren.

Bei einigen Gläsern Rotwein genießen die Abgeordneten den spektakulären Blick von der achten Etage des Kanzleramtes über das Berliner Regierungsviertel. Einer wagt sogar, die Kanzlerin zu foppen: Wer sich denn noch alles bald nach Deutschland aufmachen werde, fragt er, vielleicht sogar die Nordkoreaner? Nein, antwortet Merkel trocken: »Die kommen ja nicht raus«.

3
Die Nacht, die Deutschland veränderte

Mit einem Fußballmatch will die Kanzlerin den letzten Tag einer harten Woche ausklingen lassen. Deutschland gegen Polen ist die Partie am entscheidenden Spieltag der EM-Qualifikation, die an diesem Freitag, dem 4. September 2015, um 20.45 Uhr in Frankfurt angepfiffen wird. Merkel schickt vor wichtigen Spielen gern aufmunternde SMS-Botschaften an Nationaltrainer Joachim Löw, besucht das Stadion aber nur zu besonderen Gelegenheiten. Spiele der Nationalmannschaft und wichtige Matches des FC Bayern in der Champions League schaut sie sich am liebsten am heimischen Fernseher an. In ihrem vollen Terminkalender ist dann aber meist nur die zweite Halbzeit freigeblockt. Um viertel vor zehn, wenn die Tagesthemen in der Halbzeitpause zu Ende gehen, könnte Merkel in ihrer Berliner Wohnung, gegenüber der Museumsinsel, gemütlich mit ihrem Mann Joachim Sauer das Wochenende einläuten.

Doch als sie am Abend in ihre Wohnung zurückkehrt, denkt sie keine Sekunde mehr an das Fußballspiel. Als es mit einem 3 : 1 für Deutschland knapp vor 23 Uhr abgepfiffen wird, steht Merkel vor der folgenreichsten Entscheidung ihrer Kanzlerschaft: Kurz vor Mitternacht wird sie die Grenze öffnen.

Bis heute behauptet die Bundesregierung, eine Öffnung der Grenze habe es nie gegeben, denn als europäische Binnengrenze sei sie schon vorher offen gewesen. Doch das ist Wortklauberei, um die Tatsachen zu verdecken: Die Flüchtlinge hätten nach den EU-Regeln nicht nach Deutschland kommen dürfen, sondern in Ungarn bleiben müssen. Für sie öffnet Merkel die Grenze sehr wohl. Im nächsten halben Jahr wird knapp eine Million Menschen nach Deutschland strömen – die Bundesregierung nennt eine etwas geringere Zahl, weil sie untergetauchte Migranten und solche, die in andere Länder weitergezogen sind, aus ihrer Statistik herausrechnet. Die exakte Zahl kennen die Behörden bis heute nicht.

Am Vortag war die Kanzlerin noch auf Staatsbesuch in der Schweiz und empfing dort eine Ehrendoktorwürde, diesmal von der Universität Bern. Im Anschluss an die Zeremonie diskutierte sie mit Bürgern, nicht ahnend, dass dabei eine Szene entsteht, die sich in den nächsten Tagen auf YouTube und den sozialen Netzwerken zehntausendfach verbreiten wird: eine Schlüsselszene für alle Gegner ihrer Flüchtlingspolitik. Der vier Minuten lange Clip zeigt eine Diskussionsteilnehmerin, die von »einer großen Angst« vor der »Islamisierung« berichtet und Merkel fragt: »Wie wollen Sie Europa und unsere Kultur schützen?« Merkel antwortet kühl: »Angst war noch nie ein guter Ratgeber«, und empfiehlt Gottesdienstbesuche und Bibelfestigkeit: »Wenn Sie in Deutschland 'mal Aufsätze schreiben lassen, was Pfingsten bedeutet, dann ist es, würde ich 'mal sagen, mit der Kenntnis des christlichen Abendlandes nicht so weit her. Und sich anschließend zu beklagen, dass sich Muslime im Koran besser auskennen, das finde ich irgendwie komisch.« Im Übrigen habe man angesichts vieler Konflikte in der europäischen Geschichte »überhaupt keinen Anlass zu Hochmut«.

Merkel hat nie wieder so offen ausgesprochen, was sie denkt: Sie hält Islamkritiker für ungebildete, unhistorisch denkende Feiglinge. Unbewusst ist dies eine Kampfansage an die neue Rechte in Deutschland, an die Pegida-Demonstranten, an die Wähler der AfD, auch an die vielen Millionen Bürger, die in den kommenden Monaten Angst bekommen, dass sich Deutschland verändert. Dann geht doch in die Kirche! – das ist die schroffe Antwort der Pastorentochter Merkel an die Anti-Islam-Bewegung. Ein Wunder, dass bald auf vielen Plätzen der Republik »Merkel muss weg!« gebrüllt wird?

Am Morgen des 4. September hält noch niemand diese Eskalation für möglich. Noch lösen Flüchtlinge keine Ängste, sondern vor allem Mitgefühl aus. Acht Tage zuvor ist auf einer österreichischen

Autobahn ein Lastwagen voller Leichen entdeckt worden: 71 Flüchtlinge sind darin erstickt. Merkel hat die Nachricht zuerst auf dem
Mobiltelefon des österreichischen Bundeskanzlers Werner Faymann
gesehen – auf einer Konferenz in Wien schob er ihr wortlos sein
Handy herüber. In ganz Europa sind Trauer und Entsetzen groß.
Weltweit verbreitet sich seit zwei Tagen das Foto von Alan Kurdi,
einem Dreijährigen aus Syrien, dessen Flüchtlingsboot in der Ägäis
kenterte und der tot an einen türkischen Strand gespült wurde.
Europa möchte nicht mehr ertragen, welche Opfer seine Abschottung fordert – das ist das prägende Gefühl in diesen Tagen.

Auch im Kanzleramt herrscht diese Stimmung, als sich Merkels
engster Kreis wie jeden Tag um 8.30 Uhr im Raum LE.7.101 versammelt. »LE« steht für Leitungsebene. Es ist die Etage, in der die Kanzlerin und ihre Büroleiterin Beate Baumann residieren. Der enorme
Einfluss Baumanns dokumentiert sich auch räumlich. Gerhard
Schröders Büroleiterin Sigrid Krampitz hatte ihr Büro noch eine
Etage tiefer, Baumann sitzt auf der gleichen Ebene wie Merkel –
zwischen beiden Büros liegt nur das Zimmer des stellvertretenden
Büroleiters Bernhard Kotsch.

Auch Kanzleramtschef Peter Altmaier muss auf dem Weg zur
Morgenlage weder Treppen noch Aufzug nehmen. Er hat das nach
Merkel zweitgrößte Eckbüro auf der Leitungsebene. Aus dem Hause
kommt Eva Christiansen hinzu. In der Öffentlichkeit weitgehend
unbekannt ist Michael Wettengel, Leiter der »Zentralabteilung: In-
nen- und Rechtspolitik« im Kanzleramt, ein weiterer Teilnehmer.
Wie fast jeden Tag ergreift auch heute Regierungssprecher Seibert
als erster das Wort. Er trägt aus der Presseschau vor, die Mitarbeiter
seines Bundespresseamtes vorbereitet haben. Vielleicht ein Dutzend
Schlagzeilen und besondere politische Berichte präsentiert er gewöhnlich. Auch harte Kritik an Merkel. Anschließend wird in der
Runde offen diskutiert. Was ist zu tun? Muss im »Wording« nach-
justiert werden? Ist gar ein zusätzlicher Auftritt Merkels nötig?

An diesem Morgen geht es darum, wie Merkel auf Viktor Orbán
reagieren soll. Business as usual: Der ungarische Ministerpräsident
versucht seit Jahren, sich zum europäischen Gegenspieler der Kanz-

lerin aufzuschwingen. Merkel setzte in der Euro-Krise durch, dass alle Länder, die unter einen europäischen Rettungsschirm wollten, Reformen durchführen müssen, die vom internationalen Währungsfonds (IWF) überwacht werden. Orbán dagegen zahlte sogar Kredite vorzeitig zurück, nur um die IWF-Berater aus Ungarn hinauswerfen zu können. Merkel erreichte, dass die EU Sanktionen gegen Russland verhängte, nachdem Wladimir Putin die Krim annektiert hatte und in der Ostukraine Krieg führte. Orbán lud den Herrn des Kremls demonstrativ nach Budapest ein. In der Flüchtlingskrise probt Orbán nun endgültig den Aufstand gegen die deutsche Hegemonie in Europa.

Orbán und Merkel trennen mehr als nur Sachfragen. Wohl sind beide in kommunistischen Ländern aufgewachsen und führen unangefochten eine Regierungspartei, die in Europa zur Christdemokratie gehört. Doch Orbán, der einen der kleinsten EU-Staaten regiert, und Merkel, die das mächtigste Land lenkt, haben unterschiedliche Visionen: Bleibt Europa ein Kontinent von christlichen Nationalstaaten, die ihre Güter und Lebensmittel weitgehend selbst produzieren – wie Orbán es will? Oder wird Europa eine multikulturelle Werte-Gemeinschaft, die durch ständige Innovation ihren vorteilhaften Platz in der arbeitsteiligen Globalisierung sichert – wie es Merkel vorschwebt?

Für Orbán ist Merkel eine Agentin des Großkapitals. Sie hält sein Regime dagegen für die europäische Version eines neuen Autoritarismus, der sich nicht um Menschenrechte schert. Orbán hat nicht die Macht von Putin, aber nerven kann er Merkel schon. Während sie hinter den Kulissen eine europäische Verteilung der Flüchtlinge zu erreichen versuchte, reiste Orbán nach Brüssel und verkündete dort: »Das Problem ist kein europäisches Problem. Das Problem ist ein deutsches Problem«.

Die Morgenlage im Kanzleramt tauscht sich kurz aus und entscheidet dann, kontrolliert zurückzuschießen. Der Regierungssprecher soll Ungarn an seine »rechtlich verbindliche Pflicht« erinnern, die Flüchtlinge zu versorgen, die dort angekommen sind, schließlich sei das Land »Teil der westlichen Wertegemeinschaft«.

Seibert wird diese Worte am Mittag aussprechen, vor der Bundespressekonferenz (BPK), wo er drei Mal wöchentlich den versammelten deutschen und internationalen Korrespondenten Rede und Antwort steht. Die Ermahnung Orbáns ist ein Rempler im diplomatischen Miteinander der Staaten, für Nachrichtenagenturen berichtenswert, aber weit entfernt von einer Sensation.

Die Morgenlage geht schon in Wochenendstimmung auseinander: Der Regierungssprecher wird seine freie Zeit schon nach der BPK am frühen Nachmittag beginnen, der Kanzleramtschef freut sich auf eine schöne Dienstreise in die Schweiz. Merkel wird auch unterwegs sein: Gleich vier Termine in ganz unterschiedlichen Winkeln der Republik stehen heute im Kalender.

Bei den historischen Ereignissen, die sich in wenigen Stunden vollziehen werden, ist das Kanzleramt also zumindest auf der Kommandobrücke unbesetzt. Später wird Merkels Umfeld versuchen, diesen Eindruck zu relativieren, indem man Reportern erzählt, die Kanzlerin habe aus Vorahnung darum gebeten, den ganzen Tag von ihrem stellvertretenden Büroleiter Kotsch begleitet zu werden. Aber das ist Unsinn: Der treue Beamte begleitet Merkel routinemäßig auf Terminen, die sie als Kanzlerin im In- und Ausland absolviert. Wenn sich diese mit Terminen mischen, die Merkel in ihrer Rolle als Parteivorsitzende wahrnimmt, bleibt Kotsch, der als Beamter nicht für Parteiaufgaben eingespannt werden darf, oft trotzdem dabei – schon um auf der Rückreise nach Berlin wieder verfügbar zu sein.

Zuerst fliegt Merkel nach München und lässt sich von dort in ihrem Dienst-Audi zum ersten Termin in die kleine Gemeinde Buch am Erlbach nahe der Isar fahren. Noch ist sie nicht die Flüchtlingskanzlerin, deren politisches Schicksal sich an dieser Krise entscheidet. An diesem schönen bayerischen Spätsommermorgen darf sie noch einmal, für lange Zeit das letzte Mal, ihre liebste Rolle spielen: die optimistische Chefin eines modernen Deutschland, das sie fit macht für die Globalisierung.

»Servus, Angie!«, ruft ihr ein kleiner Junge entgegen, als sie um 11.15 Uhr bei der Grund- und Mittelschule Erlbach ankommt. Merkel strahlt. Auch die Schulkinder strahlen, obwohl sie für den

Kanzlerinnenbesuch eigens an einem Ferientag in die Schule bestellt wurden. Streng genommen besucht Merkel gar nicht die Schule, sondern die Garage daneben. Eine »MINT-Garage«, die Abkürzung steht für Mathematik, Informatik, Naturwissenschaften und Technik. Was man angeblich so braucht, um als Fachkraft von morgen in der Globalisierung bestehen zu können. Merkel besichtigt »innovative« Projekte, zum Beispiel ein elektronisches Vogelhäuschen, und macht vor allem den Mädchen Mut, später einen technischen Beruf zu ergreifen. Es entstehen schöne Bilder. Merkel inmitten von Fähnchen schwingenden fröhlichen Kindern, mit dem Bürgermeister und einem strahlenden Landrat. Der heißt Peter Dreier und ahnt noch nicht, dass er wenige Monate später vor Verzweiflung einen Reisebus mieten wird, um 50 Flüchtlinge direkt ins Kanzleramt zu fahren, weil die Unterbringungsmöglichkeiten in seinem Landkreis erschöpft sind. »Die Bucher Schule ist klein, aber fein«, diktiert Merkel einem Lokalreporter zum Abschied in den Block.

Im Dienstwagen erkundigt sie sich sofort, wie es in Budapest aussieht. In der ungarischen Hauptstadt spielt sich ein Drama ab. Seit einer Woche harren Tausende Flüchtlinge im Keleti-Bahnhof aus. Vier Tage zuvor hat Orbán von dort noch Sonderzüge voller Flüchtlinge nach Wien und München fahren lassen. Sie sind auf den Bahnsteigen von jubelnden Bürgern empfangen worden. Die deutsche und die österreichische Regierung aber haben in Budapest protestiert. Orbán hält die deutsche Haltung für schizophren: Einerseits drängen ihn die Deutschen, die Flüchtlinge in Ungarn zu behalten. Andererseits bejubeln sie jeden, der es schafft, sich bis Deutschland durchzuschlagen.

Für solche Leute mag Orbán nicht mehr den Türwächter spielen. Er lässt einen Zaun um sein Land bauen. Und er schickt den Flüchtlingen auch keine weiteren Züge. Doch das wissen die noch nicht, sie strömen aus den grenznahen Lagern im Osten Ungarns weiter nach Budapest und dort zum Keleti-Bahnhof. Sie kaufen sich Fahrkarten Richtung Westen, aber es fahren plötzlich keine Züge mehr. Orbán hat den Migranten eine Falle gestellt, glaubt man im Kanzleramt. Später wird Merkel erzählen, sie habe sich schon in den

Tagen zuvor gefragt, wann die Flüchtlinge aus der Falle ausbrechen und sich zu Fuß auf den Weg machen würden. Den Grundsatzbeschluss, niemanden auf den Straßen Europas sterben zu lassen, habe sie schon vor jenem berühmten Freitag gefasst.

Tatsächlich wird Merkel an diesem Tag eine Richtungsentscheidung für die Bundesrepublik treffen, die vielleicht sogar mit Konrad Adenauers Westbindung, der Ostpolitik Willy Brandts oder der entschlossenen Wiedervereinigung unter Helmut Kohl vergleichbar ist. Die bedingungslose Grenzöffnung wird die soziale und ethnische Struktur der deutschen Bevölkerung nachhaltig verändern, sie wird das Parteiensystem der Bundesrepublik revolutionieren, das Land in Europa zeitweise isolieren und zu dramatischen politischen Verwerfungen in den Nachbarstaaten beitragen. Merkel hat Gründe, so zu handeln, wie sie handelt. Aber keine Bundestagsdebatte, kein Kabinettsbeschluss, kein Parteitag und kein Wahlsieg hat legitimiert, was an diesem 4. September seinen Anfang nimmt. Merkel bespricht sich nicht einmal mit beiden Koalitionspartnern, ihre wichtigsten Mitarbeiter und Minister sind krank oder im Ausland, sie selbst muss sich zwischen öffentlichen Auftritten und Parteiterminen eine Meinung bilden, im Dienstwagen, in Hubschraubern und Flugzeugen. Der Druck wächst den ganzen Tag über – und zu keinem Zeitpunkt verfügt die Kanzlerin über ausreichende Informationen für ein vollständiges Bild der Lage.

Auf der Fahrt zu ihrem nächster Termin könnte sich Merkel mit Orbán verbinden lassen. Aber sie tut es nicht. Den ganzen Tag lang wird es kein einziges direktes Gespräch mit dem ungarischen Ministerpräsidenten geben. Merkel schneidet ihn schon länger, weil er sich mit Abschottungspolitik, der Beschränkung von Minderheitenrechten und Russlandfreundlichkeit zu ihrem europäischen Konterpart aufschwingen will. Bloß nicht durch Augenhöhe aufwerten, lautet Merkels Gegenstrategie.

Und noch jemanden will Merkel an diesem Tag partout nicht sehen: Horst Seehofer. Das ist mehr als pikant, denn für den bayerischen Ministerpräsidenten und CSU-Vorsitzenden ist heute ein

besonderer Tag; der einhundertste Geburtstag von Franz Josef
Strauß. Für den bayerischen Übervater hat die CSU in der Allerhei-
ligen-Hofkirche eine bombastische Gedenkveranstaltung organisiert, die sich stilistisch irgendwo zwischen Heiligsprechung und
sowjetischem Personenkult bewegt. Den »Staatsmann von welt-
politischer Dimension und größten Sohn Bayerns«, den Seehofer
rühmt, feiern Hunderte Gäste. Nur Angela Merkel fehlt.

Die Kanzlerin hat die Einladung abgesagt, »aus Termingrün-
den«. Ein Affront. Bei den Feierlichkeiten zum 100. Geburtstag von
Willy Brandt sprachen noch Kanzlerin und Bundespräsident. Bei
Strauß hingegen haben beide Terminprobleme. Der Gipfel der Un-
verschämtheit: Während in der Hofkirche schon der Weihrauch
entzündet wird, rast Merkel auf der Autobahn Richtung München.
Sie könnte problemlos am großen Gedenken teilnehmen, lässt sich
stattdessen aber lieber in den Vorort Garching fahren, zur Technischen Universität. Dort besucht sie das »Zentrum für Innovation
und Gründung UnternehmerTUM«, spricht mit Wissenschaftlern
und Unternehmern. Es gibt ein drolliges Foto, das die Kanzlerin mit
einem Roboter zeigt.

Kein Bayer nimmt ihr die Terminschwierigkeiten ab. Die Wahrheit ist: Sie will Franz Josef Strauß nicht feiern. Der CSU-Übervater
ist der CDU-Kanzlerin peinlich. Wie niemand sonst stand der stolze
Konservative Strauß für den pointiert-polternden Stil, den Merkel
der Union ausgetrieben hat. Zudem hat der Journalist Peter Siebenmorgen in einer gerade erschienenen Strauß-Biographie zum ersten
Mal nachgewiesen, was über Jahrzehnte von der CSU als üble Nach-
rede abgetan wurde: Strauß wurde zeitweise über dunkle Kanäle von
der Industrie finanziert. Der »Spiegel« hat daraus soeben eine Titel-
story gemacht. Während Seehofer und sein Vorgänger Edmund
Stoiber die wasserdichten Beweise am Rande der Gedenkfeier einfach abtun, weicht Merkel kritischen Fragen nach der Käuflichkeit
des Urgesteins der Union lieber aus.

Seehofer hält dies für Feigheit. Die Absage ist der Höhepunkt
einer langen Reihe von Brüskierungen in Merkels Großer Koalition,
zuletzt wurden die CSU-Lieblingsprojekte wie die Maut für Auslän-

der und das Betreuungsgeld in Berlin wie Lachnummern behandelt. Horst Seehofer beschließt, dass er an diesem Tag für die Kanzlerin nicht mehr zu sprechen ist. Eine folgenschwere Entscheidung.

Nach der Stippvisite an der TU fliegt Merkel von München aus mit einer Maschine der Flugbereitschaft der Bundeswehr nach Köln. Vor dort geht es per Hubschrauber weiter ins Ruhrgebiet. Sie will in Essen um 16.30 Uhr auf einer Kundgebung zur Oberbürgermeisterwahl sprechen. Auf dem Weg erreichen sie neue Nachrichten aus Ungarn: Die Flüchtlinge haben sich nun auf den Weg gemacht, Hunderte marschieren in Kolonnen über Autobahnen. Auf Fernsehbildern, die von Helikoptern aufgenommen werden, kann die Kanzlerin verfolgen, dass Orbán sie ihrem Schicksal überlassen will. Die schon durch die Flucht und die aufreibenden Tage am Bahnhof ausgezehrten Menschen werden nicht einmal notdürftig versorgt. Nur vereinzelt reichen Bürger Wasserflaschen.

Merkel ist bestürzt, aber unbeirrt absolviert sie die Kundgebung in Essen und ruft zur Abwahl des SPD-Oberbürgermeisters durch den jungen CDU-Mann Thomas Kufen auf. Doch die Routine ist nur gespielt. Ganz am Rande der Kundgebung, wo sonst bei CDU-Veranstaltungen meist linke Störer schreien, steht ein kleiner Trupp Syrer. Sie schwingen schwarz-rot-goldene Fahnen, tragen selbst gemalte Plakate und rufen: »Danke Deutschland! Danke Merkel«. Die Kanzlerin geht nicht zu ihnen. Aber bei einem anschließenden Bad in der Menge reckt eine deutsche Zuschauerin Merkel ein Foto entgegen. Die Kanzlerin glaubt, es sei eine Autogrammkarte, dann erkennt sie das Bild des toten Flüchtlingsjungen Alan Kurdi, am Strand von Bodrum.

Merkel wirkt kurz irritiert, dann bricht sie zum nächsten Termin auf. Der wartet im nahen Köln, diesmal bleibt also kaum Zeit, um zwischendurch Informationen aus Ungarn zu erhalten. Sie klappt schnell ihr in schwarzes Leder mit eingeprägtem Bundesadler gehülltes Dienst-iPad auf und sieht, dass einigen Marschkolonnen von Flüchtlingen die blaue Fahne mit dem Sternenkreis der EU vorangetragen wird, andere halten Fotos von Merkel in den Händen.

Eigentlich ist jetzt klar: Das ist ein historischer Moment. Die Entscheidungen, die nun getroffen werden, haben Folgen für das Selbstverständnis eines ganzen Kontinents. Doch noch immer unterbricht die Kanzlerin ihr Programm nicht. Mit dem Hubschrauber fliegt sie jetzt weiter nach Köln. Dort feiert sie in der berühmten »Flora«, dem Botanischen Garten der Domstadt, den 70. Geburtstag der NRW-CDU. Merkel steht auf der Bühne neben der parteilosen OB-Kandidatin Henriette Reker. (Sie wird einen Monat später von einem Rechtsradikalen wegen ihrer Unterstützung von Merkels Flüchtlingspolitik bei einem Messerangriff schwer verletzt.)

Merkel hält die Festrede, fahrig und unkonzentriert, nur ein einziges Mal wirkt sie hellwach – als sie über Flüchtlinge spricht. Fast schon flehend ruft sie die Worte: »Die Würde des Menschen ist unantastbar. Wer vor Not, vor politischer Verfolgung flieht, da haben wir die Verpflichtung, auf der Grundlage der Genfer Flüchtlingskonventionen, unseres Asylrechts und des Artikels 1 unseres Grundgesetzes Hilfe zu leisten – ob es uns passt oder nicht!« Der apodiktischen Feststellung folgt ein Satz, den viele im Saal gar nicht verstehen, weil er so verschwurbelt ist, wie sich Merkel eben meistens ausdrückt, wenn sie sagt, was sie denkt: »Es ist schon schwierig zu sehen, dass diejenigen, die uns vor 25 Jahren die Grenze aufgemacht haben, heute doch zum Teil sehr hart sind zu denen, die nun erkennbar aus Kriegsumständen zu uns kommen.« Ein Seitenhieb auf Orbán.

Vielleicht genau in diesem Moment, jedenfalls während der 33 Minuten dauernden Rede in Köln, versucht der österreichische Bundeskanzler Faymann zum ersten Mal an diesem Tag, Merkel zu erreichen. Er hat ihre Handynummer, doch das persönliche Telefon vibriert nur lautlos in ihrer Handtasche, während sie auf dem Podium spricht. Die Wiener Regierung wendet sich ans Kanzleramt. Dort gibt es ein rund um die Uhr besetztes »Lagezentrum«, dem ein nach Minuten getakteter Ablaufplan von jeder Reise und jedem Termin der Kanzlerin vorliegt. Die Beamten wissen also, dass sie gerade in Köln redet. Sie könnten Merkels persönlichen Referenten

Sören Kablitz-Kühn anrufen oder die Leiterin ihres Büros als CDU-Vorsitzende, Elisabeth von Uslar. Einer von beiden muss sich auf Parteiterminen immer in unmittelbarer Nähe der Kanzlerin aufhalten. Aber Kotsch, der stellvertretende Büroleiter aus dem Kanzleramt, ist auch in der Flora. Er bekommt eine SMS, dass Faymann Merkel dringend sprechen möchte. Kotsch entscheidet, Merkels Rede nicht zu stören. Die Kanzlerin wird nicht von der Bühne geholt und macht anschließend noch ein wenig Smalltalk mit Parteifreunden. Faymann wird vertröstet. Erst nach 20 Uhr kann der österreichische Kanzler mit seiner deutschen Amtskollegin sprechen.

Was Merkel zu diesem Zeitpunkt nicht weiß: Faymann hatte seinerseits schon vor Stunden einen Anruf erhalten. Schon am frühen Abend klingelte Orbán im Wiener Kanzleramt an, doch der österreichische Bundeskanzler ließ sich verleugnen. Auch Faymann hat die Bilder der Flüchtlinge auf der Autobahn gesehen und fürchtet, zu Recht, dass Orbán ihn fragt, wie er handeln soll – der Ungar war von der EU kritisiert worden, als seine Polizei Flüchtlinge mit Gewalt in den Lagern zurückhielt, später aber genauso dafür, dass seine Polizei die Flüchtlinge einfach durchwinkte.

Diesmal soll Faymann vorher sagen, ob er die Flüchtlinge auf der Autobahn in Österreich haben will oder nicht. Faymann ist hin und her gerissen: Einerseits will er die Flüchtlinge nicht zurückweisen, weil er dann für den womöglich robusten Umgang der ungarischen Polizei mit ihnen mitverantwortlich ist. Andererseits will er sie aber auch nicht in Österreich aufnehmen. So lässt er sich am Telefon verleugnen. Orbán schickt daraufhin eine formelle Verbalnote ins österreichische Außenministerium, mit der Information, dass die Flüchtlinge unterwegs seien, und der Bitte um Antwort, was er tun solle. Darauf muss Wien reagieren. Österreichs Diplomaten richten jetzt aus, Faymann werde Orbán anrufen, aber erst am nächsten Morgen um 9 Uhr. Orbán will sich nicht abwimmeln lassen. Er lässt die österreichische Antwort von seinem Pressedienst veröffentlichen, damit es die ganze Welt erfährt: Faymann ist nicht zu sprechen, als eine Flüchtlingsmenge auf der Autobahn in Richtung Österreich läuft.

Daraufhin gibt Faymann seine Hinhaltetaktik auf. Doch er ruft nicht Orbán an, sondern Merkel. Ihm schwebt eine Lösung vor, bei der er in keinem Fall die volle Verantwortung übernehmen muss: weder für die Zurückweisung noch für die Aufnahme. Faymann schlägt Merkel am Telefon vor, Deutschland solle die Hälfte der Flüchtlinge auf der Autobahn übernehmen. Während sie telefonieren, sitzt die Kanzlerin in ihrem Dienstwagen, der sie zum Kölner Flughafen bringt. Faymann schildert die Lage dramatisch, es gehe um Minuten, die ungarische Polizei drohe die marschierende Flüchtlingskolonne zu sprengen, sogar ein Einsatz des Militärs sei Orbán zuzutrauen. Das entspricht nicht der Wahrheit: Die Flüchtlinge haben eine Polizeiabsperrung auf der Autobahn ohne Gegenwehr durchbrochen. Und sie können die über 150 Kilometer entfernte Grenze zu Fuß unmöglich noch in dieser Nacht erreichen.

Merkel erklärt Faymann, auch sie wolle Gewalt auf jeden Fall vermeiden. Unklar bleibt, welche Zahlen Faymann im Telefonat mit Merkel nennt. In ihrer Verbalnote hatten die Ungarn noch von »knapp tausend« Flüchtlingen auf dem Marsch geschrieben, während österreichische Diplomaten in Ungarn den Zug auf »mindestens 3000« schätzten. Am Ende werden 12 000 Menschen am Folgetag in Deutschland ankommen.

Aber noch hat Merkel nicht entschieden. In Köln erreicht Merkels Dienstwagen schließlich den Flughafen, wo eine Maschine der Flugbereitschaft der Bundeswehr wartet. Noch bevor sie in der Luft ist, versucht Merkel sich bei ihren Koalitionspartnern rückzuversichern. Zuerst wird Außenminister Frank-Walter Steinmeier kontaktiert, der den Tag auf einem Treffen der EU-Außenminister in Luxemburg verbringt. Der Sozialdemokrat ist schon im Bilde: Er hat mit seinem österreichischen Amtskollegen Sebastian Kurz gesprochen. Doch der gehört dem konservativen Koalitionspartner von Faymanns SPÖ an und hält eine Grenzöffnung für ein gefährliches Signal. Steinmeier denkt nicht so kategorisch, aber auch er findet, dass eine Grenzöffnung, wenn überhaupt, nur als Ausnahme in Frage kommt. Als Merkel ihn abends in Luxemburg erreicht, klingt es für Steinmeier, als habe sie schon entschieden und sorge sich nur noch um die rechtlichen Rahmenbedingungen. Tatsächlich erstellt das Auswärtige Amt noch in der Nacht eine Art juristisches ad-hoc-Gutachten: Die Abholung und Aufnahme der Flüchtlinge, die sich ja eigentlich in sicheren Drittländern bewegen, sei ausnahmsweise möglich, es handle sich um eine »Notlage«.

Vizekanzler Sigmar Gabriel ist der nächste auf Merkels Telefonliste. Der SPD-Vorsitzende sitzt zu Hause in Goslar auf dem Sofa, als Merkel anruft. Sie schildert kurz die Lage und erklärt, sie wolle die Flüchtlinge von der ungarischen Autobahn zwischen Österreich und Deutschland aufteilen. Soeben habe sie mit Steinmeier gesprochen, der sei einverstanden. Gabriel stimmt ebenfalls zu. Anschließend ruft er Steinmeier an, um Merkels Angaben zu prüfen. Vom Außenminister erfährt er, dass dieser keineswegs so stark in die Entscheidung eingebunden war, wie es Merkels Anruf nahelegte. Merkel habe ihn nur in Kenntnis gesetzt.

Mit dem anderen Koalitionspartner – der CSU – kommt kein Kontakt zustande. Merkel versucht mehrmals, Seehofer anzurufen, und spricht ihm auf die Mailbox seines Funktelefons. Aber Seehofer grollt noch immer, weder geht er ans Gerät, noch ruft er zurück.

Der Ministerpräsident hat sich nach dem Strauß-Festakt längst ins Altmühltal fahren lassen, wo er in seinem Ferienhaus schmollt. Dort steht auch seine legendäre Modelleisenbahn, Angela Merkel und andere Berliner Spitzenpolitiker hat er dort als Mini-Figuren modelliert. Ob Seehofer wirklich den Verkehr an seiner Spielzeugbahn regelte, während in München bald echte Züge mit echten Flüchtlingen eintrafen? Später verbreitet der Ministerpräsident, er sei früh zu Bett gegangen und habe in seinem Ferienhaus erst am nächsten Morgen auf sein Handy geschaut, die Nachrichten der Kanzlerin gelesen – und so die Grenzöffnung verschlafen.

Zwischenzeitlich erreicht Merkel den für die Grenzpolizei zuständigen Innenminister. Aber Thomas de Maizière liegt mit einer zur Lungenentzündung verschleppten Bronchitis in seinem Dresdner Haus im Bett und wird von Fieberschüben geplagt.

Kanzleramtschef Altmaier nimmt Merkels Anruf in Frankreich entgegen. Er ist noch am Nachmittag von Berlin nach Frankfurt und weiter nach Genf geflogen. Von dort hat er die französische Grenze überquert, um im noblen Evian-les-Bains am Genfer See an einer Tagung des illustren »Evian-Kreises« teilzunehmen – einem einflussreichen Club von Spitzenmanagern aus Frankreich und Deutschland. Altmaier liebt solche Gelegenheiten, bei denen er mit seinen profunden Sprachkenntnissen glänzen kann. Wie passend, dass der andere politische Gast des Abends, Joschka Fischer, kein Wort Französisch spricht. Doch dann ist es Fischer, der auf der Terrasse mit Seeblick bei gutem Rotwein vor den Bossen glänzt. Denn Altmaier sitzt die ganze Nacht und den nächsten Morgen telefonierend in seinem Zimmer im »Hotel Royal«.

Die Kanzlerin fliegt derweil zurück nach Berlin. Nach der Landung am späten Abend lässt sich Merkel nicht ins Kanzleramt fahren, sondern direkt in ihre Wohnung. Schon auf dem Weg nach Berlin-Mitte liest sie eine SMS, die ihr das Lagezentrum als Eilmeldung geschickt hat: János Lázár, der Leiter der ungarischen Staatskanzlei, hat um 21.15 Uhr erklärt, er werde Busse schicken, um die marschierenden Flüchtlinge damit zur Grenze zu fahren, das gebiete die »Sicherheit auf den Autobahnen«. Tatsächlich haben die Flüchtlinge diesem Zeitpunkt ihren Marsch bereits abgebrochen und suchen nach einem Nachtlager.

Doch Orbán will jetzt eine Entscheidung der Kanzlerin erzwingen. Es gelingt: Irgendwann zwischen 23.30 Uhr und Mitternacht ruft Merkel bei Faymann an und stimmt seiner Idee der Grenzöffnung zu. Der Österreicher meldet sich unverzüglich bei Orbán und kündigt an, er werde Busse über die Grenze schicken, um Flüchtlinge in Ungarn abzuholen. Doch das ist nicht nötig, es sind bereits Busse unterwegs, ungarische Busse. 104 seien es gewesen, behauptet die Regierung in Budapest, doch die österreichischen Grenzer glauben, sehr viel mehr zu sehen: Eine ganze Armada an Bussen, die kurzfristig gar nicht hätte zusammengezogen werden können. Sogar Ikarus-Gelenkbusse aus den achtziger Jahren sind dabei, vollbesetzt mit Flüchtlingen aus Ostungarn. Orbán räumt jetzt seine Lager. Eine Woche später ist sein Grenzzaun fertig. Er will jetzt ein »flüchtlingsfreies« Ungarn.

Merkel und Faymann werden die Grenzöffnung später als eine fast spontane humanitäre Entscheidung begründen. Sie wurden allerdings durch eine sorgfältig geplante und vorbereitete Aktion der ungarischen Regierung in diese Entscheidung hineingetrieben. An der Spitze der Bus-Armada fährt nicht zufällig ein Staatssekretär: Zoltán Kovács, ein junger, an britischen Universitäten ausgebildeter Kommunikationsfachmann, der für ausländische Medien zuständig ist – also für das Image Ungarns im Westen. Als die Busse in Nickelsdorf die Grenze erreichen, will der lokale österreichische Polizeichef sie einfach weiterwinken zum nahe gelegenen Bahnhof. Doch Orbáns Staatssekretär stoppt die lange Kolonne. Alle Flüchtlinge müssen aussteigen und zu Fuß oder in österreichischen Fahrzeugen die Grenze überqueren. Die Botschaft ist klar: Österreich hat die Migranten selbst ins Land geholt. Auf der anderen Seite der Grenze steigen sie in neue Busse und fahren gleich weiter. Ihr Ziel heißt Deutschland.

Die Aufnahme organisiert Altmaier vom französischen Hotelzimmer aus. Da Seehofer auch weitere Anrufe Merkels nicht entgegennimmt, bittet sie jetzt ihren Kanzleramtsminister, die Bayern zu unterrichten – immerhin sollen die Flüchtlinge ja in München ankommen. Altmaier spricht mit Karolina Gernbauer, der Chefin der bayerischen Staatskanzlei, und macht ihr den Ernst der Lage klar. Doch auch die höchste Beamtin des Freistaats erreicht ihren Ministerpräsidenten nicht. Erstaunlicherweise schickt sie auch keine Polizisten zu Seehofers Ferienhaus, die ihn herausklingeln würden. Eine mögliche Erklärung: Altmaier konsultierte Gernbauer nicht, sondern informierte sie schlicht, dass Flüchtlinge kommen. Seehofer weigerte sich bewusst, die Grenzöffnung zur Kenntnis zu nehmen. So konnte er sie danach umso heftiger als »Jahrhundertfehler« kritisieren.

Die Staatskanzleichefs aller sechzehn Bundesländer bittet Altmaier am nächsten Morgen in einer Telefonkonferenz, sich auf die Aufnahme von Flüchtlingen vorzubereiten. Dabei äußert Gernbauer die Bitte, dass die Flüchtlinge so schnell wie möglich in ganz Deutschland verteilt werden – und nicht erst zeitaufwändig an der bayerischen Grenze oder in München registriert werden. Altmaier willigt ein. Dieser Punkt wird später die beiden Unionsparteien entzweien. Denn bald sind Zehntausende Menschen im Land, von denen niemand weiß, wer sie sind und woher sie kommen. Die CSU macht dafür Merkels Grenzöffnung verantwortlich. Die CDU aber die Bitte Gernbauers, vorerst auf Registrierungen zu verzichten.

Auch wenn Merkel die Grenzöffnung bis heute als »humanitären Imperativ« verteidigt, ahnt sie spätestens am nächsten Morgen, dass dies nur der Eröffnungszug einer langen Partie war. Und sie weiß auch, gegen wen sie antritt: Gegen 18 Uhr wird sie sich endlich mit Viktor Orbán verbinden lassen. Das Gespräch ist kurz: Sie vereinbaren die Sprachregelung, dass die deutsche Grenzöffnung eine »Ausnahme auf Grund der Notlage an der ungarischen Grenze« gewesen sei. Und dass die normalen Regeln jetzt wieder gelten – also die Dublin-Verordnung.

Doch Orbán denkt nicht daran, sie einzuhalten.

Seine Getreuen können an diesem Samstag schon erleben, wie der Ungar seinen Triumph genießt. Er hält eine Rede beim »Kötcse Picknick«, zu dem sich konservative Politiker, Publizisten und Künstler aus ganz Europa traditionell am Balaton versammeln. Orbán fühlt sich unter Seinesgleichen, er ruft, Merkels Entscheidung sei falsch, ja fatal: Ein Land ohne Grenzen sei überhaupt kein Land, »Grenzen müssen geschützt werden, um jeden Preis!« Europa müsse seine »ethnische und kulturelle Zusammensetzung« sichern, die Migranten suchten gar keinen Schutz, sondern »höhere Lebensqualität«: »Sie wollen Flüchtlinge in Deutschland sein« und riskierten dafür ihr Leben. Auf das Bild der Kinderleiche am türkischen Strand verweisend ruft Orbán aus: »Wer hat diesen kleinen Jungen getötet? Seine Eltern!«

Warum er Merkel in eine Entscheidung getrieben hat, die er selbst für katastrophal hält, begründet er so deutlich wie nie. Orbán, der Rechtspopulist, sieht seine Nation in einem Kulturkampf mit den liberalen Demokratien. Es gehe nur vordergründig um »Asyl und Massenmigration«, so Orbán, und eigentlich um die »Identitätskrise des Liberalismus«.

Der moderne Liberalismus – das sind für ihn die Institutionen der EU, die Partnerschaft mit den USA, die Globalisierung, die Informationsfreiheit und die universellen Menschenrechte. Das alles sei nichts als »Heuchelei als System«. Für Konservative, so Orbán, biete die Situation eine »Chance, wie sie in unserem Leben nur einmal kommt: Wir können das Ansehen und die Attraktivität der nationalen Identität und der christlichen Identität wieder aufrichten!« Für Orbán ist die von ihm forcierte deutsche Grenzöffnung nichts anderes als ein Angriff auf die EU, auf den Westen, letztlich auf die Unteilbarkeit der Menschenrechte.

Das Publikum in Kötcse ist begeistert.

Währenddessen sitzt Angela Merkel am Samstagmorgen in ihrer Wohnung, in der sie fast die ganze Nacht telefoniert hat. Auch jetzt ruft sie mit ihrem Handy befreundete Staats- und Regierungschefs an – unter deren Privatnummern. Ihr Chefberater für Europapolitik, Uwe Corsepius, hat schon seit Stunden erfolglos versucht, auf der Arbeitsebene andere Regierungen davon zu überzeugen, Deutschland einen Teil der Flüchtlinge abzunehmen. Die Franzosen wollen immerhin 1000 bei sich aufnehmen, Belgien 250 und Dänemark 40. Sonst ist kein Land spontan dazu bereit. Jetzt bittet die Merkel die wichtigsten Politiker Europas noch einmal persönlich, sie nicht im Stich zu lassen. Sie bittet vergeblich.

4
Deutscher Rausch

Am Münchner Hauptbahnhof trifft am 5. September nahezu stündlich ein neuer Zug mit Flüchtlingen ein. Die Vereinbarung Merkels mit Österreichs Bundeskanzler Faymann aus der Nacht, die Migranten zwischen beiden Ländern fair zu verteilen, ist nie Realität geworden. Alle wollen nach Deutschland. Aus anfangs Hunderten werden rasch Tausende: Insgesamt 22 000 Syrer, Iraker, Afghanen und andere setzen schließlich an diesem Wochenende in der bayerischen Landeshauptstadt zum ersten Mal ihren Fuß auf deutschen Boden. Die meisten von ihnen sind erschöpfte junge Männer, aber die Kameras konzentrieren sich auf die Familien: erleichterte Mütter und Väter, die kleine Kinder tragen. Manche fallen schon auf dem Bahnsteig Verwandten in die Arme. Es gibt viele bewegende Szenen. Wirklich spektakulär sind andere Bilder, die in jener Nacht entstehen. Auf ihnen sind die Flüchtlinge nur Beiwerk. Die eigentliche Sensation sind die Helfer und Jubelnden – Tausende Münchner sind spontan zum Hauptbahnhof gekommen. Allein 700 Freiwillige zählen die Behörden am Samstag, mehr, als sie für sinnvolle Tätigkeiten einteilen können. Die Menschen bringen Kleidung, Wasserflaschen, Äpfel, Brezeln, Brote und Süßigkeiten. Kein Kind, das aus einem dieser Züge aussteigt und nicht beschenkt wird. Die Hilfsbereitschaft ist so groß, dass sie logistische Probleme bereitet: Am Bahnhof stapeln sich Kuscheltiere und Spielzeug.

Während die Ankommenden von den Strapazen der Reise gezeichnet sind, wirken die Menschen, die sie begrüßen, euphorisiert: Sie rufen und winken, viele weinen, einige tanzen. Die Stimmung wird von den Fernsehkameras ins ganze Land übertragen. Auch zu den Bahnhöfen in Frankfurt am Main und in Dortmund, wohin einige Flüchtlingszüge weitergeleitet werden, strömen die Menschen.

Zwei Vergleiche machen sofort die Runde: »Wie 2006«, sagen die Jüngeren, »wie 1989« die Älteren. Was das Sommermärchen des fröhlichen Fußballpatriotismus und den Fall der Berliner Mauer mit der Grenzöffnung 2015 verbindet, ist das Empfinden eines unverhofften Glücks. Die Deutschen sind von sich selbst überrascht.

Ihre Kanzlerin scheint dieses Gefühl zu teilen. An diesem Wochenende kann man in Gesprächen aus Merkels Umfeld erfahren, sie habe angesichts der Bilder aus München Tränen in den Augen gehabt. Später, als Merkel längst in den Verdacht geraten ist, unüberlegt gehandelt zu haben, wird diese Wahrnehmung unterschlagen.

Horst Seehofer ist in ganz anderer Stimmung. Jetzt nimmt er Merkels Anruf entgegen. Noch immer hofft sie, ihn in die Mitverantwortung für die nächtliche Entscheidung ziehen zu können. Aber Seehofer lehnt ab. Er hat schon die Fernsehbilder aus München gesehen: »Das werden wir nicht beherrschen können«, raunt Seehofer düster. »Da bin ich betrübt«, antwortet die Kanzlerin. An die Öffentlichkeit wagt sie sich anschließend nicht.

So spricht in der historischen Stunde ein Lokalpolitiker für Deutschland: Dieter Reiter, der Oberbürgermeister von München, wird für die ganze Welt das Gesicht der deutschen Willkommenskultur. Der Sozialdemokrat, erst ein Jahr im Amt, meistert die Situation souverän. Er schürt die hochschlagenden Emotionen nicht zusätzlich, sondern strahlt in zahlreichen Interviews die gelassene Zuversicht aus, dass seine Stadtverwaltung die Lage schon in den Griff kriegen wird. Tatsächlich kommt es auf seine Leute nun entscheidend an – und auf die Bezirksregierung von Oberbayern. Denn das Bundesinnenministerium lehnt es zunächst ab, die Koordinierung der Erstaufnahme bundesweit zu übernehmen. Die Regierung hat die Grenze geöffnet, überlässt die Verteilung der Flüchtlinge aber Bezirksbeamten, die nun überall in der Republik herumtelefonieren und bitten und betteln müssen, dass sie ganze Busse oder sogar Züge voller Flüchtlinge weiterschicken dürfen.

Immerhin, das bayerische Sozialministerium versucht, unbürokratisch zu helfen, und so organisiert schließlich das »Referat Asyl« unter der Ministerialdirigentin Simone Kohn in den ersten Tagen die gigantische Verteilung der Flüchtlinge in ganz Deutschland. Das eigentliche Wunder: Die Bayern werden nicht im Stich gelassen. Überall im Land werden aus dem Wochenende geklingelte Bürgermeister und Sozialdezernenten aktiv und organisieren in ihren Kommunen die behelfsmäßige Unterbringung und Versorgung der Menschen. So geht die Kritik am angeblichen Staatsversagen fehl: Während die Regierung die Folgen ihrer epochalen Entscheidung von Berlin aus bestaunt und sich die Zivilgesellschaft an sich selbst berauscht, sind es völlig unvorbereitete Kommunalpolitiker, Beamte und städtische Angestellte überall im Land, die mit meisterhafter Improvisation dafür sorgen, dass der Staat eben doch funktioniert und an diesem Wochenende keine Katastrophe geschieht.

Merkels nächtliche Entscheidung war der Auslöser für diesen Zustand. Wann wird sie ihn beenden? Das ist die Frage, die schon am 5. September in der Bundesregierung diskutiert wird: Wann und wie soll Merkel die normalen Regeln wieder in Kraft setzen? Denn genau das war ja noch in der Nacht mit Faymann vereinbart worden: Eine »Ausnahme« sollte die Aufnahme der Flüchtlinge aus Ungarn werden. Aber am Samstag, als Deutschland sich feiert, schweigt Merkel öffentlich. Als einziger traut sich Kanzleramtschef Altmaier vor die Kamera. Er verlässt die Managertagung in Evian nach einem Gespräch mit Joschka Fischer. Der grüne Ex-Außenminister hat ihm erklärt, die nächtlichen Entscheidungen seien nicht weniger als eine historische Zäsur in der Geschichte der Bundesrepublik. Altmaier streicht das Mittagessen und eilt nach Genf.

Dort am Flughafen wartet schon ein Kamerateam des ZDF. Altmaier gibt ein Statement ab, in dem das Wort »Ausnahme« fällt. Als Profi meidet er das naheliegende Wort »einmalig«, denn er will keine Handlungsoption verlieren. Dann fliegt er nach Berlin-Tegel, auch dort spricht er, diesmal gegenüber ARD-Journalisten, sehr deutlich von der »Ausnahme«. Ebenso wie das Bundespresseamt in jener Mitteilung über Merkels Telefonat mit Orbán am Samstagabend. Und auch tags darauf wird es ein Koalitionsausschuss von CDU, CSU und SPD laut Sitzungsprotokoll noch einmal beschließen: Die Grenzöffnung war eine Ausnahme.

Aber die Kanzlerin ordnet nicht an, dass die Ausnahme beendet ist. Nur Merkel oder ihr Innenminister könnten veranlassen, dass jetzt, da die Menschen von den ungarischen Autobahnen längst alle in Deutschland sind, weitere Ankömmlinge an der Grenze abgewiesen werden. Tatsächlich wird an der Grenze nicht einmal kontrolliert. Am Sonntag muss schon wieder der brave Altmaier ins Fernsehen. In der ZDF-Sendung »Berlin Direkt« beantwortet er die Nachfrage »Kann es noch einmal zu einer Ausnahme kommen?« aber nur noch ausweichend: »Es hat jetzt wenig Sinn, zu spekulieren.«

Derweil gehen die Bilder vom deutschen Jubel über die Neuankömmlinge um die Welt. Über das Netz, vor allem aber über die Satellitensender Al Jazeera, MBC und Al Arabiya erreichen sie die Flüchtlingslager – und lösen Fantasien aus. Im Libanon, wo über eine Million Menschen in Lagern lebt, stellt die deutsche Botschaft auf Arabisch ein Dementi auf ihre Webseite: Das Gerücht, die Kanzlerin habe Schiffe losgeschickt, um syrische Flüchtlinge direkt in Beirut abzuholen, sei falsch. Vor allem aber bricht das zuvor schon löchrige Dublin-System jetzt endgültig zusammen. Von Griechenland über den Balkan bis nach Österreich entsteht die »Kultur des Durchwinkens«. Warum auch soll ein osteuropäischer Polizist einen Flüchtling an der Durchreise in ein Land hindern, wo dessen Ankunft gefeiert wird?

Wenn sie im vertraulichen Gespräch Rückschau halten, sind sich die Akteure von damals bis hin zu Kabinettsmitgliedern aus allen drei Koalitionsparteien erstaunlich einig: Nicht die Grenzöffnung, nicht die humanitäre Tat war ein Fehler, sondern das Versäumnis, direkt danach ein Zeichen zu setzen, dass Deutschland nicht alle Flüchtlinge aufnehmen kann. Manche glauben, es hätte Zurückweisungen an der Grenze geben müssen, andere meinen, zu diesem Zeitpunkt hätte ein einziges deutliches Fernsehstatement noch gereicht. Weil Merkel dieses Zeichen nicht gibt, wird die Ausnahme zum Ausnahmezustand, der fünf Monate andauern wird. Dieses Signal hätte von Merkel persönlich kommen müssen, damit es von Menschen in all jenen Ländern vom Balkan bis nach Bangladesch verstanden wird, die sich aufmachen, weil sie sich von Merkel und den jubelnden Münchnern eingeladen fühlen.

Aber wie hätten die Deutschen dieses Signal empfunden? Die Kanzlerin weiß: Wenn sie jetzt die Grenze schließt, widerspricht dies der Stimmung in der Bevölkerung. Das zeigen ihr nicht nur die wunderbaren Bilder aus München. Das zeigen ihr wissenschaftlich erhobene Daten – für die sie eine Menge Steuergeld ausgegeben hat.

Unter Angela Merkel hat sich das Bundespresseamt gewandelt von einer Behörde, die Bürger über die Arbeit der Regierung informiert, zu einer Behörde, die vor allem für die Regierung ermittelt, was die Bürger denken und fühlen. Jede Woche stellt Regierungssprecher Seibert seiner Kanzlerin einen neunseitigen vertraulichen Bericht über »Ergebnisse aus der Meinungsforschung« vor. Darin sind die aktuellsten Umfragen von forsa, Emnid, Allensbach, GMS und Infratest dimap gebündelt. Einige erhält die Kanzlerin Tage vor ihrer Veröffentlichung zur Kenntnis und kann das Regierungshandeln entsprechend anpassen. Andere werden nur für die Regierung erstellt und nie veröffentlicht.

Neben »Wähleranteilen«, »Kanzlerpräferenz« und »Problemlösungskompetenz« werden die zwanzig wichtigsten politischen Aufgaben ermittelt und die »Arbeit der Bundesregierung« in diesen Feldern von den Befragten bewertet. Außerdem werden die »langfristigen Erwartungen für die Wirtschaft« sowie die »Bewertung der eigenen gegenwärtigen finanziellen Lage« und der »zukünftigen finanziellen Lage« ausgeforscht, um den Gemütszustand der Befragten zu erfassen. Ein fast intimer Blick in Köpfe, Seelen und Herzen der Bundesbürger, den der Regierungssprecher jede Woche der Kanzlerin präsentiert. Das Herzstück aber sind die »wichtigsten Themen«: Infratest dimap erhebt exklusiv für die Bundesregierung, was die Menschen am meisten bewegt, und stellt die Entwicklung in einem »Themen-Monitor« dar, der wie eine wissenschaftliche Grafik aufbereitet ist.

Dieser dokumentiert im Sommer 2015 einen Stimmungsaufbau, wie ihn Deutschland wohl noch nie erlebt hat. Anfang Juli interessiert das Thema »Flüchtlingsströme« nur 7 Prozent der Deutschen, 80 Prozent beschäftigen sich mit der »Krise in Griechenland«. Aber schon bei Merkels Rückkehr aus dem Urlaub in der zweiten Augustwoche ist die Flüchtlingskrise das Top-Thema. Und die Werte steigen unaufhörlich. Eine Woche nach der Grenzöffnung behaupten schließlich 82 Prozent der Deutschen, Flüchtlinge seien das wichtigste Thema. Dazu haben sich auch noch 11 Prozent für das sehr verwandte Thema »Ausländer, Zuwanderung, Integration« entschieden. Für 93 Prozent der Deutschen gibt es also – der vertraulichen Entscheidungsgrundlage der Kanzlerin zufolge – kein wichtigeres Thema als Flüchtlinge.

Wenn Merkel jetzt die Grenze schließt, würde sie nicht nur eine große Mehrheit der Bürger verstimmen, sondern mit ihrem Kurswechsel alle verwirren. Eine vergleichbare Dominanz eines einzigen Themas gab es fünf Jahre zuvor nach dem Reaktorunfall im japanischen Fukushima. Damals drehte Merkel unter enormen politischen und volkswirtschaftlichen Kosten ihren Kurs in der Kernenergie – wohlgemerkt aber in Richtung der Stimmung ihres Wahlvolks. Nun, als ihr die Flüchtlingspolitik entgleitet, müsste Merkel eine ebenso totale Kehrtwende vollziehen – diesmal aber gegen die herrschende Gemütslage. Dazu ist die Kanzlerin nicht bereit und die Deutschen danken es ihr auch, noch jedenfalls. Im nächsten »Wochenbericht« hat Seibert laut seiner Vorlage stolz vermeldet: »Angela Merkel liegt bei der Kanzlerpräferenz 39 (+1) Prozentpunkte vor Sigmar Gabriel«, die Union hat »zwischen 42 % und 40 %« weiter sehr gute Werte, 51 % (+4) der Bürger sehen die eigenen wirtschaftlichen Verhältnisse »eher optimistisch«, Gutverdiener sind sogar zu 65 Prozent der Meinung, »zurzeit wäre ein günstiger Zeitpunkt für größere Anschaffungen«. Deutschland ist hoch zufrieden mit seiner Flüchtlingskanzlerin.

Im weiteren Verlauf der Krise wird sich die Stimmung drehen. Weil Merkel trotzdem an ihrer Politik der offenen Grenzen festzuhalten scheint, werden linke Intellektuelle überrascht die Standfestigkeit und Grundsatztreue der Kanzlerin preisen, stand sie bisher doch eher im Verdacht, ihre Politik über das übliche Maß hinaus an Umfragen auszurichten: Jürgen Habermas geißelte Merkels Standpunktlosigkeit 2011 gar als »opportunistisches Drehbuch einer demoskopiegeleiteten Machtpragmatik, die sich aller normativen Bindungen entledigt hat«.

In der Flüchtlingskrise ist dieses Merkel-Muster zu Beginn noch deutlich erkennbar. Die Kanzlerin surft in einer historischen Stunde auf einer Welle der Begeisterung der Deutschen über die eigene Hilfsbereitschaft. Staunend hat sie seit Wochen beobachtet, wie sich diese Welle auftürmte. Besonders die Positionierung der Leitmedien verfolgt Merkel mit Aufmerksamkeit. Die Asyldebatte zu Anfang der neunziger Jahre war die erste scharfe gesellschaftliche Auseinandersetzung, an der Merkel als aktive Politikerin teilnahm, vor allem die »Bild«-Zeitung und der »Spiegel« trieben die Politik damals in eine Asylrechtsverschärfung. Das Boulevardblatt startete eine Kampagne gegen »Scheinasylanten« und »Asylbetrüger«, das Nachrichtenmagazin druckte den Satz »Das Boot ist voll« auf seine Titelseite.

Diesmal ist es genau umgekehrt. »Warum wir den Syrien-Flüchtlingen helfen müssen«, erklärt die »Bild« schon am 28. Juli in einem geradezu programmatischen Text: »Viele Menschen in Deutschland reden derzeit über Flüchtlinge. Viele haben das Gefühl, dass zu viele zu uns kommen. (…) Ich glaube, man muss ihnen erklären, mit wem wir es hier zu tun haben, was diesen Menschen, den Flüchtlingen, widerfahren ist.« Der »Bild«-Reporter Paul Ronzheimer begleitet im August sogar eine Gruppe junger Syrer auf ihrer zwölftägigen Flucht von »Aleppo bis nach Deutschland« und besucht am Vorabend der Grenzöffnung mit seinem Hauptprotagonisten Feras, einem 23-jährigen Wirtschaftsstudenten, die Talkshow »Maybrit Illner«. Im September bündelt »Bild« mit einer eigenen Kampagne »#refugees welcome, Wir helfen!« die Stimmung im Volk. Von dieser lassen sich auch andere Medien anstecken. Der Autor dieses Buches etwa fordert am 4. September nach dem Tod des Flüchtlingskindes Alan Kurdi in der Ägäis die britische Regierung in einem Kommentar in der »Welt« auf, ihre restriktive Flüchtlingspolitik zu verändern.

Der »Spiegel«, das andere ehemals asylkritische Leitmedium, braucht länger für seine Neupositionierung, die dann aber umso radikaler ausfällt. Am 29. August, also nur wenige Tage nach dem rechtsextremen Exzess in Heidenau, veröffentlicht das Nachrichtenmagazin gleich zwei Titelbilder: »Dunkles Deutschland« steht auf dem einen in historischer Frakturschrift, die Assoziationen zum Nationalsozialismus wecken soll. Auf dem anderen Titelbild ist in modernen Lettern »Helles Deutschland« geschrieben. Die Redaktion erklärt in einem Editorial das Offensichtliche: »Das eine Bild zeigt den Brand in einer geplanten Asylunterkunft in Weissach, Baden-Württemberg, es steht für das dunkle Deutschland; das andere Bild zeigt ein Kinderfest in dem Ort Hesepe, unweit von Osnabrück in Niedersachen. Dort haben Studenten das Projekt ›Freizeit für Flüchtlingskinder‹ ins Leben gerufen«. Dann folgt ein direkter Aufruf an die Leser: »Zwei Deutschlands – wir haben die Wahl.«

Mit jungen Syrerinnen und Irakern vorwärts in die multikulturelle Zukunft oder mit primitiven Ossis und Ewiggestrigen zurück in die rassistische Vergangenheit? Mit dieser absurden Alternative haben die »Spiegel«-Macher die spezifisch deutsche Gefühlslage in diesem Herbst perfekt getroffen. Nazi oder Flüchtlingshelfer? Jeder muss sich jetzt entscheiden. Als Erster hat das der empfindsamste Politiker von allen gespürt. Bundespräsident Joachim Gauck, der vor Rührung immer wieder mal öffentlich Tränen zeigt, hat auf dem Höhepunkt der Ausschreitungen von Heidenau eine Flüchtlingsunterkunft in Berlin besucht, den Ehrenamtlichen gedankt und ausgerufen: »Es gibt ein helles Deutschland, das sich leuchtend darstellt gegenüber dem Dunkeldeutschland, das wir empfinden, wenn wir von Attacken auf Asylbewerberunterkünfte oder gar fremdenfeindliche Aktionen gegen Menschen hören!«

Gauck aktualisiere, wie ihm schon tags drauf die »FAZ« erklärt, wohl unbewusst die »klassisch-faustische Zwei-Seelen-Theorie«, die schon bei Sebastian Haffners »Germany: Jekyll and Hyde« und Thomas Manns »Doktor Faustus« ein gutes Deutschland vom Faschismus unterschied. Aber indem ausgerechnet der erste ostdeutsche Bundespräsident sie mit dem bis dahin für die ehemaligen

Gebiete der DDR reservierten Spottwort »Dunkeldeutschland« gewissermaßen geographisch auflädt, bietet er der westdeutschen Mehrheitsgesellschaft gleich doppelte Entlastung an: Wir kümmern uns um Flüchtlinge, denn wir sind keine Nazis und keine Ossis!

Der Flüchtling als Erlöser von schrecklicher deutscher Vergangenheit, von peinlichen ostdeutschen Landsleuten und überhaupt allen schlechten deutschen Gewohnheiten: Die »Spiegel«-Titelstory zur Willkommenskultur lädt ausgerechnet den Ausgebombten von Aleppo und den Arbeitssuchenden aus Tirana die Sehnsüchte der satten Bundesrepublik auf: »Sie zwingen das Land, weltoffener zu werden, großzügiger – und ein bisschen chaotisch«, freut sich das Magazin unter der Titelzeile: »Das neue Deutschland«.

Wie tief die Flüchtlingshilfe auch bei politischen Akteuren gefühlsmäßig mit dem »Kampf gegen Rechts« verbunden ist, zeigt sich vielleicht am deutlichsten beim thüringischen Ministerpräsidenten Bodo Ramelow. Er begrüßt am 5. September, dem Tag nach der Grenzöffnung, einen Sonderzug aus München, der Flüchtlinge nach Saalfeld bringt. Mit einem roten Spielzeugauto in der Hand ruft Ramelow: »Ich bin so glücklich, dass ihr hier seid!«. Er meint die Helfer, die – zwar spärlicher als in Westdeutschland, aber doch in nennenswerter Zahl – zum Bahnsteig gekommen sind und dort skandieren: »Refugees are welcome here!« Als der Zug eintrifft, verliert der Ministerpräsident die Fassung, ringt mit den Tränen und ruft den Flüchtlingen durch ein Megaphon entgegen: »Inschallah« – die arabische Redewendung für »so Gott will«. Gegenüber einem Team des Regionalfernsehens gewährt Ramelow noch auf dem Bahnsteig einen tiefen Blick in die deutsche Seele: »Ich hab' schon den ganzen Tag geheult. Hier in Saalfeld sind die meisten Waffen nach 45 gefunden worden. Hier in Saalfeld wollten die Nazis 'mal das Konzept der national befreiten Zonen durchsetzen. Hier in Saalfeld gab es mehrere Versuche, eine große Nazi-Kultur als Alltagskultur zu etablieren – dass hier in Saalfeld heute der erste Zug ankommt (…), ehrlich gesagt, das ist der schönste Tag meines Lebens.«

Vergangenheitsbewältigung durch Flüchtlingshilfe: Bei Angela Merkel wird dieses Motiv im Verlauf des Septembers mehr als nur einmal angedeutet. Am 7. September wird die Kanzlerin gefragt, was es in ihr auslöse, wenn Menschen überall auf der Welt Transparente mit ihrem Porträt tragen und der Aufschrift »Merkel, please help me!« Ihre Antwort erfolgt zunächst routiniert, sie freue sich, dass Deutschland ein Land geworden sei, mit dem so viele Menschen Hilfe verbinden, dann fügt sie spontan hinzu: »Und das ist etwas sehr Wertvolles, wenn man einen Blick in unsere Geschichte wirft, und das drückt sich darin aus. Also, ich finde das schon durchaus bewegend.«

Schon eine Woche zuvor, bei ihrer Sommerpressekonferenz, deutete Merkel an, dass auch für sie die deutsche Vergangenheit zum Hintergrund ihrer Flüchtlingspolitik gehört: »Die Welt sieht Deutschland als ein Land der Hoffnung und der Chancen, und das war nun wirklich nicht immer so.« Dabei entstand die eigentliche Parole der deutschen Willkommenskultur: »Wir schaffen das.« Es sind Worte, die später in den Geschichtsbüchern stehen werden. Anschließend wird sogar kommentiert, Merkel habe den Obama in sich entdeckt und erstmals in ihrem politischen Leben versucht, mit Worten den Lauf der Dinge zu verändern.

Dabei ist Merkel von der Wirkung ihrer Worte selbst überrascht. Denn »Wir schaffen das« ist nicht das »Yes, we can!« des ersten schwarzen Präsidenten der USA, sondern ein Standard, ja eine Stanze aus Merkels eigenem Repertoire. Sie hat die Wendung immer dann benutzt, wenn es galt, bei großen Herausforderungen Mut zu machen. »Gemeinsam werden wir es schaffen«, erklärte die Kanzlerin schon in ihrer Neujahrsansprache nach der Finanzkrise.

Was jetzt, in der Flüchtlingskrise, plötzlich den Gefühlen einer ganzen Nation Ausdruck gibt, galt Kritikern vorher sogar als ein Paradebeispiel emotions- und geistloser Sprache. Mit einer Analyse von Merkels Ausspruch »Wir werden es schaffen«, den sie auf die Lösung der Finanzkrise bezogen hatte, beginnt etwa Roger Willemsens Buch »Das hohe Haus« – eine Anklage gegen die Sprache einer Macht, »die sich mit dem Volk auf Gemeinplätze verabredet«.

Selbst als Angela Merkel die Worte am 2. September in ihrer Sommerpressekonferenz im Kontext der Flüchtlingskrise verwendet, nimmt keiner weiter Notiz davon. In der fast einstündigen Befragung nach ihrem Eingangsstatement kommt kein einziger Journalist auf den Satz zurück. Erst zehn Tage nach der Grenzöffnung, als der österreichische Bundeskanzler Faymann am 15. September mit Merkel vor die Presse tritt und Merkel erstmals unter Druck steht, wird der banale Motivationssatz zur politischen Botschaft. Die erste, die an diesem Tag »Wir schaffen das« zitiert, ist nämlich Merkel selbst: »Ich sage wieder und wieder. Wir können das schaffen und wir schaffen das.« Seitdem ist es eine Beschwörungsformel, mit der sich die einen Mut zusprechen, während die anderen das vermeintliche Wunschdenken geißeln, das in diesen Worten Ausdruck findet.

Im Kontext der Flüchtlingskrise hat übrigens noch ein anderer politischer Akteur exakt dieselbe Formulierung benutzt: Vizekanzler Sigmar Gabriel. Der SPD-Chef erklärte bereits am 22. August, also eine Woche vor der Kanzlerin, in seiner wöchentlichen Video-Botschaft: »Ich bin sicher: Wir schaffen das.« Später wird er die Merkel-Version seiner Worte als Leerformel kritisieren.

In der Sommerpressekonferenz hat Merkels »Wir schaffen das« die fast eschatologischen Heilserwartungen der Deutschen an die eigene Flüchtlingspolitik wenigstens für ein paar Stunden zurück ins Operative gewendet. Tatsächlich braucht die Kanzlerin nur Minuten, um vom ganz Großen beim denkbar kleinsten Detail zu landen: beim Brandschutz neuer Heime, bei Wärmedämmung und der Höhe der Geländer in amerikanischen Kasernen, die nun als Flüchtlingsunterkünfte genutzt werden sollen. Diesen Mühen der Ebene gilt auch der eigentliche Kernsatz ihres Vortrags: »Deutsche Gründlichkeit ist super, aber es wird jetzt deutsche Flexibilität gebraucht.« Merkels Vision in dieser Phase der Flüchtlingskrise ist nicht die bunte Republik oder die neue globale Solidarität, sondern die schnelle Zustimmung der Bundesländer zu einem »Standardabweichungsgesetz«.

Die Willkommenseuphorie hält sich mit solchen Details nicht auf. Immer schönere Erwartungen werden jetzt auf die Neuankömmlinge projiziert. Die Flüchtlinge sollen die Deutschen nicht nur von ihrer unseligen Vergangenheit erlösen, sondern auch von ihrem zukünftigen Schicksal als überaltertes Volk. Im Leitartikel

nennt der »Spiegel« Flüchtlinge eine »Gruppe, die höchst willkommen ist in diesem Land, das Zuzügler braucht«, und fantasiert
davon, dass deren Verteilung aufgegeben werde könne: Stattdessen
»schreibt die Regierung einen Wettbewerb aus. Gemeinden können
sich um die Aufnahme und Integration von Flüchtlingen bewer-
ben.« Wenige Wochen später werden solche Sätze im Land der überfüllten Turnhallen verrückt klingen. Aber auch die Wirtschaft freut
sich angeblich noch auf jeden, den sie einstellen darf. »Wir haben
Chancen, wir gewinnen neue, teilweise qualifizierte Mitarbeiter
dazu. Wir haben ein demographisches Problem in der Zukunft. Das
heißt, wir haben einen Mangel an Arbeitskräften. Dieser Mangel
kann reduziert werden«, sagt der Präsident des Bundesverbandes der
Deutschen Industrie, Ulrich Grillo. Daimler-Chef Dieter Zetsche
wird eine Woche nach der Grenzöffnung sogar prophezeien: »Im
besten Falle kann es auch eine Grundlage für das nächste deutsche
Wirtschaftswunder werden.« Natürlich sei »nicht jeder, der heute
nach Europa kommt, ein brillanter Ingenieur, Mechaniker oder Un-
ternehmer, aber viele sind top ausgebildet.« Wer sein komplettes Leben zurücklasse, sei hoch motiviert: »Genau solche Menschen suchen
wir bei Mercedes und überall in unserem Land.« Fast programma-
tisch bringt der Top-Manager den deutschen Konsens jener Tage auf
den Punkt: »Wer die Vergangenheit kennt, darf Flüchtlinge nicht
abweisen. Wer die Gegenwart sieht, kann sie nicht abweisen. Und
wer an die Zukunft denkt, der wird sie nicht abweisen.«

In diesen Wochen entsteht in vielen Köpfen die Vorstellung,
dass es sich bei den Flüchtlingen nicht um Erschöpfte, Kranke,
Traumatisierte und teilweise Radikalisierte handelt, sondern um
eine Armee von fröhlichen Landärzten und künftigen Facharbei-
tern, die sich im Anmarsch befindet, um die Deutschen gerade
rechtzeitig noch aus der demographischen Falle zu retten. Am
10. September lässt das ZDF zur besten Sendezeit in einer »Flücht-
lingsgala« mit vielen Prominenten ein neunjähriges Mädchen aus
Syrien auftreten. Was ihr Lieblingsfach sei, fragt Johannes B. Kerner.
»Mathe« – donnernder Applaus, aber der Moderator setzt noch eins
drauf: Was sie denn machen wolle, wenn sie mal groß sei? »Wenn

ich groß bin, will ich ein Auto bauen.« Kerner jubelt: »Toll! Junge Frauen in Ingenieurberufen, das brauchen wir heute!«

Ein paar Wochen lang kennen die Deutschen keine Parteien mehr, nur noch Flüchtlingsfreunde. Am 12. Oktober löst die Jury des deutschen Buchpreises eine Debatte aus, weil sie den Flüchtlingsroman »Gehen, ging, gegangen« von Jenny Erpenbeck überraschend *nicht* prämiert. Richard David Precht erklärt in der »Zeit«: »Menschlichkeit kennt keine Obergrenze. Jesus Christus und Immanuel Kant haben dies gewusst – Horst Seehofer muss es noch lernen.« Sogar das Genre der Willkommensmusik entsteht. Grüne und linke Politiker aus dem Berliner Abgeordnetenhaus nehmen zu einer Melodie des Komponisten von »Marmor, Stein und Eisen bricht« den Flüchtlingsschlager »Und sie suchen nach dem Morgen« auf – unterstützt von »Sponsoren aus allen im Bundestag vertretenen Parteien«. Auch Dieter Hallervorden schreibt ein Lied für die Flüchtlingshilfe. Niemand aber stellt seine gute Gesinnung so konsequent aus wie 112 Abgeordnete, die am 15. Oktober den Plenarsaal verlassen und rote Schwimmwesten über ihre Anzüge ziehen. Gut ausgeleuchtet von mehreren Filmteams drängen sie sich in ein Schlauboot, das Aktivisten zu Wasser gelassen haben. Allerdings nicht in der stürmischen Ägäis, sondern auf der ruhigen Spree, direkt neben dem Reichstag.

Auch die politische Berichterstattung verliert in diesen Tagen zuweilen den Kontakt zur Realität. »Deutschlands Bürgermeister sind entspannt« – mit dieser Titelzeile macht am 20. Oktober ein euphorischer Bericht von »Spiegel Online« auf: Man habe dreißig Stadtoberhäupter befragt und »durchweg Gelassenheit« gefunden: »(…) bringt es der Oberbürgermeister von Hannover, Stefan Schostok (SPD) auf den Punkt: ›Aus unserer Perspektive ist es sicher richtig zu sagen: Es geht. Wir bekommen es hin. Wir schaffen das!‹« Während dieser Bericht online ist, trifft allerdings ein Brandbrief von mehr als zweihundert Verwaltungschefs aus Nordrhein-Westfalen im Kanzleramt und in der nordrhein-westfälischen Staatskanzlei ein: »Selbst die Unterbringung von Flüchtlingen in Zelten sowie Wohncontainern ist kaum noch zu bewerkstelligen«, heißt es darin. Die angeblich entspannten Bürgermeister sind in Wahrheit am

Limit der Belastung und fordern, Flüchtlinge aus sicheren Drittstaaten an der Grenze abzuweisen.

Die Bevölkerung spürt, dass viele Berichterstatter sich verrannt haben. Eine Mitte Dezember veröffentlichte Umfrage von Allensbach offenbart einen dramatischen Vertrauensverlust: Im Oktober, also auf dem Höhepunkt der Willkommenskultur, fühlen sich 47 Prozent der Befragten »einseitig informiert«, nur 32 Prozent geben »ausgewogen« an, rechnet die Allensbach-Chefin Renate Köcher in der »FAZ« vor. 53 Prozent glauben, dass die Flüchtlinge andere sind, als es die von den Medien veröffentlichten Bilder zeigen. Nur 25 Prozent der Leute glauben, dass ein realistisches Bild vom Anteil der Familien und von der Qualifikation der Flüchtlinge präsentiert wird.

Angela Merkel hat die Willkommenskultur nicht erschaffen, nicht einmal mit ihrer spektakulären Grenzöffnung. Eher war es andersherum: Die Begeisterung der Bevölkerung über die eigene Moral riss auch die Regierende mit. Aber Merkel trifft eine Mitverantwortung, weil sie versucht hat, auf der Welle zu surfen, anstatt Erwartungen zu dämpfen. Die wenigen Bedenkenträger werden von ihr sogar gemaßregelt. So gibt am 13. September, eine Woche nach der Grenzöffnung, der Staatssekretär im Finanzministerium Jens Spahn ein Interview, indem er auf die Diskrepanz zwischen den Berichten der Medien und der Wahrnehmung vieler Menschen eingeht: »Die Stimmung kippt stündlich«, warnt der junge CDU-Politiker. Am nächsten Tag wäscht Merkel ihm dafür im Präsidium der Partei den Kopf: Zur Führungsverantwortung gehöre auch, Optimismus zu verbreiten, zitieren Sitzungsteilnehmer aus dem vertraulichen Spitzengremium. Spahn wehrt sich auf originelle Weise: Er gibt zwei Monate später ein Buch zur Flüchtlingskrise heraus, in dem er Politiker, Journalisten und Migrationsexperten zu Wort kommen lässt. Unter viele optimistische Beiträge mischt Spahn jedoch auch skeptischere Stimmen und sagt bei der Vorstellung: »Die Debatte muss breiter werden«. Mehr Dissidenz wagt zu Zeiten der Willkommenskultur im politischen Berlin niemand, der noch was werden will.

5
Mama Merkel

Am Donnerstag, dem 10. September 2015, fährt der Berlinerin Anke Küpschull beim Frühstück der Schreck in die Glieder. »Ich hörte Radio und da sagten sie, heute besucht Angela Merkel ein Flüchtlingsheim in Spandau. Ich dachte sofort: Die wird doch nicht zu uns kommen?«, erinnert sie sich. Die Leiterin des »AWO Refugium Askanierring« ruft sofort ihre Geschäftsführerin an und die bestätigt die Meldung. Die Kanzlerin kommt schon in wenigen Stunden. Küpschull wundert sich noch heute: »Da habe ich einmal im Leben die Bundeskanzlerin zu Besuch – und ich konnte mir vorher nicht einmal die Haare machen lassen.«

Wenige Stunden später werden in diesem Erstaufnahmeheim für Asylbewerber die wichtigsten Fotos der Kanzlerschaft Angela Merkels entstehen: die berühmten Selfies von Flüchtlingen – mit der Kanzlerin. Verändern diese Bilder den Lauf der Geschichte, weil sie eine Völkerwanderung auslösen, wie Merkels Kritiker behaupten?

In jedem Fall verändern die Selfies das Bild von Merkel für immer – und weltweit. Schon vorher hatten Flüchtlinge in Ungarn und anderswo Fotos der Kanzlerin geschwenkt, aber erst an diesem Tag wird aus der Frau, die gerade noch als »Eiskönigin« bezeichnet wurde, »Mama Merkel«, die Schutzpatronin der Verfolgten, Mutter Teresa im Kanzleramt. Zur Ikone gerinnt das Motiv dieses Tages: Merkel fast Wange an Wange mit fröhlichen Flüchtlingen. Wie Willy Brandts Kniefall am Ehrenmal des Warschauer Gettos für die Entspannungspolitik steht, so stehen die Merkel-Selfies für die Flüchtlingspolitik.

Brandts Kniefall war spontan, aber er wusste, was er tat. Die Versöhnungspolitik, die in dieser Geste ihren Ausdruck fand, hatte der sozialdemokratische Kanzler schon seit Jahren betrieben und noch länger vorbereitet. Merkel hingegen ist in ihre Flüchtlingspolitik gestolpert, und auch während die Selfies entstehen, ist weder ihren Beratern noch ihr selbst bewusst, was sie gerade auslöst.

Schon die Entscheidung, die Spandauer Erstaufnahmeeinrichtung zu besuchen, fällt unter chaotischen Umständen. Noch am Vortag, als Regierungssprecher Steffen Seibert die Termine der Kanzlerin auf der Bundespressekonferenz ankündigt, ist von dem folgenreichen Besuch nicht die Rede, lediglich eine Visite in der benachbarten Außenstelle des Bundesamtes für Migration und Flüchtlinge (BAMF) kündigt er an.

Doch nur wenig später, um 16.01 Uhr, hat sein Bundespresseamt einen Terminhinweis verschickt, in dem der Besuch des Flüchtlingsheims nun doch mitgeteilt wird. Kann es sein, dass Seibert erst nach der Bundespressekonferenz, die kurz vor 14 Uhr endete, das endgültige Okay erhielt für den Besuch?

Wie knapp die Entscheidung fiel, zeigt der Umstand, dass erst zwei Tage vor dem Besuch ein Vorauskommando des Bundespresseamtes ins AWO-Heim geschickt wurde – routinemäßig inspizieren diese Mitarbeiter vorab jeden Ort, den die Kanzlerin besuchen könnte, sie schauen, vor welchem Hintergrund dort gefilmt und fotografiert wird und welche Assoziationen die Umgebung auslösen könnte. Droht Merkel in ein schlechtes Licht gerückt zu werden oder in eine Situation, die beim Publikum kontroverse Reaktionen auslöst, wird der Termin umgeplant oder abgesagt. Normalerweise finden solche Erkundigungen vier Wochen vor dem eigentlichen Kanzlerinnen-Termin statt. Und noch merkwürdiger: Das Vorab-Kommando war inkognito im Heim unterwegs. Die Leiterin Küpschull erzählt: »Wir wurden in dem Glauben gehalten, lediglich der Präsident des BAMF wolle am nächsten Tag bei uns nach dem Rechten sehen.«

Auch Manfred Nowak, der Vorsitzende der Arbeiterwohlfahrt Berlin, bestätigt den ungewöhnlichen Vorgang: »Am Dienstag wurde ich zum ersten Mal gefragt, ob die Kanzlerin eventuell unsere Einrichtung besuchen könnte. Aber da wurde das Ganze noch als

Möglichkeit apostrophiert«, erzählt Nowak: »Der Anruf, dass es wirklich passiert, kam erst am Mittwoch, irgendwann zwischen 15 Uhr und 16 Uhr.« Und die Geschäftsführerin der AWO, Snežana Prvulović-Hummel, bekräftigt, auch sie sei erst am Vortag vom Besuch unterrichtet worden.

Termine der Kanzlerin werden üblicherweise lange im Voraus geplant. Warum also wurde in diesem Fall spontan umdisponiert? Merkel zeichnet die Terminplanung in der Regel selbst ab. Kommt sie nicht dazu, ist ihre Büroleiterin Beate Baumann die letzte Instanz.

Allerdings bereitet Merkel sich an diesem Mittwochnachmittag schon auf eine wichtige Telefonkonferenz vor: Gemeinsam mit dem französischen Präsidenten François Hollande will sie Russlands Präsident Wladimir Putin und den ukrainischen Präsidenten Petro Poroschenko auf Frieden verpflichten. Es geht um die Umsetzung des »Minsker Abkommens«, eines Waffenstillstands. Um beurteilen zu können, wer tatsächlich wie vereinbart schwere Waffen von der Front abgezogen hat, muss sich Merkel Satellitenaufnahmen erklären lassen und Geheimdienstinformationen studieren. Gut möglich also, dass die Kanzlerin an diesem Nachmittag nicht mit der später so folgenreichen Umplanung der Termine des nächsten Tages behelligt wurde.

Was aber bewegte dann das Umfeld der Kanzlerin, die es fast zehn Jahre lang bewusst vermieden hatte, ein Flüchtlingsheim zu besuchen, sie nun vierzehn Tage nach Heidenau schon wieder hinzuschicken? Kaum ein Tag ihrer Kanzlerschaft war weniger geeignet, um aus sicheren Routinen auszubrechen.

Denn die Nachrichten, die sich Merkel an diesem Mittwoch schon um 7.45 Uhr vortragen lässt, also eine Dreiviertelstunde eher als gewöhnlich, zeigen das Bild eines Landes, das aus den Fugen geraten ist. Eine Woche nach der Grenzöffnung laufen jeden Tag so viele Migranten über die Grenze, dass die Behörden kapituliert haben. An die Eröffnung eines geordneten Asylverfahrens für jeden einzelnen Flüchtling ist nicht mehr zu denken. Die Bundespolizei hat an der österreichisch-bayerischen Grenze wegen des Ansturms sogar aufgegeben, auch nur die Namen der Neuankömmlinge zu notieren. Sie werden einfach durchgewinkt in der Hoffnung, dass sie sich später irgendwo im Land in einer Erstaufnahmeeinrichtung selbst melden. Es gibt keine verlässlichen Daten über die Wanderungsbewegung, nur Schätzungen. Der oberbayerische Regierungspräsident Christoph Hillenbrand peilt am Vorabend über den Daumen 4400 Neuankömmlinge – allein für München. Der Berliner Sozialsenator Mario Czaja stellt verzweifelt fest, dass in der Hauptstadt jetzt täglich so viele Asylbewerber eintreffen wie noch vor fünf Jahren im ganzen Jahr.

Dänemark hat am Vortag eine Autobahn an der deutschen Grenze gesperrt und den Zugverkehr aus dem Nachbarland komplett eingestellt. Weder verkehren Züge zwischen Flensburg und Padborg, noch dürfen Waggons der Bundesbahn auf Fähren verladen werden. Der Grund: Etliche von den geschätzt 20 000 Flüchtlingen, die am Wochenende aus Österreich kamen, haben mittlerweile Deutschland durchquert und wollen via Dänemark weiter nach Schweden reisen. Die dortige rot-grüne Regierung will aber in keinem Fall dem deutschen Beispiel der bedingungslosen Grenzöffnung folgen und verlangt von Dänemark, alle Flüchtlinge zu registrieren. Damit aber ist die Polizei des kleinen Landes völlig überfordert – und stoppt einfach die Züge.

Merkels Team ist deshalb unsicher: Hält die allgemeine Begeisterung vom Wochenende an? Trägt die Willkommenskultur weiter? Oder wird der offensichtliche Kontrollverlust der Regierung die Bevölkerung verängstigen? Ist jetzt vielleicht sogar die letzte Chance, das Stopp-Signal zu senden? Normalerweise würde Merkel in einer solch unklaren Lage nicht die Öffentlichkeit suchen, sondern erst abwarten, in welche Richtung sich die Dinge entwickeln.

Aber heute ist das unmöglich. Ausgerechnet heute sieht der politische Kalender die wichtigste Parlamentsrede der Kanzlerin im ganzen Jahr vor: In der Generaldebatte wird formal über den Haushalt des Kanzleramtes befunden, traditionell aber geht es um die großen Linien von Merkels Politik. Es ist die Chance der Opposition zur Abrechnung – auch mit Merkels Flüchtlingspolitik?

Als Merkel um kurz vor zehn im Bundestag ans Rednerpult tritt, sind fünf Tage nach der Grenzöffnung die Augen der Welt auf sie gerichtet. Und was tut Merkel? Sie gibt sich völlig ungerührt. »Unsere Wirtschaft ist stark, unser Arbeitsmarkt robust«, beginnt sie, als habe sie nicht wenige Tage zuvor einen ganzen Kontinent in Aufruhr versetzt, und fährt dann betont geschäftsmäßig fort: »Nachhaltige Haushaltspolitik eröffnet Spielräume für zukunftsorientierte Investitionen«. Merkel klingt nicht wie eine Staatsfrau, die gerade Weltgeschichte geschrieben hat, sondern wie eine Sparkassendirektorin bei der Bilanzvorstellung ihrer Vorortfiliale. Zwar kommt sie nach Energiewende, Digitalisierung und »Pflegestärkungsgesetz« noch auf die Flüchtlingspolitik zu sprechen: »Solide Finanzen machen es uns auch möglich, auf neue Herausforderungen reagieren zu können.« Doch Merkel verweigert jedes Pathos. Das ist zwar typisch für die Kanzlerin, aber an diesem Tag dennoch bemerkenswert: Denn das Land berauscht sich ja gerade an der eigenen Hilfsbereitschaft, die Willkommenskultur ist auf dem Höhepunkt. Doch Merkel weigert sich an diesem Morgen, sich an ihre Spitze zu stellen. Eine Ironie im Angesicht dessen, was am nächsten Morgen geschehen wird.

Hat Sigmar Gabriel Merkels Zurückhaltung geahnt und eine Chance gewittert? Eigentlich muss der SPD-Chef als Vizekanzler und Wirtschaftsminister die Generaldebatte schweigend von der Regierungsbank aus anhören, als Merkels direkter Nachbar. Von dort sind Zwischenrufe und Beifall verpönt. Aber Gabriel findet trotzdem einen Weg, ein lärmendes politisches Statement abzugeben. Im Knopfloch seines Jacketts trägt er einen großen Button mit der Aufschrift: »Wir helfen #refugeeswelcome«, daneben das Logo der »Bild«-Zeitung. Das Boulevardblatt inszeniert eine Kampagne für die Flüchtlingshilfe und bringt das Foto mit Vizekanzler samt Button unter der Überschrift »Gabriel setzt ein Zeichen« am nächsten Tag auf die Titelseite. Merkel wirkt hier allenfalls wie ein interessierter Zaungast. Ihre Rede findet im Blatt und auch sonstwo kaum Widerhall.

Mit diesem simplen Trick ist jetzt plötzlich Gabriel der oberste Flüchtlingshelfer – zumindest für einen Tag. Merkel hingegen wirkt im Parlament sogar kleinmütig: »Als ich Sie heute gehört habe«, mäkelt die nach ihr sprechende grüne Fraktionschefin Katrin

Göring-Eckardt, »dachte ich, Sie sind schon wieder im Verwaltungs-modus.« Die Grüne sagt selbst, was sie sich stattdessen gewünscht hätte: »Wir sind Weltmeister der Hilfsbereitschaft und Menschenliebe!«, jubelt sie über »den Geburtstag eines neuen Deutschlands«.

Zum ersten Mal zeigt sich an diesem Vormittag, was die Flüchtlingskrise entscheidend prägen wird: Es gibt in dieser Phase zu Angela Merkels radikaler Politik keine bürgerliche Opposition im Parlament. Wie revolutionär die Bundesregierung in diesen Wochen auch agiert, ob sie Grenzen öffnet, Gesetze nicht anwendet, Milliarden bereitstellt oder die Fluchtursachen in allen vier Himmelsrichtungen beseitigen will – Grüne und Linke setzen immer noch eins drauf. Auch die SPD versucht lange, Merkel innerhalb der Großen Koalition in der Flüchtlingspolitik sogar noch zu übertrumpfen. Dabei sind die Bedenkenträger zahlreich, aber sie sitzen in den Reihen der drei Regierungsfraktionen und beißen sich aus Partei- und Koalitionsdisziplin auf die Zunge. So kritisiert kein einziger Redner in der langen Generaldebatte die Grenzöffnung als Alleingang in Europa, keiner artikuliert die Sorgen der Nachbarn oder die Tatsache, dass gerade tausende von Fremden unerkannt durch Deutschland ziehen. Niemand fragt die Bundesregierung, wie sie neue Regeln in Europa durchsetzen will, wenn sie die alten schnöde missachtet.

So absurd es klingt: Die Kanzlerin der offenen Grenzen steht im Bundestag an diesem Morgen unter Druck, nicht genug Empathie für Flüchtlinge aufzubringen. »Sie waren vor Heidenau kein einziges Mal in einer Flüchtlingsunterkunft. Ich gebe zu, ich konnte es gar nicht glauben, dass Sie bis dahin einen Bogen um die Schicksale derer gemacht haben, deren Verwandte im Mittelmeer ertrunken sind, deren Geschwister in Aleppo sitzen und am Telefon Schüsse hören«, setzt Göring-Eckardt den Ton.

Nach dieser Debatte stellt sich die Frage: War es richtig, dass die Kanzlerin bewusst nicht zur obersten Repräsentantin der Willkommenskultur wurde, um Skeptiker nicht noch mehr vor den Kopf zu stoßen? Oder hat sie eine aktuell äußerst populäre Position ohne Not der politischen Konkurrenz überlassen?

Das ist die Situation, als am frühen Nachmittag die Entscheidung fällt, nun doch ein Flüchtlingsheim zu besuchen – am nächsten Morgen schon. Möglicherweise lassen Merkels Berater in dieser Lage ein einziges Mal außer Acht, was diese Kanzlerschaft bis dahin vor allem geprägt hat: die Vorsicht.

Angela Merkel selbst erscheint an diesem Abend zum ersten Mal seit der Grenzöffnung gelöst und mit sich im Reinen. Sie besucht den St.-Michael-Empfang der Deutschen Bischofskonferenz in der katholischen Akademie, ein alljährlicher, langweiliger Pflichttermin im politischen Berlin. Dieses Mal wird er zur Jubelmesse für Merkel: »Frau Bundeskanzlerin, ich bin Ihnen dankbar, dass Sie am Wochenende ein Zeichen gesetzt haben«, hebt Reinhard Kardinal Marx, der Vorsitzende der Bischofskonferenz, zu einer wahren Lobrede an: »Jemand hält den Kopf hin und sagt: So machen wir das! Deutschland setzt ein großes Zeichen!« Merkels Flüchtlingspolitik trage »die Signatur Europas«, schwärmt der Kardinal.

Beim anschließenden Empfang, zu dem führende katholische Laien geladen sind, kann sich die Kanzlerin vor Gratulanten, ja Bewunderern kaum retten. Bei einem Glas mit einflussreichen kirchennahen Publizisten wie Volker Resing, dem Chefredakteur der katholischen Intellektuellenzeitschrift »Herder Korrespondenz« und Patrik Schwarz, dem Herausgeber von »Christ und Welt«, der katholischen Beilage der »Zeit«, vergleicht Merkel ihre Grenzöffnung mit der Energiewende, erhebt sie also zum ersten Mal von einer humanitären Einzelfallentscheidung zum Einstieg in eine neue Politik.

Ist Merkel noch in dieser Stimmung, als sie am nächsten Morgen mit einer Unbedachtheit dafür sorgt, dass die so folgenreichen Fotos entstehen? Als sie zunächst um 10.30 Uhr bei der Außenstelle des BAMF eintrifft, erwartet sie Manfred Schmidt, der Präsident der Behörde, an einem Nebeneingang, denn der nur knapp einhundert Meter entfernte Haupteingang wird von einer langen Menschenschlange blockiert. Seit sieben Uhr morgens stehen hier Asylbewerber an, sie wollen einen Termin bei der Flüchtlingsbehörde.

Für die Wartenden – bis auf einige Frauen mit Kopftüchern sind es fast ausschließlich Männer – ist die Anfahrt der Kanzlerin eine willkommene Ablenkung. Aus der Entfernung erkennen zuerst nur wenige, um wen es sich handelt. Doch der türkisfarbene Blazer der Kanzlerin hebt sie von den Anzugträgern ab, die sie vor dem Gebäude begrüßen. Deshalb beginnen die Wartenden jetzt zu winken und herüberzurufen. Auf Merkel zulaufen können sie nicht, denn Polizisten halten die Flüchtlinge zurück, doch nach einem kurzen Dialog mit BAMF-Präsident Schmidt, der ihr erklärt, wer die dort Rufenden sind und warum sie warten, geht Merkel ihrerseits spontan auf sie zu.

Jetzt schwellen die Rufe zum Jubel an. Die Kanzlerin, die exakt vierzehn Tage zuvor in Heidenau von aufgebrachten Landsleuten beschimpft wurde, wird nun von Flüchtlingen gefeiert. Sie schüttelt Hände und ist erkennbar bewegt. Den ersten Versuch eines Wartenden, sich für ein Selfie neben Merkel zu drängen, wehrt ein Polizist noch ab, doch Merkel bleibt ungerührt, und so lässt er es geschehen. Dieses Foto geht noch nicht um die Welt, und doch hat es eine Bedeutung. Denn Merkels Personenschützer müssen annehmen, dass die Kanzlerin diese Nähe sucht – und lassen im weiteren Verlauf des Besuchs alle Selfies zu. Wenn jemand versucht, für das Foto auch noch seinen Arm um die Kanzlerin zu legen, schreiten die Bodyguards erst noch ein, später wird auch dies geduldet.

Das nächste Handy-Foto ist unverfänglich. Ines Harbauer hat es aufgenommen, in ihrem winzigen Büro in der BAMF-Außenstelle, das von Merkel zuerst besucht wird. Die blonde Frau ist keine Entscheiderin der Asylbehörde, sondern eine Arbeitsvermittlerin. Merkel hatte zehn Tage zuvor in ihrer Sommer-PK erklärt: »In jeder Erstaufnahmeeinrichtung – so wäre es idealerweise sinnvoll – müsste auch gleich die Bundesagentur für Arbeit sitzen. Man müsste die Qualifikationen aufnehmen.« In der Phantasie, die Zuwanderer aus dem Nahen Osten könnten nach kurzer Zeit in den deutschen Arbeitsmarkt integriert werden, bestärken sich in diesen Tagen Wirtschaftsführer und Politiker gegenseitig. Die Präsenz der Beamtin Harbauer scheint Beleg für den Erfolg dieser Idee zu sein. In Wahrheit ist das Miniatur-Job-Center in der Flüchtlingsaufnahme damals noch das einzige seiner Art in ganz Deutschland – so hat Merkels

Besichtigung auch etwas von der Inspektion eines potemkinschen Dorfes. Im realen Deutschland geht es in den kommenden Monaten eher darum, den Flüchtlingen einen Schlafplatz in einer Massenunterkunft zu besorgen, als sie beruflich weiterzuqualifizieren.

Vom Vorzeigeprojekt des BAMF muss Merkel nur die Straße überqueren, um in die Erstaufnahmeeinrichtung der AWO zu gelangen. Von den langen Fluren scheinen endlos viele Türen abzugehen, in den ehemaligen Soldatenstuben sind jetzt 320 Asylbewerber untergebracht. Die Kanzlerin besichtigt zuerst die Kinderbetreuung und trifft sich anschließend zum Gespräch mit zwei syrischen Familien, die von der Arbeiterwohlfahrt nach den Wünschen des Bundespresseamtes ausgewählt wurden. Dann wird Merkel erklärt, wie die Essensausgabe funktioniert.

Wer hier zu Besuch ist, spricht sich im Heim erst während Merkels Rundgang herum. Kurioserweise ist es schon hier ein Selfie, durch das bekannt wird, wer tatsächlich im Haus ist. Ein Bewohner hat es gleich am Eingang aufgenommen, und nun wird sein Handy stolz von Zimmer zu Zimmer herumgereicht. Es bringt das ganze Heim auf die Beine.

Merkel denkt in diesen Momenten an ihre Erlebnisse in Heidenau vor vierzehn Tagen, so erzählt sie es dem AWO-Vorsitzenden Manfred Nowak, der sie bei ihrem Rundgang durchs Haus begleitet. In Sachsen freilich tobte vor den Toren ein fremdenfeindlicher Mob, in Berlin warten nur Presse und Fernsehleute. »Sie kommt so eine halbe Stunde später, alle drinnen wollen noch ein Foto mit ihr machen«, informiert ein Mitarbeiter des Bundespresseamtes die für 11.50 Uhr vor die Tür der Einrichtung bestellten Journalisten. Noch auf dem Weg zum Mikro lässt sich Merkel erneut mit Flüchtlingen fotografieren. Sie scheint die Situation offenbar zu genießen. Die oft als unnahbar beschriebene Politikerin, die sonst schon genervt ist, wenn sie im Urlaub von Wanderern angesprochen wird, lässt die Nähe zu den Flüchtlingen jetzt gerne zu.

Ein kurzer Wink würde reichen, um sie zu beenden: Bei jedem Kanzlertermin im In- oder Ausland sind zwei unscheinbare Mitarbeiterinnen anwesend, von denen eine stets ein kurzes, aber robustes weißes Seil in der Tasche trägt. Die beiden können sich jederzeit zwischen Merkel und übergriffige Gesprächspartner drängen und das Seil wie eine mobile Absperrung aufspannen. Aber Merkel gibt den Wink nicht. Erst zum Schluss wehrt sie weitere Wünsche ab. Erst hier, vor dem Heim, entstehen die Bilder, die Merkel zur Ikone all jener Menschen werden lässt, die von einem besseren Leben träumen. Bilder, die zugleich ihre Kanzlerschaft in Gefahr bringen.

Dabei sind die Fotos streng genommen gar keine echten Selfies. Zudem verbreiten sie sich zwar tatsächlich weltweit, aber nicht über die Facebook-Kanäle der Flüchtlinge. Und drittens handelt es sich nur um drei Fotos von Bedeutung.

Mit Abstand am häufigsten verbreitet wird das Selfie mit Shaker Kedida, einem freundlichen Mann mit auffälligem Schnurrbart. Er ist Iraker und erzählt Reportern, er sei im Jahr 1975 geboren und gehöre der Religionsgemeinschaft der Jesiden an, die vom »Islamischen Staat« (IS) als Ungläubige verfolgt werden. Er sei im Juli 2015 geflohen, nachdem der IS sein Dorf angegriffen habe. Allerdings ist er nicht aus dem umkämpften Gebiet nach Deutschland gekommen, sondern aus dem sicheren Teil des Nordirak, wo er auch seine Frau und seine fünf Kinder zurückgelassen hat.

Dafür passt der Rest seiner Geschichte ins deutsche Idealbild eines Flüchtlings: Kedida hat seinen Traktor verkauft und auch den Goldschmuck seiner Frau, um mit 10 000 Euro Schlepper zu bezahlen, die ihn über die Balkanroute brachten. In Ungarn sei er drei Tage inhaftiert und von der Polizei schikaniert und bestohlen worden.

Später erzählt er der »Rheinischen Post«, die Initiative für das Selfie sei eigentlich von der Kanzlerin ausgegangen, Merkel habe ihn gesehen und herangewunken, er habe nicht gezögert: »Wenn die Kanzlerin ruft, muss man kommen, sagt Shaker, das ist Gesetz«. Er wusste: Jetzt musste er das Foto machen. Auf seiner Facebook-Seite versieht er das Bild mit dem Kommentar: »Heute mit der Tante im Heim in Spandau, Berlin« und erhält dafür 1600 Likes. Ein hoher Wert, aber keiner, der alle Dimensionen sprengt.

Bescheidener ist die Verbreitung des zweiten berühmten Selfies, nämlich: Null. Streng genommen existiert das Selfie gar nicht,

Hassan Alasad vermasselt das Foto, das er von sich und der Kanzlerin an diesem Morgen schießt. Der Syrer, der angibt, er sei 1974 geboren und stamme aus Aleppo, hat den Auslöser auf seinem Handy nicht gefunden. Aber das macht nichts – denn die berühmten Selfies sind in Wahrheit Fotos von professionellen Fotografen, die auf Merkel an der O-Ton-Position warten, und auslösen, als die Kanzlerin sich von Flüchtlingen fotografieren lässt. Einer von ihnen ist Bernd von Jutrczenka von der »Deutschen Presseagentur«, der Merkel neben dem Jesiden Shaker aufgenommen hat. Aber selbst dieses Bild, das von der Agentur sofort weltweit angeboten wird, verbreitet sich am nächsten Tag zunächst nur zögernd.

Der dritte Mann, der an diesem Tag zur Foto-Berühmtheit wird, ist Anas Modamani, Abiturient aus Syrien. Als er sich neben die Kanzlerin drängt und sein Mobiltelefon zückt, reckt sie spontan den Daumen ihrer rechten Hand. Während Kedida und Alasad auch ein Jahr später noch in der alten Spandauer Kaserne untergebracht sind und dort von den Mitarbeitern »unsere Selfie-Stars« genannt werden, findet der junge Modamani eine Berliner Gastfamilie, die ihn aufnimmt. Im März 2016 allerdings erlebt er einen Schock. Nach den islamistischen Attentaten in Paris und Brüssel nutzt die russische Propaganda die Ähnlichkeit des unbescholtenen Mannes mit dem Attentäter Najim Laachraoui. Journalisten der kremlfreundlichen Zeitung »Komsomolskaja Prawda« und die Moskauer Nachrichtenagentur »Sputnik news« verbreiten die Meldung, Merkel habe vor dem Spandauer Flüchtlingsheim ein Selfie mit einem Terroristen gemacht. Die plumpe Propaganda-Lüge soll die – allerdings zutreffende – Nachricht untermauern, einige der Attentäter seien als Flüchtlinge über die Balkanroute nach Europa gekommen.

An der Geschichte von den Selfies, die um die Welt gehen, stimmt also eigentlich fast gar nichts. Die Fotos, die berühmt wurden, sind journalistische Bilder davon, wie eine deutsche Kanzlerin sich von arabischen Flüchtlingen fotografieren lässt. Ganz ähnlich wie dem Satz »Wir schaffen das« wird auch den Selfies erst nachträglich eine Bedeutung zugeschrieben, die sie ursprünglich nicht hatten. Ihre weltweite Verbreitung finden die Selfies erst langsam, nämlich in den Tagen, Wochen und Monaten darauf, als sie genutzt werden, um die Genese der Flüchtlingskrise zu illustrieren – oder gar zu erklären. Denn auf diesen Bildern erscheint Merkel gleichsam als die Auslöserin der Flüchtlingskrise, für die Rechte in Deutschland – und nicht nur die – beantworten die Fotos von den Selfies kurzerhand die »Schuldfrage«. Die freundliche Kanzlerin habe die große Masse der Flüchtlinge überhaupt erst angelockt, heißt es. Und über Monate argumentiert Merkel dagegen: »Glauben Sie denn, dass Hundertausende ihre Heimat verlassen und sich auf diesen beschwerlichen Weg machen, nur weil es ein Selfie mit der Kanzlerin gibt?«, ruft sie im Oktober den Delegierten einer CDU-Regionalkonferenz zu.

In kleinem Kreis erzählt sie, nicht ihre Selfies, sondern schon die Bilder der jubelnden Münchner am Hauptbahnhof seien um die Welt gegangen. Diese freundlichen Gesichter der deutsche Willkommenskultur – sie seien der entscheidende »Pull«-Faktor für die Flüchtlinge gewesen.

Falsch sind diese Argumente nicht, aber Merkel dringt mit dieser Deutung nicht durch. Die These von den fatalen Selfies scheint nicht nur evident, sie wirkt auch plausibel, weil sie sich an die zutreffende Beobachtung heftet, dass die Kombination aus Smartphone und Facebook die Migration nach Europa entscheidend verändert hat: Nicht nur ermöglicht das mobile Internet den Flüchtlingen, Informationen über Fluchtrouten auszutauschen, auch werden die Daheimgebliebenen durch die Bilder einer erfolgreichen Ankunft motiviert, ebenfalls aufzubrechen.

Aber es hilft nichts: Wahrnehmungen sind in der Politik Tatsachen. Und die Selfies werden als Fluchtursache wahrgenommen. Merkel weiß, dass sie einen gravierenden Fehler gemacht hat. Sie ist für die ganze Welt fortan die Flüchtlingskanzlerin geworden. Jede Kursänderung wäre fortan nicht weniger als ein totales Scheitern.

6
Die nukleare Option

Die Selfies sind zum Sinnbild für Merkels offene Grenzen geworden. Und mit der vorbereiteten, aber nicht angeordneten Grenzschließung drei Tage später wird die letzte Gelegenheit verpasst, das Bild zu korrigieren. Es kommen jetzt immer mehr Menschen, sie machen sich im Nahen Osten und in der Türkei auf den Weg nach Deutschland, aber auch aus dem Maghreb, aus Afghanistan, Pakistan und sogar Bangladesch. Merkel und Gabriel reagieren mit einer Flucht nach vorn: Sie wollen jetzt die Verteilung der Migranten in ganz Europa erzwingen.

Kaum jemand stellt diese Idee öffentlich in Frage, schließlich wird sie von allen im Bundestag vertretenen Parteien und nahezu allen Medien verfochten. Dabei ist die deutsche Vision einer europaweiten Verteilung der Flüchtlinge alles andere als naheliegend. Zwar darf sich jeder EU-Bürger grundsätzlich überall in der EU niederlassen. Doch am Recht, zu entscheiden, wer sich darüber hinaus ansiedeln darf, halten die einzelnen Staaten seit Jahrzehnten verbissen fest. Und kein Staat verbissener als Deutschland.

Dafür sind die sogenannten Dublin-Regeln aufgestellt worden, die vorschreiben, dass Asylbewerber ihren Antrag in jenem EU-Land stellen müssen, in das sie zuerst einreisen. Also nie in Deutschland, das in der Mitte Europas liegt, von »sicheren Drittstaaten« umgeben. Für die deutsche Politik war »Dublin« deshalb lange ein perfektes System. Denn es ermöglichte, an dem vom Grundgesetz garantierten individuellen Asylrecht festhalten zu können – ohne dass Verfolgte dies in nennenswerter Zahl hätten in Anspruch nehmen können. Vollständig funktionierte diese in Gesetzesform gegossene Gesinnungsethik nie. Wenn Italien fand, dass es zu viele

Asylbewerber beherbergte, wurden dort Neuankömmlinge einfach nicht mehr registriert, sondern in Züge Richtung Norden gesetzt. Griechenland behandelte Flüchtlinge so menschenunwürdig, dass Rück-Abschiebungen dorthin vom Europäischen Gerichtshof unterbunden wurden.

Trotzdem verteidigten zunächst die rot-grünen Regierungen von Gerhard Schröder und danach alle Kabinette von Angela Merkel das »Dublin«-System mit Zähnen und Klauen. Noch bei der letzten Dublin-Reform im Juni 2013 blockierte Berlin alle Vorschläge, nach denen Asylbewerber nicht mehr in wenigen Ankunftsländern konzentriert, sondern über ganz Europa verteilt werden sollten.

Es gibt allerdings einen in der Öffentlichkeit fast unbekannten, aber politisch sehr einflussreichen Deutschen, der das Dublin-System schon länger loswerden möchte. Es ist Martin Selmayr, der Kabinettschef von Jean-Claude Juncker, dem Präsidenten der EU-Kommission.

Den 46-jährigen Rechtswissenschaftler ist der mächtigste EU-Beamte in Brüssel. Der großgewachsene Rheinländer mit dem Jungengesicht kam einst als Chef-Lobbyist des Bertelsmann-Konzerns in die EU-Hauptstadt und hat dort ein einzigartiges Netzwerk geschaffen. Selmayr wird auf den Brüsseler Fluren »Beast of Berlaymont« genannt, nach dem Berlaymont-Gebäude, dem Sitz der EU-Kommission. Selmayr hat das Konzept einer »politischen Kommission« erfunden. Dahinter steht die Idee, dass die EU-Kommission nicht nur eine Kontrollbehörde bleibt, sondern eine Art Ober-Regierung wird, die Macht in Europa.

Im Kanzleramt möchte man eigentlich lieber selbst Macht ausüben. In der für Europapolitik zuständigen Abteilung 5 ist Selmayr zudem für seine kreative Auslegung der EU-Verträge, die »Brüsseler Trickkisten«, berüchtigt. Aber er hat einen mächtigen Verbündeten nahe bei Merkel: Kanzleramtschef Altmaier. Der CDU-Politiker ist selbst ein Beamter der EU-Kommission, der für seine politische Karriere nur beurlaubt ist. Lange bevor Altmaier in den engsten Kreis um Merkel vorstieß, war er schon mit Selmayr befreundet. Die beiden haben vor einem Jahr erfolgreich bei Merkel dafür geworben, dass Juncker Kommissionspräsident wurde – obwohl die Kanzlerin dem britischen Premierminister David Cameron schon versprochen hatte, den Luxemburger zu verhindern. Und noch ein Politiker ist in dieses ebenso effiziente wie diskrete Bündnis eingebunden: Martin Schulz, der spätere Kanzlerkandidat der SPD. Als Präsident des EU-Parlaments hat er eine Absprache mit Kommissionschef Juncker getroffen. Gemeinsam wollen sie die Brüsseler Institutionen stärken – auf Kosten der Nationalstaaten.

Die Truppe ist der Überzeugung, Dublin müsse verschwinden – Europa soll die Flüchtlinge verteilen. Und 2015 eröffnet sich plötzlich die Gelegenheit dazu. Denn das Sterben im Mittelmeer hat eine neue Dimension angenommen. Jetzt kentern nicht nur Schlauchboote mit Dutzenden Insassen, sondern große Schiffe, auf denen Hunderte von Migranten zusammengepfercht wurden. Als am 19. April eines dieser Schiffe sinkt, sterben nach den ersten Meldungen 950 Menschen. Europa ist schockiert. Daraufhin verdreifachen die Staats- und Regierungschefs die Gelder für Seenotrettung. Aber eine wichtige Frage bleibt unbeantwortet: Wohin mit den vielen Geretteten?

Drei Wochen später präsentiert Kommissionspräsident Juncker den Plan Selmayrs. Er basiert auf einem Verteilungsschlüssel, eine Quote soll entstehen. Die Zahl der zu Verteilenden ist mit 40 000 angesichts der Millionen Menschen auf der Flucht fast lächerlich gering angesetzt. Doch auf Samtpfoten soll ein neues Prinzip durchgesetzt werden. Einmal etabliert, kann die Quote dann Schritt für Schritt ausgeweitet werden.

Auf dem nächsten EU-Rat, im Juli, kommt es darüber zum Eklat. Die Osteuropäer sind dagegen, ebenso Frankreichs Präsident François Hollande. Nur Merkel könnte die Quote jetzt noch retten – aber sie bezieht keine Position. Am Ende beschließt der Rat nur eine freiwillige Verteilung. Jeder Staat meldet an, wie viele Flüchtlinge er aufnehmen möchte. Die gesuchten 40 000 Plätze kommen nie zusammen. Die Quote scheint gestorben.

Doch Ende Juli 2015 beschließt Merkel eine Kurswende. Sie verbringt ihren Sommerurlaub wie jedes Jahr beim Wandern in Südtirol. So wie andere Menschen im Urlaub zuweilen ihr Leben überdenken, vollzieht Merkel zwischen Almhütten und Alpentälern gern eine stille Generalrevision von wichtigen Politikfeldern: 2012 etwa revidierte sie ihre Eurorettungspolitik und beschloss, die Griechen unter keinen Umständen aus dem Euro zu werfen. Jetzt, drei Jahre später, überdenkt Merkel die Grundbedingungen ihrer bisherigen Flüchtlingspolitik. Der Bundestag hat Ferien, die Kabinettsitzungen darf Sigmar Gabriel leiten – aber de Maizière und seine Staatssekretärin Emily Haber telefonieren täglich mit der Kanzlerin. Die Zahl der in Deutschland ankommenden Flüchtlinge wächst seit Jahresbeginn kontinuierlich an, mittlerweile steigt sie jede Woche um 20 Prozent.

Wieder legt Merkel bei einer kontroversen politischen Frage einfach den Schalter um. Sie informiert weder ihre Koalitionspartner noch die Abgeordneten der Fraktion und schon gar nicht die Öffentlichkeit. In diesem Urlaub hat Merkel entschieden, dass das Dublin-System der Vergangenheit angehören soll. Noch allerdings will sie dieses Ziel in mehreren Schritten erreichen.

An ihrem letzten Urlaubstag, Sonntag, den 9. August, telefoniert sie mit Kommissionspräsident Juncker. Sie reden kurz über das nächste Rettungspaket für Griechenland. Doch bald wechselt die Kanzlerin das Thema und erklärt: »Eigentlich sind die Flüchtlinge das viel größere Problem«. Juncker erwidert, Merkel kenne ja den Brüsseler Vorschlag für die Quote. »Ja«, erwidert die Kanzlerin: »Wir brauchen jetzt eine europäische Lösung«.

Die neuen Verbündeten verabreden, zuerst den französischen Präsidenten für das gemeinsame Projekt zu gewinnen. In den folgenden Tagen wird François Hollande in mehreren Telefonaten bearbeitet. Als er Ende August zustimmt, zündet Juncker die nächste Stufe auf dem Weg zur Quote: Zusätzlich zu den bereits beschlossenen 40 000 will er jetzt 120 000 Flüchtlinge aus Syrien, Afghanistan und Eritrea als »Notfall« europäisch verteilen, die vorher in »Hotspots«, also von der EU betriebenen Lagern in Griechenland, Italien und Ungarn gesammelt werden. Daraus soll ein »ständiger Umverteilungsmechanismus« erwachsen. Juncker lässt sogar fünfzig Kommissionbeamte aus dem Sommerurlaub vorzeitig zurückholen, um die Gesetzestexte vorzubereiten. Der Öffentlichkeit will Juncker den Plan allerdings erst am 9. September vorstellen, wenn er im Europaparlament seine alljährliche Rede zur Lage der Union hält.

Bis dahin soll auch die Zustimmung im EU-Rat sichergestellt sein. Dafür arrangiert Selmayr, dass Merkel und Hollande am 3. September einen Brief an Juncker schicken, der seinen eigenen Plan als deutsch-französische Initiative erscheinen lässt – eine in Brüssel übliche Scharade. Aber der EU-Rat entscheidet prinzipiell einstimmig – und würde Viktor Orbán jemals zustimmen, dass Flüchtlinge verteilt werden? Vielleicht schon, denn Juncker will ihm ein sehr gutes Angebot machen. Von den 120 000 Flüchtlingen, die in ganz Europa verteilt würden, sollen 54 000 aus Ungarn kommen. »Wir sind bereit, uns Vorschläge anzuschauen, die uns Flüchtlinge abnehmen«, scheint der Ungar am 4. September seine Zustimmung anzudeuten.

Der Einstieg in eine gemeinsame europäische Flüchtlingspolitik ist nun zum Greifen nahe.

Doch einen Tag später öffnet Merkel die deutsche Grenze. Das ändert alles. Denn es war ja geplant, die Europäer zunächst mit wenigen Flüchtlingen an die Verteilung zu gewöhnen. Nun aber sieht der ganze Kontinent gleichsam arabische Massen auf jubelnde Deutsche zuströmen – und viele Menschen vor allem in Osteuropa wissen nicht, wovor sie sich mehr fürchten sollen. Juncker spürt, dass ihm die Initiative entgleitet, und zieht das Tempo an: In seiner Rede zur Lage der Union am 9. September erklärt er, nun müsse die Flüchtlings-Quote »unverzüglich« eingeführt werden. Seine Rede wird von Gelächter unterbrochen. Ein italienischer Europaabgeordneter stolziert mit Angela-Merkel-Pappmaske verkleidet durch den Plenarsaal und gibt Juncker die Hand.

Martin Schulz, der die Sitzung leitet, blafft den Störenfried an: »Man muss Frau Merkel zwar nicht zwingend lieben, aber Sie haben sich verschönert. Das muss ich sagen.«

Vier Tage später, an jenem Sonntag, den 13. September, kurz bevor Thomas de Maizière um 18 Uhr die Grenzkontrollen einführt, ruft Merkel plötzlich persönlich bei Juncker an. Sie erreicht ihn nicht in Brüssel, sondern in seinem Heimatland Luxemburg bei seiner Familie: Junckers Mutter ist wenige Tage zuvor gestorben, sein Vater schwer krank. Aber Merkel kann darauf keine Rücksicht nehmen, ohne den Präsidenten der EU-Kommission geht es nicht. Denn seine Behörde muss als Wächterin der europäischen Verträge feststellen, ob die geplanten Grenzkontrollen überhaupt mit dem »Schengen-Grenzkodex« vereinbar sind: Der schreibt vor, dass Kontrollen, die nicht vier Wochen zuvor den Nachbarstaaten angekündigt wurden, nur erlaubt sind bei »einer ernsthaften Bedrohung der öffentlichen Ordnung oder inneren Sicherheit« eines Landes.

Ordnung und Sicherheit in Deutschland sind tatsächlich bedroht – dies also stellt die EU-Kommission auch formal fest, als Juncker den Grenzkontrollen wenig später in einer Pressemitteilung seinen Segen gibt: »Die derzeitige Lage in Deutschland dürfte, dem ersten Anschein nach, als eine von diesen Regeln gedeckte Situation gelten.« Aber so ganz wohl ist dem Kommissionspräsidenten dabei nicht. Juncker hält das grenzenlose Europa für eine der wichtigsten Errungenschaften seiner Generation und fürchtet, dass aus der »Ausnahme« ein Dauerzustand wird. Zu Recht – die damals suspendierten Regeln sind bis heute nicht wieder in Kraft getreten. Doch Merkel hat ein Argument, für das Juncker empfänglich ist. Mit den deutschen Kontrollen, argumentiert sie, steige der Druck auf die anderen Staaten, einem europäischen Verteilmechanismus für Flüchtlinge zuzustimmen.

In Berlin klammert man sich jetzt an die Quote wie der Ertrinkende an einen Rettungsring. Das klingt schon bei de Maizières kurzer öffentlicher Begründung der Grenzkontrollen an: »Die Maßnahme ist deswegen auch ein Signal an Europa. Deutschland stellt sich seiner humanitären Verantwortung. Aber: Die mit der großen Zahl von Flüchtlingen verbundenen Lasten müssen innerhalb Europas solidarisch verteilt werden.« Müssen. Das ist der neue Ton.

Merkel will jetzt mit der Brechstange durchsetzen, was sie jahrelang selbst blockierte. Die undankbare Rolle fällt wieder Thomas de Maizière zu, der tragischen Figur dieser Tage: Die Schließung der Grenze – und damit die Zurückweisung der Flüchtlinge – anzuordnen, als die Bundespolizei schon bereitstand, das hat de Maizière nicht gewagt. Einen Tag später, am 14. September, will er stattdessen in Brüssel ihre Verteilung in ganz Europa durchsetzen.

Vor Sitzungsbeginn hat sich de Maizière mit seinem französischen Kollegen Bernard Cazeneuve und den Innenministern von Italien, Griechenland und Ungarn zu einem vorbereitenden Gespräch verabredet. Die Ankunftsländer der Flüchtlinge sollen als mögliche Profiteure der Umverteilung als erste für die Quote gewonnen werden. Doch der ungarische Innenminister Sándor Pintér hat neue Weisungen bekommen: Ungarn macht nun doch nicht mit. Der Anreiz für Orbán, 54 000 Flüchtlinge abgenommen zu bekommen, ist seit der Grenzöffnung keiner mehr. Seine Lager leeren sich jetzt auch so – die Menschen streben in Richtung Deutschland.

Selmayr hat derweil einen neuen Kompromiss entworfen, mit dem alle ihr Gesicht wahren könnten: Die Innenminister sollen weder eine »verpflichtende« Quote noch rein »freiwillige« Beiträge beschließen, sondern eine schwammige Formulierung wählen und so den Streit einfach vertagen. Doch de Maizière drängt auf eine Entscheidung. Schon vor dem Ende der Sitzung tritt er gemeinsam mit seinem französischen Kollegen vor die vor dem Saal wartenden Journalisten und berichtet, »grundsätzlich« sei man sich »einig« geworden. Da ist es 19.30 Uhr und die Deutschen atmen auf, als um 20 Uhr in der Tagesschau gemeldet wird, die europäische Lösung der Flüchtlingskrise sei fast erreicht.

Leider stimmt das Gegenteil. Als die Innenminister noch während der Sitzung erfahren, dass die Deutschen schon das von ihnen gewünschte Ergebnis verkünden, verhärten sich die Fronten. Zwei Stunden später geht man ohne Einigung auseinander.

Noch in der Nacht ist de Maizière zurück nach Berlin geflogen und gibt tags darauf im ZDF-Morgenmagazin ein Fernsehinterview. Dabei begeht er den nächsten Fehler. Auf die Weigerung seiner Kollegen vom Vorabend angesprochen, droht er, Kommissionspräsident Juncker habe vorgeschlagen, den Quoten-Verweigerern die Mittel aus den europäischen Strukturfonds zu kürzen – von diesen EU-Milliarden sind die Regierungen in Warschau, Budapest, Prag und Bratislava aber abhängig. Keine Flüchtlinge, kein Geld: Zwar setzen Berlin und Brüssel auf genau diese Art von Erpressung – nur darf dies eben nicht öffentlich werden. »Der Präsident hat das nie gesagt«, watscht Junckers Sprecherin den deutschen Innenminister sofort danach ab. Nun hat Berlin also auch noch Brüssel verprellt.

In der deutschen Öffentlichkeit werden jetzt die spielverderbenden Nachbarn zum Feindbild erhoben: »Nationalismus und Chauvinismus« vermuten die meisten Medien als Grund für das »Versagen der Osteuropäer«. Der Oberbürgermeister von Duisburg, Sören Link, erklärt auf einer SPD-Flüchtlingskonferenz: »Ich hätte gerne das Doppelte an Syrern, wenn ich dafür ein paar Osteuropäer abgeben könnte.« Sein Parteichef Sigmar Gabriel liefert sich in einer Talkshow ein minutenlanges Schimpfduell mit dem slowakischen EU-Parlamentarier und Rechtspopulisten Richard Sulík. Dabei gerät aus dem Blick, dass auch der sozialdemokratische Regierungschef der Slowakei, Robert Fico, die gleiche ablehnende Position zur Quote vertritt. Auch die tschechische Regierungspartei gehört zur sozialistischen Parteienfamilie. Sie wird nun, wie auch die bürgerliche Regierung Polens, an die Seite Orbáns gedrängt.

In Europa kursiert nun die Parole: Erst haben die Deutschen uns ihre Sparpolitik aufgezwungen, jetzt wollen sie uns auch noch ihre Flüchtlinge aufzwingen.

Dies wäre der Moment einzugestehen, dass man sich verrannt hat, und die Strategie zu überdenken. Doch die Bundesregierung glaubt, dafür keine Zeit mehr zu haben. Nachdem es nicht gelang, die anderen Europäer zu überzeugen, will Berlin jetzt dem ganzen Kontinent seinen Willen aufdrücken.

Als größtes EU-Land nimmt Deutschland normalerweise auf die kleinen Staaten besondere Rücksicht. Doch in der Flüchtlingskrise hat sich Berlin innerhalb weniger Wochen in eine Extremposition manövriert und will diese mit Macht gegen die Kleineren durchsetzen. Auch die Kanzlerin, die noch in der Eurokrise entweder für Geduld und Nervenstärke gepriesen oder für Zögerlichkeit gescholten wurde, sucht jetzt die schnelle Entscheidung. Auf einem erneuten Treffen der Innenminister soll die Quote durchgesetzt werden – und zwar auf Biegen und Brechen.

Die Bundesregierung plant jetzt, was in Europa niemand je gewagt hat. Auf den Fluren des Ratsgebäudes wird ängstlich von der »nuklearen Option« gesprochen. Gemeint ist, was im Bürokratenjargon »QMV« abgekürzt wird: »Qualified Majority Voting«. Also das Überstimmen per Mehrheitsbeschluss. Was innenpolitisch in jeder Demokratie Alltag ist, gilt in Brüssel als allerletztes Mittel, das man tunlichst vermeidet. Prinzipiell einstimmig entscheiden die Chefs im Rat der Staats- und Regierungschefs, in den Ministerräten sind Mehrheitsentscheidungen seit einigen Jahren zwar möglich, werden aber auf Detailfragen beschränkt. Bei einem politisch so fundamentalen Thema wie Migration gab es in Europa noch nie Kampfabstimmungen. Allzu groß ist die Gefahr, dass sich ein überstimmtes Land gänzlich von Europa abwendet und damit den Einigungsprozess untergräbt.

Angela Merkel setzt sich nicht nur über ungeschriebene Regeln hinweg, sondern auch über schriftliche Vereinbarungen. Erst Ende Juni 2015 haben die Staats- und Regierungschefs nämlich hinsichtlich der Verteilung von Flüchtlingen festgelegt: »der Rat (*also nicht die Innenminister, R.A.*) erlässt rasch einen Beschluss zu diesem Zweck; im Hinblick darauf werden sich alle (…) Mitgliedsstaaten einvernehmlich (*also nicht nach dem Mehrheitsprinzip, R.A.*) über die Verteilung dieser Personen einigen.«

Sogar den Regierungschefs, die Deutschlands Position inhaltlich teilen, ist beim Bruch dieses Ratsbeschlusses nicht wohl. Einige von ihnen bearbeitet Merkel persönlich: Spaniens Ministerpräsident Mariano Rajoy bekam schon Anfang September im Kanzleramt eine Änderung der Verteilquote zu seinen Gunsten versprochen. Als Spanien ein halbes Jahr später wegen zu hoher Schulden seinerseits gegen EU-Regeln erstößt, wird ausgerechnet Berlin anregen, Brüssel möge auf die vorgeschriebene Strafe verzichten. Noch am Morgen vor der Abstimmung der Innenminister in Brüssel empfängt Merkel im Kanzleramt den finnischen Ministerpräsidenten Juha Sipilä, der zwar angekündigt hat, Flüchtlinge in seinem eigenen, privaten Haus aufzunehmen, aber stur auf der »Freiwilligkeit« besteht – sein Land enthält sich schließlich bei der Abstimmung.

Man kann diesen einzigartigen Vorgang als den verzweifelten Versuch verstehen, auf europäische Solidarität und europäische Werte zu bestehen. Oder als das historisch neue Experiment eines multikulturellen Imperialismus: Kann ein Staat seine Nachbarn gegen deren Willen dazu zwingen, Menschen aus einer anderen Weltregion, Kultur und Religion in die eigene Gesellschaft aufzunehmen?

Diese Frage wird am 22. September in der nächsten Sitzung der EU-Innenminister geklärt. Am Vortag wirft Merkel noch eine Nebelkerze: »EU-Entscheidungen im Konsens sind für Deutschland ein ganz hoher Wert«, sagt sie treuherzig in Berlin. Aber in Brüssel besteht de Maizière darauf, die Kritiker per Mehrheit niederzuringen.

Diese Mehrheit muss jedoch ihrerseits erst erzwungen werden. Dazu wird das »Beichtstuhlverfahren« genutzt. Gemeint ist, dass jeder Sitzungsteilnehmer immer wieder einzeln beim Vorsitzenden antreten muss, um bearbeitet zu werden. So wächst der Druck Stunde um Stunde. Am Ende es ist die polnische Innenministerin Teresa Piotrowska, studierte Theologin und erst seit wenigen Wochen im Amt, die ihm nachgibt. Sie akzeptiert die Flüchtlingsverteilung.

Das Herausbrechen von Polen aus dem osteuropäischen Block der Neinsager ist entscheidend. Denn Merkel hat nur eine einzige Chance, die Bombe zu zünden. Wegen einer in den komplizierten europäischen Verträgen versteckten Sonderregel braucht man für die »nukleare Option« sogar eine »dreifache Mehrheit«: 50 Prozent der Staaten, 62 Prozent der Bevölkerung und zusätzlich 74 Prozent der gewichteten Stimmen im Ministerrat.

Da in der entscheidenden Abstimmung über die Flüchtlingsverteilung nicht nur Ungarn, Tschechien, die Slowakei und Rumänien mit »Nein« votieren, sondern sich darüber hinaus Finnland enthält, wäre mit einem zusätzlichen polnischen Nein eine Blockademinderheit zumindest denkbar gewesen. Vier Wochen später stehen in Polen Wahlen an. Die Opposition, die sich auf die Ablehnung von Quoten und Flüchtlingen festgelegt hat, führt in den Umfragen deutlich. Nach ihrem Wahlsieg hätte es die Nuklearoption der deutschen Europapolitik nicht mehr gegeben.

Tatsächlich gelingt es der Bundesregierung auf diese Weise, den Einstieg in die europäische Verteilung zu erzwingen. Bald sollen die Flüchtlinge nicht mehr nach einer gefährlichen Reise am Ende alle in Deutschland ankommen, sondern aus den Hotspots in Griechenland und Italien mit Flugzeugen auf alle europäischen Länder verteilt werden. Nach der Sitzung lässt de Maizière im Brüsseler Ratsgebäude Reporter wissen, es bestehe nach den neuen Regeln sogar die Möglichkeit, dass Flüchtlinge, die bereits in Deutschland sind, für ihr Asylverfahren in andere europäische Länder gebracht werden.

Zwei Wochen nach der Grenzöffnung scheint der erste Schritt zur Lösung der Krise geschafft. De Maizière wirkt zum ersten Mal seit Tagen erleichtert und kann sich auch über eine SMS seiner Kanzlerin freuen: Merkel gratuliert ihrem Innenminister.

Aber von diesem Sieg wird sich die europäische Flüchtlingspolitik nie mehr erholen. In Osteuropa geht der Kampf um die öffentliche Meinung endgültig verloren, die Aufnahme von Asylbewerbern gilt hier nun weithin nicht als Geste der Menschlichkeit, sondern als Kotau vor Berlin. Der slowakische Ministerpräsident weigert sich, das »Diktat« umzusetzen, und klagt, wie auch Ungarn, dagegen vor dem europäischen Gerichtshof. Die liberale polnische Regierung gerät im Wahlkampf als »Verräter« in die Defensive, verliert die Wahl und wird schon im Oktober abgelöst. Die ultrakonservativen Nachfolger weigern sich, die bereits zugesagte Aufnahme der Flüchtlinge durchzuführen, und rütteln sogar an der Unabhängigkeit der jungen demokratischen Institutionen in ihrem Land.

Auch die erfolgreiche Kampagne für den Austritt Großbritanniens aus der Europäischen Union instrumentalisiert wenige Monate später die Furcht, ein deutsch gesteuertes Europa könne auch das Vereinigte Königreich dazu zwingen, seine Grenzen für ungeordnete Zuwanderung zu öffnen. Von zerschlagenem Porzellan zu sprechen, wäre eine groteske Untertreibung. Der ganze europäische Porzellanladen liegt in Trümmern.

Besonders bitter: Die beschlossene Umverteilung wird nie Realität. Einen Tag nach der denkwürdigen Sitzung der Innenminister beschließen die Staats- und Regierungschefs die Einrichtung der Hotspots in Griechenland und Italien. Dort sollen die Flüchtlinge warten, bis sie verteilt werden. Aber die Asylbehörden dieser Länder sind heillos überfordert und auch zumindest teilweise unwillig. In Griechenland warten viele Mitarbeiter schon monatelang auf ihren Lohn und machen dafür die von Deutschland aufgezwungene Sparpolitik verantwortlich. Als Vertreter der europäischen Grenzschutzagentur Frontex in einem der geplanten Hotspots ankommen, treffen sie lediglich auf fünf griechische Beamte, die mit Bleistift die Passnummern von Flüchtlingen notieren.

Selmayr treibt daraufhin im EU-Etat Geld für 300 »Eurodac«-Geräte auf, mit denen Fingerabdrücke genommen und abgeglichen werden können. Um sie schnell auf die griechischen Inseln zu bringen, werden die ersten Geräte sogar von EU-Beamten auf dem Schoß in Linienflügen transportiert. Doch am Ziel werden die Geräte wochenlang nicht einmal ausgepackt – die zur Verfügung stehende Internetverbindung sei für die Übermittlung von Fingerabdrücken sowieso zu langsam, erklären die Griechen.

Aber auch die besser organisierten italienischen Behörden denken lange gar nicht daran, Flüchtlinge festzuhalten und selbst zu registrieren. Als ein CDU-Vorstandsmitglied im Herbst bei einem Vatikan-Besuch zufällig den für die Hotspots zuständigen Staatssekretär der italienischen Regierung kennenlernt, sagt der völlig unverblümt: »Das klappt doch nie!«

Von den elf Hotspots, die laut Ratsbeschluss Ende November die Arbeit aufnehmen sollten, sind in der Realität bis dahin nur zwei eröffnet worden – und auch die sind nur umbenannte alte Lager. Merkel ernennt im Dezember deshalb einen »Sonderbeauftragten der Bundesregierung für die Flüchtlings-Hotspots in Griechenland und Italien«: Detlef Karioth, ein Mann, der dafür schon beim Aufbau der Polizei in Afghanistan Erfahrung sammelte.

Aber nicht nur wollen die Europäer die Flüchtlinge nicht umverteilen – die Flüchtlinge selbst wollen gar nicht verteilt werden. Sie wollen nicht nach Slowenien, nach Polen oder Spanien, sondern nach Deutschland. »Alle Flüchtlinge in Griechenland sagen: Germany, Germany, Germany«, bekennt Kommissionspräsident Juncker in einer Rede im März 2016 unverblümt: »Die luxemburgische Regierung hat in Griechenland verkünden lassen: 30 Flüchtlinge kämen nach Luxemburg. Es wollte aber keiner. Die luxemburgische Regierung hat mit der Lupe nach diesen 30 Flüchtlingen gesucht, die bereit waren, ins Flugzeug nach Luxemburg zu steigen, so als ob Luxemburg das Armenhaus Europas wäre.«

Deutschland wird nicht nur für seinen robusten Arbeitsmarkt und seine hohen Sozialleistungen gerühmt, es hat sich auch herumgesprochen, dass selbst abgelehnte Asylbewerber lange im Land bleiben können oder sogar für immer geduldet werden. Viele Flüchtlinge wollen zu Verwandten, die es bereits nach Deutschland geschafft haben. Dazu die Bilder der Willkommenskultur, die Merkel-Selfies – all das entwickelt eine fast mythische Anziehungskraft.

So kommt die europäische Verteilung von Flüchtlingen nie in Gang. Als ein halbes Jahr später mit dem EU-Türkei-Deal eine neue Lösung gefunden wird, sind von geplanten 160 000 Menschen nur 1500 umgesiedelt worden, nicht mal ein Prozent.

7
Verdammte Pflicht

Eine Woche nach den fatalen Selfies lächelt Angela Merkel neben einer strahlenden Araberin in die Kameras. Aber Rania al-Abdullah musste nicht die gefährliche Reise im Schlauchboot über die Ägäis wagen, um nach Deutschland zu kommen. Sie ist mit ihrem Privatjet eingeflogen. Jetzt nimmt die Königin von Jordanien im repräsentativen »Weltsaal« des Auswärtigen Amtes den Walther-Rathenau-Preis und die Gratulation der Bundeskanzlerin entgegen. Die für ihr Engagement für Frieden und Verständigung ausgezeichnete junge Monarchin preist ihrerseits die Gastgeber: »Unsere beiden Nationen stehen an der Spitze der Bewältigung einer tragischen humanitären Notlage«. Und sie fügt hinzu: »Ich spreche natürlich vom Exodus der syrischen Flüchtlinge.«

Merkel sitzt in der ersten Reihe und applaudiert. Jordanien ist ein Nachbarland Syriens. Deutschland liegt fast 3000 Kilometer entfernt. Doch in diesen Tagen sind Entfernungen so relativ geworden wie Grenzen. Die zwischen Europa und dem Nahen Osten – wie auch jene zwischen der drögen deutschen Politik und der schillernden internationalen »Celebrity Diplomacy«, in der Filmstars, Philanthropen und Staatschefs gemeinsam die Welt retten.

Angela Merkel galt bisher als völlig unglamourös, doch in der Flüchtlingskrise steigt sie in die Sphären von Bill und Melinda Gates, Bono, Angelina Jolie oder eben Rania al-Abdullah auf. Das »Time«-Magazin wird zum Jahresende für sein Titelbild ein Gemälde von Merkel als »Person des Jahres« anfertigen lassen. Im Februar auf der Berlinale wird sie von Jurypräsidentin Meryl Streep als »wunderbares Vorbild« gefeiert. Der neue Merkel-Kult entsteht ohne ihr Zutun, aber sie fühlt sich schon geschmeichelt: George Clooney und seine Frau Amal, eine britisch-libanesische

Menschenrechtsanwältin, wird sie im Februar im Kanzleramt zum Tee empfangen.

Während die Kanzlerin ihren Höhenflug in die Welt der Reichen, Schönen und Guten antritt, wachsen zuhause die Zweifel. Zwei Tage vor dem Lob der jordanischen Königin musste sich Merkel intern so viel Kritik anhören wie noch nie in ihrer politischen Karriere. Alle sechzehn Ministerpräsidenten waren ins Kanzleramt gekommen, um mit der bisherigen Flüchtlingspolitik abzurechnen. Ob SPD-Landeschef oder CDU-Regionalfürst, alle klagten über die katastrophal organisierte Aufnahme und Verteilung von Flüchtlingen. Der grüne Ministerpräsident Winfried Kretschmann klang dabei kaum anders als sein Kollege Horst Seehofer von der CSU. Es sei ein Skandal, dass der Bund noch nicht einmal die Koordinierung der Erstaufnahme bewältige, rief einer. Als Bundesinnenminister de Maizière kleinlaut acht Liegenschaften des Bundes anbot, in denen man noch Flüchtlinge unterbringen könne, ließ ihn Hannelore Kraft (SPD) nicht mal ausreden: Drei davon seien doch längst belegt!

Der Zorn entzündete sich am schlechten Krisenmanagement, doch ließen die Ministerpräsidenten bald auch jegliche politische Korrektheit fahren: Bei einem abgelehnten Asylverfahren müssten sofort alle Sozialleistungen eingestellt werden, schimpfte Hamburgs SPD-Bürgermeister Olaf Scholz. »Die Balkanesen« sollten endlich abgeschoben werden, polterte ein anderer Sozialdemokrat. Mecklenburg-Vorpommerns Erwin Sellering sprach schließlich Merkel direkt an: Sie müsse »öffentlich zum Ausdruck bringen«, dass es auch »Flüchtlinge ohne Bleibeperspektive« gebe.

Das Klima in Deutschland beginnt sich langsam zu verändern. Der Soziologe Heinz Bude analysiert drei Wochen nach der Grenzöffnung, es sei die »Entspanntheit der oberen Mittelklasse, die gesagt habe: ›Wir werden es schaffen‹.« Aber vom »Dienstleistungsproletariat« bis zum »unteren Teil der gesellschaftlichen Mitte« werde im »Gefühl der Gereiztheit gefragt: »Was soll das jetzt?« Er fordert eine »pragmatische Wende der deutschen Politik gegenüber Flüchtlingen«.

Budes frühe Analyse der Flüchtlingsskepsis als Phänomen der Abgehängten und Abstiegsängstlichen wird später von Politik und Publizistik in unzähligen Variationen wiederholt. Aber sie greift zumindest für den Frühherbst zu kurz: Nicht auf der Straße, sondern in Landratsämtern und Rathäusern schlägt die Stimmung zuerst um. Der grüne Oberbürgermeister von Tübingen Boris Palmer erinnert sich später an Gespräche unter Kommunalpolitikern in diesen Wochen: »Als die Zahlen auf 10 000 Einreisen pro Tag hochschnellten, machte sich Entsetzen bei vielen breit: ›Das kann nicht gut gehen‹ war die nahezu einhellige Einschätzung. Das Parteibuch spielte keine Rolle. Aber sagen konnte man das nicht.«

Palmer ist nur der prominenteste der besorgten Kommunalpolitiker. 215 Verwaltungschefs aus Nordrhein-Westfalen fassen ihre Sorgen wie beschrieben in einem Brandbrief an die Kanzlerin und ihre Ministerpräsidentin zusammen. Dass es nicht so gut läuft, wie es die Berichterstattung in den Medien nahelegt, erfahren die Bürger vor Ort – gerade im Gespräch mit Verantwortungsträgern.

Von den 164 000 Asylbewerbern, die allein im September nach Deutschland kommen, gelingt es kaum jedem vierten, beim Bundesamt für Migration und Flüchtlinge wenigstens einen Termin zu ergattern, an dem er seinen Antrag stellen kann. Von einem formellen »Interview«, also dem Gespräch mit einem deutschen Beamten, in dem die Fluchtgründe dargelegt werden, sind auch diese Glücklichen noch Monate entfernt. Syrer werden in der Regel gar nicht mehr interviewt in dieser Zeit, sondern füllen nur noch einen Fragebogen aus.

Am ersten Oktoberwochenende gelangt ein Szenario von Beamten aus dem Innenministerium an die Öffentlichkeit, dem zufolge bis Jahresende noch 920 000 weitere Asylbewerber in Deutschland zu erwarten seien. Im Internet kursieren Verschwörungstheorien: Die Regierung betreibe mit der Masseneinwanderung bewusst eine Veränderung der ethnischen Zusammensetzung des deutschen Volkes. Vor allem auf Facebook entsteht, zum ersten Mal in der Geschichte der Bundesrepublik, eine markante Gegenöffentlichkeit.

Die Begeisterung, mit der viele klassische Medien die Grenzöffnung begleitet haben, löst hier einen gegenteiligen Reflex aus. Asylbewerbern werden echte Fluchtgründe pauschal abgesprochen, sie werden als Sozialschmarotzer, Kriminelle, Vergewaltiger und religiöse Fanatiker hingestellt. So verbreiten sich die entsprechenden Schauergeschichten, egal, ob sich die genannten Klischees teilweise widersprechen oder die Gerüchte jeder Faktengrundlage entbehren. Ein wachsender Teil der Bevölkerung, der sich nur noch bei Gleichgesinnten im Netz informiert, glaubt zu wissen, dass jeder Flüchtling 1000 Euro Begrüßungsgeld erhalte, dass Supermärkte Diebstähle durch Flüchtlinge mit einem Schaden von bis zu 50 Euro zu akzeptieren hätten und Polizisten angewiesen seien, nach Anzeigen prinzipiell keine Ermittlungen aufzunehmen.

Merkel ist über die auf Facebook verbreitete Hasskritik so besorgt, dass sie dessen Gründer und Chef Mark Zuckerberg persönlich bittet, deren Verbreitung einzustellen. Die Ängste, die den Hass befeuern, heften sich an den Umstand, dass 70 Prozent der Neuankömmlinge junge Männer und fast alle Muslime sind. Noch im Sommer hatte die islamfeindliche Pegida-Bewegung ihren Höhepunkt überschritten und verebbte als ostdeutsches Regionalphänomen. In der Flüchtlingskrise verbreitet sich die Angst vor einer »Islamisierung« Deutschlands aber so schnell, dass sie schließlich auch von öffentlich-rechtlichen Medien aufgegriffen wird. So illustriert der ARD-»Bericht aus Berlin« einen Beitrag über die Flüchtlingskrise mit einer Fotomontage, die Merkel in einem schwarzen Tschador zeigt, wie ihn üblicherweise Frauen im Iran tragen. Hinter der verhüllten Kanzlerin ist ein von Minaretten umgebener Reichstag zu sehen. Der Moderator Rainald Becker fragt besorgt: »Was geschieht mit unseren Werten?«

Innenminister de Maizière empört sich im »heute journal« über das Verhalten der Flüchtlinge: »Sie gehen aus Einrichtungen raus. Sie bestellen sich ein Taxi, haben erstaunlicherweise das Geld, um Hunderte Kilometer durch Deutschland zu fahren. Sie streiken, weil ihnen die Unterkunft nicht gefällt. Sie machen Ärger, weil ihnen das Essen nicht gefällt. Sie prügeln in Asylbewerbereinrichtungen, das ist noch eine Minderheit, aber da müssen wir klar sagen: (…) Wir verlangen eine Ankommenskultur!« Auf CDU-Regionalkonferenzen, wo Merkel unlängst noch gefeiert wurde, schlägt ihr jetzt massiver Unmut entgegen. Nur ein Drittel der örtlichen Funktionäre, die die Mehrheit im Publikum bilden, scheint der Vorsitzenden noch mehr oder weniger aus Überzeugung zu folgen. Ein weiteres Drittel bleibt auf stummer Distanz, während der Rest offen rebelliert – vor allem in Ostdeutschland dringt Merkel auch bei der eigenen Partei mit ihren Argumenten kaum mehr durch.

Vierunddreißig Kreisvorstände, Bürgermeister und Landtagsabgeordnete kündigen ihr in einem dramatischen Brief die Gefolgschaft auf: Die Politik der offenen Grenze stehe weder in Einklang mit Recht und Gesetz noch mit dem Programm der CDU. Für die CSU ist das demokratische Gemeinwesen bedroht: »Es gibt keinen Plan in Berlin. Wir wissen keinen Tag, wie es weitergeht. Das System kollabiert«, prophezeit Seehofer: »Das hält auf Dauer keine Gesellschaft aus.«

Intellektuelle fürchten die Selbstaufgabe der Bundesrepublik als liberale Gesellschaft: »Die deutsche Regierung hat sich in einem Akt von Souveränitätsverzicht der Überrollung preisgegeben«, wütet der Philosoph Peter Sloterdijk: »Es gibt keine moralische Pflicht zur Selbstzerstörung.« Und auch Rüdiger Safranski urteilt hart: »Die Politik hat die Entscheidung getroffen, Deutschland zu fluten.« Heinrich August Winkler, der inoffizielle Chefhistoriker der Republik, stellt die Grenzöffnung als »illegitimen deutschen Alleingang« in die Tradition fataler historischer Sonderwege.

Sogar der Bundespräsident fordert Merkel unverhohlen zur Umkehr auf. Am 27. September fragt Joachim Gauck: »Wird der Zuzug uns irgendwann überfordern? Werden die Kräfte unseres wohlhabenden und stabilen Landes irgendwann über das Maß hinaus beansprucht?« Und beantwortet die Frage gleich selbst: »Wir wollen helfen. Unser Herz ist weit, doch unsere Möglichkeiten sind endlich.«

Im Regierungsviertel kursiert das Gerücht, Merkel werde hinwerfen. Die Kanzlerin strebe einen eleganten Abgang an, kolportieren sogar Präsidiumsmitglieder der CDU: Sie wolle sich zur neuen UN-Generalsekretärin wählen lassen. Die Phantasie treibt Blüten: Wenn Merkel Anfang Oktober den Friedensnobelpreis für ihre Flüchtlingspolitik erhalte, hätte ihre Kanzlerschaft einen krönenden Abschluss gefunden. Sie könne zugunsten von Wolfgang Schäuble oder Ursula von der Leyen abdanken und sich hochdekoriert in die internationale Menschenrechtspolitik verabschieden. In eine Welt, in der man für die Flüchtlinge im Nahen Osten arbeiten und mit den Clooneys Tee trinken kann, ohne sich dafür von Horst Seehofer beschimpfen lassen zu müssen.

Tatsächlich hebt die Bundeskanzlerin am 4. Oktober, also genau einen Monat nach der Grenzöffnung, vom Boden ab. Doch Ziel sind weder Stockholm noch New York, sondern Neu Delhi und Bangalore: Merkel ist in Indien zu »Regierungskonsultationen« verabredet. In dieser Lage kann ein Regierungschef, für den eine lang geplante Reise ansteht, nur verlieren. Wenn er fliegt, heißt es, er fliehe vor der Überforderung durch die Flüchtlingskrise. Sagt der Politiker hingegen ab, könnte es heißen: Die Lage ist so ernst, dass er sich nicht mehr weg traut.

Der Vizekanzler hat deshalb die Flucht ergriffen. Gabriel sitzt nicht in der Maschine, die vom Berliner Flughafen Tegel Richtung Indien startet. Obwohl die Regierungskonsultationen nicht zuletzt den Zweck haben, den Handel mit dem Subkontinent zu fördern, hat der Wirtschaftsminister wenige Stunden vor Abflug abgesagt.

Merkel fliegt, aber es wird keine normale Reise. Sie wird weder einen Gewürzmarkt in Delhi besuchen, noch sich in Bangalore einen farbenfrohen Tempel zeigen lassen. Obwohl es viele Gelegenheiten für schöne Foto-Locations gibt, entschied sich die Protokollabteilung des Kanzleramts diesmal für ein optisches Schmalspurprogramm. Deutschland ist im Krisenmodus, da wirkt es nicht gut, wenn sich die Regierungschefin an exotischen Orten tummelt. So wird von der Reise nur ein einziges Bild im Gedächtnis bleiben: Merkel auf schwarzen Socken. Das Foto wird beim Besuch der Einäscherungsstätte von Mahatma Gandhi entstehen, diesen Pflichttermin darf kein Indien-Besucher streichen.

Ansonsten Dienst nach Vorschrift: Die Kanzlerin führt am Morgen bei fast 40 Grad im Schatten ein Gespräch mit der Globalisierungskritikerin Arundhati Roy und versucht am Nachmittag, den indischen Premierminister Narendra Modi vom Kampf gegen den Klimawandel zu überzeugen. Am Abend lauscht sie einem eigens für sie komponierten Musikstück auf Sitar und Tabla, um schon am nächsten Morgen im fast 1800 Kilometer südlich gelegenen Bangalore indische Azubis von Bosch zu treffen.

Die wirklich interessanten Gesprächspartner hat die Kanzlerin selbst mit nach Indien gebracht: Siemens-Chef Joe Kaeser, Klaus Schäfer vom Energiekonzern E.ON, BASF-Vorstandschef Kurt Wilhelm Bock, Jürgen Fitschen von der Deutschen Bank und Thomas Enders, CEO von Airbus. Diese und zehn weitere Chefs von deutschen Konzernen oder großen mittelständischen Unternehmen sind mit Merkel angereist, um die Wirtschaftsbeziehungen mit dem Subkontinent auszubauen. Nun rücken sie alle schon am Freitagabend – kurz nach der Landung in Delhi, vor Beginn des offiziellen Programms – in einem Saal des Taj-Mahal-Hotels Polstermöbel zusammen, um in Hörweite der Kanzlerin zu gelangen. Denn die erklärt jetzt ihre Flüchtlingspolitik.

Sie denkt gar nicht daran, aufzugeben. UN-Generalsekretärin wolle sie nicht werden und vom Friedensnobelpreis träume sie nicht einmal – sagt sie jedenfalls. Ihre Kanzlerschaft ist in Gefahr wie nie zuvor, doch die Kanzlerin wirkt gefasst. Im Taj Mahal werden Cocktails gereicht, Merkel nimmt einen, und später noch einen zweiten. Die Gelassenheit, die sie ausstrahlt, ist schon ein Teil der Botschaft: Ich habe keine Panik. Ich habe einen Plan.

Angela Merkel hat die Grenzöffnung zunächst mit einem »humanitären Imperativ« begründet, also moralisch. Jetzt schiebt sie ein strategisches Argument nach: Die EU würde in der Flüchtlingskrise ohne gemeinsame Migrationspolitik zerbrechen. Da diese nicht existiere, müsse sie jetzt sehr schnell aufgebaut werden. Deutschland, Schweden, Österreich und andere Gutwillige verschafften die nötige Zeit zur Vorbereitung, indem sie für einige Monate stellvertretend alle Asylbewerber aufnehmen – bis Europa als Ganzes so weit sei.

»Der Tausch Raum gegen Zeit ist ein Grundelement strategischen Denkens«, hat der Politikwissenschaftler Herfried Münkler schon nach der Grenzöffnung geschrieben und diesen Gedanken zuerst in den heftigen Intellektuellenstreit eingebracht. Münkler wird dafür von Sloterdijk als »Kavaliers-Politologe« geschmäht, der »Frau Merkels unbeirrbar konfusem Handeln ein grand design unterstellt«. Tatsächlich übernimmt die Kanzlerin Münklers Interpretation ihrer Politik mit einigen Wochen Verspätung. Nur Deutschland sei in der Lage, der EU Zeit zu kaufen, argumentiert nun auch das Umfeld Merkels – weil es das größte und wirtschaftlich erfolgreichste Land Europas sei. Aber wenn diese Überlegung der Grenzöffnung zugrunde gelegen hätte: Warum war Deutschland dann nicht wenigstens vorbereitet worden, die Last eines ganzen Kontinents zu tragen? In Wahrheit war nichts Strategie und alles Improvisation.

Merkel glaubt aus einem anderen Grund, an den offenen Grenzen festhalten zu können oder sogar zu müssen: Weil die Deutschen anders empfinden als die andere Europäer. Die Kanzlerin ist überzeugt, dass sich die Seelenlage ihres Volkes von der seiner Nachbarn fundamental unterscheidet. Als Beispiel wird sie in einem weiteren Gespräch auf der Indien-Reise die britische Blockade des Eurotunnels nennen: Seit der Tunneleingang bewacht wird, können Schleuser keine Menschen mehr durchschmuggeln. Zahlreiche Pakistaner, Afghanen und Afrikaner, die schon Familienmitglieder in Großbritannien haben oder dort arbeiten wollen, campieren seit Wochen in Calais. Weder lässt die britische Regierung sie einreisen, noch unternimmt die französische Regierung irgendwelche Anstrengungen, um die menschenunwürdigen Bedingungen im »Dschungel von Calais«, einem improvisierten Lager, zu verbessern.

Die Deutschen würden solche Bilder aus ihrem eigenen Land nicht ertragen, glaubt Merkel. Sogar die bayerischen Landräte und Bürgermeister, die in den vergangenen Wochen voller Zorn im Kanzleramt anriefen, weil sie nicht mehr wüssten, wohin mit den vielen Flüchtlingen, hätten sich dabei vor allem über eines empört: Es könne doch nicht sein, dass ein Flüchtling in ihrer Gemeinde im Freien schlafen müsse! Nach ihrer Rückkehr aus Indien wird Merkel auch öffentlich sagen: »Ich will keinen Wettbewerb, wer Flüchtlinge am schlechtesten behandelt, damit keine mehr kommen.«

Die Kanzlerin ist davon überzeugt, dass die Deutschen diesen Wettbewerb nicht aushalten würden. Am Tag nach der Ankunft in Berlin lässt sich Merkel eine Stunde lang im Fernsehen interviewen. Es ist das erste Mal seit 2012, dass sie sich aus dringendem Anlass befragen lässt. Damals begründete sie in der Euro-Krise bei »Günther Jauch«, warum das Aufspannen der Rettungsschirme im deutschen Interesse gewesen sei. Diesmal geht sie zu »Anne Will«. Ihr zentrales Argument ist das gleiche wie vor drei Jahren. Wie die Rettungsschirme und die Griechenkredite in der Euro-Krise angeblich alternativlos waren, so ist jetzt die Politik der offenen Grenze nicht die bessere, sondern die einzige Option: »Sie können die Grenze gar nicht schließen!«, behauptet Merkel vor dem Millionenpublikum. Diese Kanzlerin begründet Politik nicht als Kunst des Möglichen, sondern als Kunst des einzig Möglichen.

Wie das Versprechen »Keine Experimente« für immer mit Konrad Adenauer verbunden bleibt und die Hoffnung »Mehr Demokratie wagen« mit Willy Brandt, so wird Merkel als die Kanzlerin, deren Politik »alternativlos« war, im kollektiven Gedächtnis bleiben. Sie meidet diesen Ausdruck, seit er 2010 zum »Unwort des Jahres« gewählt wurde. Doch die neue Partei, die 2013 in Auflehnung gegen die Eurorettungspolitik entsteht und sich 2015 mit Protest gegen die Flüchtlingspolitik endgültig etabliert, nennt sich kaum zufällig »Alternative für Deutschland«. Es eine Anti-Merkel-Partei. Die Kanzlerin ist unfreiwillig zur Geburtshelferin einer neuen radikalen Rechten in Deutschland geworden, wie es sie in dieser Form seit 1945 nicht gab.

Die Feststellung, es sei unmöglich, Grenzen zu schützen, verlangt auch merkeltreuen Abgeordneten in den kommenden Wochen einiges an kommunikativer Disziplin ab. Nicht nur Experten der Innenpolitik hatten bisher angenommen, dass die Bundespolizei – die bis vor wenigen Jahren noch »Bundesgrenzschutz« hieß – die Grenze schützen könne. Bald kursiert im Regierungsviertel ein Konzept, wie die angeblich unmögliche Grenzschließung en Detail ablaufen würde. Der Start hätte demnach an einem Dienstag zu erfolgen, weil an diesem Tag laut Dienstplan die meisten Beamten im Einsatz seien. Sechzig Grenzübergänge seien zu schließen, Brücken zu sperren. Übertritte über die grüne Grenze würden im Hinterland durch eigens dafür aufgestellte Trupps aufgespürt. Flüchtlinge, die es bis tief ins Landesinnere schafften, könnten in Aufnahmezentren gesammelt und mit dem Hubschrauber sofort zurück hinter die Grenze geflogen werden.

Wenn es zu einem Versuch käme, die Grenze zu stürmen, könne dieser mit Wasserwerfern abgewehrt werden. Der Bundespolizeichef Dieter Romann wird in den Vorstand der SPD-Fraktion geladen und später auch in die NRW-Landesgruppe der Unionsfraktion, der immerhin 63 Abgeordnete angehören. Romann lehnt Interviewwünsche ab, lässt aber vor den Parlamentariern erneut keinen Zweifel, dass die Grenzschließung sehr wohl machbar wäre.

Es geht nicht anders, ist Merkels Begründung der offenen Grenzen. Aber wie geht es weiter? Als Anne Will im Fernsehinterview explizit nach Merkels Plan fragt, gerät die Kanzlerin ins Straucheln: »Den Plan kann ich ja nur geben, wenn ich einen habe«, erwidert sie. Kurz herrscht Verwirrung, da hilft Anne Will mit einer Nachfrage über die Verlegenheit: »Haben Sie denn einen Plan?« Antwort: »Ja, ich habe einen Plan.«

Merkels Plan hat allerdings erst wenige Tage zuvor seine endgültige Gestalt angenommen. Denn jetzt, vier Wochen nach der Grenzöffnung, hat die Kanzlerin akzeptiert, dass die Lösung nicht in der zwangsweisen Verteilung von Flüchtlingen in ganz Europa besteht, die sie mit der Brechstange durchgesetzt hat. Sie muss ihr politisches Schicksal vielmehr in die Hände eines Mannes legen, der ihr von Herzen zuwider ist: Recep Tayyip Erdoğan. Wie schwer es ihr fällt, offenbart sie in jenem Moment im Anne-Will-Interview, als sie Klartext spricht: Mit Erdoğan zu reden sei ihre »verdammte Pflicht«.

Der neue Plan wird bereits umgesetzt. Am Montagabend, als Merkel noch im indischen Luftraum zwischen Delhi und Bangalore unterwegs ist, eröffnen Donald Tusk und Jean-Claude Juncker bei einem Diner in Brüssel dem türkischen Präsidenten, dass die Hoffnungen Europas auf ihm ruhen. Sie haben sich vorher in Berlin Prokura geholt: Was sie nun versprechen, wird Merkel halten müssen. Es ist der Beginn des EU-Türkei-Deals. Das Pokerspiel mit dem schwierigen Partner vom Bosporus wird sich über Monate hinziehen, das ist der Kanzlerin klar. Diese Zeit hat Merkel aber nur, wenn die Lage in Deutschland nicht täglich chaotischer wird. Vor diesem Hintergrund fällt die zweite weitreichende Entscheidung, die sie kurz vor dem Abflug nach Indien getroffen hat: Sie entmachtet ihren Innenminister.

Thomas de Maizière gibt in den Wochen nach der Grenzöffnung ein beklagenswertes Bild ab. Er schleppt sich krank von einer Krisensitzung in die nächste. Die Opposition hat ihn zum Sündenbock gemacht: Sie kann dem zuständigen Minister die mangelnde Vorbereitung der Grenzöffnung vorwerfen, ohne diese an sich in Frage zu stellen. Vor allem aber kann de Maizière seine innere Distanz zur Politik, die er öffentlich vertreten musste, immer schlechter verbergen. Wie seine parlamentarischen Staatssekretäre und viele seine führenden Beamten will er sich nicht von der Vorstellung verabschieden, dass Flüchtlingspolitik auch bedeutet: überprüfen, auswählen und abweisen.

Doch diese Aufgaben sollen nach Merkels Plan künftig von der Türkei übernommen werden. Was in Deutschland zu tun bleibt, ist genau betrachtet keine Flüchtlingspolitik mehr, sondern Flüchtlingsmanagement – der Zustrom wird als gegeben hingenommen und alle Energie ist darauf konzentriert, ihn effektiv zu kanalisieren. Es geht um die möglichst reibungslose Verteilung, Politik wird zum logistischen Kraftakt.

Zum Gesicht dieser Politik wird Peter Altmaier.

8
Altmaier und die Flüchtlingsmanager

Die Kanzlerin und die Konzernchefs unterzeichnen gerade unter Verbeugungen feierlich Verträge mit indischen Behörden und Unternehmen in Delhi, als daheim in sämtlichen Berliner Ministerien ein unscheinbares Dokument eintrifft. Die »Kabinettsache Datenblatt 18/41014«, die nachrichtlich auch an den Chef des Bundespräsidialamts und den Präsidenten des Bundesrechnungshofs adressiert ist, kündigt unter der Betreffzeile »Bewältigung der Flüchtlingslage, *hier:* Koordinierung innerhalb der Bundesregierung« eine spektakulären Wechsel an. Der nach der Verfassung zuständige Innenminister wird entmachtet. Kanzleramtschef Altmaier wird Flüchtlingskoordinator. Ein einmaliger Affront gegenüber Thomas de Maizière.

Wolfgang Schäuble, selbst lange Innenminister, kann es nicht fassen, als er davon erfährt. Und auch andere CDU-Spitzenpolitiker, die sonst Merkels Kurswechsel treu nachvollziehen, sind empört. Per Telefon beraten Mitglieder des Präsidiums und des Parteivorstands, ob die Kanzlerin diesmal zu weit gegangen sei. Sachsens Ministerpräsident Stanislaw Tillich ruft de Maizière an und kündigt Widerstand an: »Morgen haue ich öffentlich dazwischen!« Doch der Innenminister wiegelt ab: »Lass 'mal, ich habe mir das selbst ausgedacht.« Die Parteifreunde können es kaum glauben: Hat de Maizière den Strick selbst geknüpft, an dem er hängt?

Tatsächlich hatte der Innenminister wenige Tage zuvor um ein Gespräch mit Merkel und Altmaier gebeten. Darin schlug er vor, »endlich in den Krisenmodus zu wechseln«. Es war de Maizières Idee, die Arbeit der Bundesregierung in der Flüchtlingskrise umzuorganisieren. Er hatte erkannt, dass seine Mitarbeiter seit Wochen überlastet waren und – welch rare Einsicht unter Spitzenpolitikern –

er selbst auch. Deshalb wollte er die Aufgaben auf mehrere Ressorts verteilen. Dafür hatte er schon neue Arbeitsbereiche geschaffen und sogar bei Ministerkollegen vorgefühlt, ob sie bereit seien, zusätzliche Zuständigkeiten zu übernehmen. So wurde Ursula von der Leyen gefragt, ob ihr Verteidigungsministerium den Transport der Flüchtlinge in die Erstaufnahmeeinrichtungen übernehmen könne. Da die Bundeswehr aber nicht über entsprechend viele Busse verfügt, musste das Verkehrsministerium einspringen. Alle nun neu eingebundenen Ressorts sollen darüber wöchentlich dem Lenkungsausschuss des Innenministeriums Bericht erstatten. De Maizières Plan sah vor, dass die Arbeit verteilt wird und er die Kontrolle behält.

Merkel gab de Maizière grünes Licht, einen formellen Vorschlag zu machen. In dem Papier, das der Innenminister auf Basis der neuen Aufgabenverteilung erstellte, tauchte der Begriff »Flüchtlingskoordinator« allerdings nicht auf. Ebenso wenig im daraus entwickelten dreiseitigen »Konzept zur Koordinierung der Flüchtlingslage«, das Altmaier wenig später ins Kabinett einbringt. Allerdings steht dort unter Punkt I.1.: »Die politische Gesamtkoordinierung ressortübergreifender Aspekte der aktuellen Flüchtlingslage erfolgt durch den Chef des Bundeskanzleramtes.«

De Maizière erkennt die Brisanz dieses Satzes nicht, weil er für ihn doch nur eine Normalität beschreibt: Der im Behördenjargon »ChefBK« abgekürzte Kanzleramtschef ist von Amts wegen für die Koordinierung zuständig, das ist schließlich seine eigentliche Aufgabe innerhalb der Bundesregierung. So hatte es de Maizière selbst vier Jahre lang gehalten, als ChefBK in Merkels erster Regierung von 2005 bis 2009 und damit schon enger Vertrauter der Kanzlerin. Altmaier war damals noch ein unbedeutender parlamentarischer Staatssekretär, der zuweilen über Merkels »Schwäche für dünne Männer« spottete, die ihm wegen seiner Korpulenz den Aufstieg ins Zentrum der Macht verweigere.

De Maizière erzählte als ChefBK keine Witze in der Öffentlichkeit. Er tat so gut wie gar nichts in der Öffentlichkeit. In diesen vier Jahren im Zentrum der Macht gab er nur zwei Interviews –

eines davon über die Kunst des Schweigens. Sein Credo war schon immer: Ein ChefBK kann die Ministerien nur effektiv koordinieren, wenn er selbst unsichtbar bleibt. Altmaier interpretiert die Rolle des ChefBK ganz anders. Er will nicht nur regieren, sondern auch zeigen, dass er regiert. Denn die ständige Vermittlung von Politik in der Öffentlichkeit ist heute eine Bedingung für ihren Erfolg. Glaubt jedenfalls Altmaier.

Er macht die Bewältigung der Flüchtlingskrise jetzt zu seinem persönlichen Projekt. Im Kanzleramt wird eine Stabsstelle eingerichtet – so verfügt Altmaier über einen kleinen, eigenen Apparat. Die Flüchtlingslage wird fortan als ständiger Tagesordnungspunkt in jeder Kabinettssitzung aufgerufen. Was angesichts der Lage wie eine Selbstverständlichkeit klingt, ist für Altmaier wichtig. Denn zu jedem Tagesordnungspunkt im Kabinett müssen die Ministerien zwei Tage vorher in der Staatssekretärsrunde berichten. Diese Sitzung leitet der Kanzleramtschef.

Die Meldung, Merkel habe de Maizière entmachtet, erreicht die Öffentlichkeit bereits, bevor das Konzept beschlossen ist. Merkel ist noch auf dem Rückflug aus Indien, da berichten Nachrichtenseiten im Netz detailliert über den Plan. Viel spricht dafür, dass Altmaier ihn selbst durchgestochen hat. Denn jetzt wird der Begriff »Flüchtlingskoordinator« geprägt und noch in der gleichen Woche zeigt Altmaier, wie er ihn interpretiert: Er deutet an, mit der SPD über die Einführung von »Transitzonen« zu sprechen, wo Balkanflüchtlinge auf ihre Ausweisung warten sollen. Nicht nur greift er überraschenderweise eine CSU-Forderung auf – er demonstriert, wer jetzt die Flüchtlingspolitik bestimmt.

Der Innenminister hat zu spät begriffen, dass er nicht wie geplant vom Kanzleramt entlastet, sondern von dessen Chef ausgebootet wurde. Angeschlagen war de Maizière ohnehin, jetzt aber droht ihm Totalverlust seiner Autorität. Schon am Abend nach dem Kabinettsbeschluss wird Merkel von Anne Will auf ihren »Noch-Innenminister« angesprochen und gefragt, ob sie de Maizière entlassen werde. Dieser ruhige Mann hat viel ertragen in der Flüchtlingskrise, die für ihn politisch wie persönlich zum Fiasko wurde. Aber erst jetzt spürt er Zorn und fordert Altmaier zu einem klärenden Gespräch. Es kommt zur Aussprache, aber sie bleiben unversöhnt. Schon seit Frühherbst belauern sich beide Politiker. Und sie erleben in der Folgezeit miteinander immer wieder böse Überraschungen. Die erste schon am Sonntag nach der Grenzöffnung: Obwohl er krank ist, reist de Maizière von Dresden nach Berlin und schleppt sich für eine Sitzung des Koalitionsausschusses ins Kanzleramt. Dieser tagt bis tief in die Nacht. Da die Bundesregierung zu diesem Zeitpunkt noch von der Verteilung der Flüchtlinge in ganz Europa träumt, kommt die Frage auf, was mit denen geschieht, die etwa nach Polen gebracht werden, aber dann von dort nach Deutschland weiterreisen.

De Maizière schlägt vor, solchen Flüchtlingen keine Sozialleistungen in Bargeld auszuzahlen, sondern ihr Existenzminimum nur durch bereitgestellte warme Mahlzeiten zu sichern. Obwohl einige Teilnehmer verfassungsrechtliche Bedenken äußern, wird der Plan verabschiedet und mit der Formulierung »Eine Sekundärmigration innerhalb von EU-Mitgliedsstaaten muss verhindert werden« in die Beschlüsse der Koalition aufgenommen. Als de Maizière am nächsten Morgen das Papier noch einmal studiert, sucht er den Satz vergebens. Er ruft im Kanzleramt an, denn die redaktionelle Bearbeitung von Beschlüssen im Koalitionsausschuss fällt ins Aufgabengebiet des Kanzleramtschefs. Altmaier hat den Satz, der de Maizière besonders wichtig war, schlicht weggelassen. Einfach vergessen, entschuldigt sich Altmaier kleinlaut.

Der nächste Streit droht, als sich nach der Einführung von Grenzkontrollen zwischen Österreich und Deutschland bald lange Schlangen an einigen Übergängen bilden. Die Österreicher vermuten nicht ohne Grund, dass die kontrollierende Bundespolizei durch Dienst nach Vorschrift den Zustrom de facto auf drei- bis viertausend Flüchtlinge am Tag begrenzen will. In Österreich kommen aber täglich zehntausend neue Flüchtlinge an. Die österreichischen Behörden reagieren, indem sie Migranten in Bussen bis kurz vor Passau fahren, wo sie unkontrolliert die Grenze überqueren können. Es verdichten sich außerdem Hinweise, dass die Österreicher vor allem unbegleitete Minderjährige nach Deutschland weiterschicken. Fälle werden dokumentiert, in denen Flüchtlinge in Österreich Asyl beantragen wollten, aber trotzdem nach Deutschland weitergereicht wurden.

Die Stimmung zwischen der deutschen und der österreichischen Polizei verschlechtert sich stündlich. Wenn die Behörden weiter gegeneinander arbeiten, droht der Zusammenbruch der öffentlichen Ordnung im Grenzgebiet. De Maizière versucht, mit seiner österreichischen Amtskollegin Johanna Mikl-Leitner die Lage zu klären. Keine leichte Aufgabe, denn die konservative ÖVP-Politikerin steht der Flüchtlingspolitik ihres SPÖ-Kanzlers kritisch gegenüber, und auch de Maizière tut sich schwer damit, das Durchwinken zu organisieren, das er für falsch hält.

Daraufhin macht Merkel den Vorschlag, die beiden Innenminister von dieser Aufgabe zu entbinden, Faymann schlägt ein. Nun fliegt Altmaier nach Wien und kann mit Faymann persönlich und dessen Kanzleramtschef Josef Ostermayer eine Vereinbarung erzielen: Sie verabreden fünf feste Grenzübergänge, die stündlich von einer festgelegten Anzahl von Migranten passiert werden dürfen. Außerdem bekommen die Beamten vor Ort feste Ansprechpartner auf der anderen Seite. Die Österreicher passen den Flüchtlingstransport diesen Vorgaben an und treffen später sogar ähnliche Verabredungen mit Slowenien und anderen Staaten auf der Balkanroute, wo die Migranten bald im Auftrag von offiziellen Stellen von Grenze zu Grenze gefahren werden. Panik und Unfälle an den Grenzen werden so vermieden. Kurioser Nebeneffekt: Die Schleuser werden kaum mehr gebraucht – ihre Funktion erfüllen die Staaten jetzt selbst.

Dieses System des staatlichen Flüchtlingstransportes über die Balkanroute wird verzahnt mit dem innerdeutschen System zur Bewältigung der Flüchtlingskrise, das nach Altmaiers Ernennung zum Flüchtlingskoordinator entsteht. Das Management der Krise wird nun auf gleich vier Schlüsselpositionen von Leuten getragen, die Merkel persönlich verpflichtet sind.

An der Spitze steht Altmaier, der über seine Staatssekretärsrunde den Druck auf alle Ressorts hoch hält, schnell Ergebnisse zu pro-

duzieren. Altmaier kommuniziert auch direkt mit den Ministerpräsidenten. Sein neuer »Koordinierungsstab Flüchtlingspolitik
(KSF) gehört organisatorisch zum Kanzleramt. Allerdings hat Merkel
in den zehn Jahren ihrer Kanzlerschaft so viele Kompetenzen an sich
gezogen, dass ihre Regierungszentrale aus allen Nähten platzt. Es
finden sich für die zwanzig Mitarbeiter der Stabstelle schlicht keine
Büros mehr in dem 19 000 Quadratmeter großen Gebäude.

Also lässt Altmaier auf der gegenüberliegenden Seite der Spree
Büros beziehen. In drei Referaten arbeiten dort erfahrene Beamte,
Juristen und Offiziere. Chef des KSF wird Jan Hecker, ein Richter,
den Altmaier vom Leipziger Bundesverwaltungsgericht ausleiht.
Hecker hat vorher jahrelang im Innenministerium gearbeitet und
dessen Referat »Ausländerrecht« geleitet. Als Altmaier im Innen-
ministerium Staatssekretär war, haben die beiden gemeinsam die
Aufnahme von 2500 christlichen Irakern in Deutschland organisiert.
Auch bei Altmaiers letzter Amtshandlung in dieser Funktion, der
Übernahme von Flüchtlingen aus Malta 2011, hat der Beamte Hecker
die entsprechende Anordnung unterschrieben.

Nun nimmt Hecker zweimal wöchentlich Anweisungen von
Altmaier entgegen und arbeitet ihm zu. Aber er wächst schnell auch
in Merkels engsten Beraterkreis hinein. So reist er mit ihr in die
Türkei und bereitet den Deal mit Erdoğan vor. Hecker erkundet in
Griechenland für Merkel den Aufbau der Hotspots. Selbst in die
Vorbereitung der EU-Ratsgipfel der Staats- und Regierungschefs,
die eigentlich die Domäne von Merkels europapolitischem Chef-
berater Uwe Corsepius sind, wird Hecker eingebunden.

Die operative Verantwortung ist zwar auf mehrere Ressorts verteilt, sie läuft aber im Innenministerium zusammen – so hatte es
de Maizière ja geplant. Dort ist die Staatssekretärin Emily Haber die
entscheidende Figur, sie leitet gleich zwei zentrale Gremien. Zweimal in der Woche treffen sich Abteilungsleiter von allen beteiligten
Ministerien unter ihrer Leitung. In diesem von einigen Beteiligten
stolz »Arbeitsmuskel« genannten Kreis werden die Fachentscheidun-
gen über Unterbringung, Transport und Ähnliches getroffen. Die
politischen Entscheidungen fallen im »Lenkungsausschuss«, in dem

sich jeden Freitag die Staatssekretäre aller Häuser ebenfalls unter Habers Leitung treffen. Ihre Position ist damit so stark, dass hier ein Gegengewicht des traditionell auf Sicherheit orientierten Innenministeriums zum Flüchtlingsmanagement des Kanzleramtes entstehen könnte. Aber nicht mit Haber.

Die 59-Jährige arbeitet zwar im Innenministerium, aber sie hat eine völlig andere politische Sozialisation: Haber ist Diplomatin. Sie begann als Expertin für die Sowjetunion, besitzt enorme Kenntnisse über die Türkei und war zuletzt als politische Direktorin im Auswärtigen Amt tätig. Mit sehr kurzem Draht zu Merkels außenpolitischem Chefberater Christoph Heusgen hat sie dort behutsam den unerfahrenen Außenminister Guido Westerwelle in Merkels Sinne gelenkt. Eine Außenpolitikerin also, mit besonderer Nähe zur Kanzlerin. Genau deshalb musste Haber auch 2013 das Auswärtige Amt verlassen, nachdem der Sozialdemokrat Frank-Walter Steinmeier dort einzog. Ihr Ehemann Hansjörg Haber wird allerdings weiter geduldet – und ausgerechnet im September 2015 zum Leiter der EU-Mission in der Türkei ernannt, die bei Merkels Deal mit Erdoğan noch wichtig wird. Das Ehepaar arbeitet jetzt also an beiden Enden des Flüchtlingsstroms.

Und auch für die vierte Schlüsselposition im Management der Flüchtlingskrise präsentiert Merkel einen Überraschungskandidaten. Frank-Jürgen Weise übernimmt das BAMF. Innenminister de Maizière konnte noch den Rücktritt seines Vorgängers Manfred Schmidt annehmen, die Ernennung Weises geht persönlich auf die Kanzlerin zurück. Weise ist der Mann, der aus der »Bundesanstalt für Arbeit«, einer Mammutbehörde für Arbeitsvermittlung, die effizientere »Bundesagentur für Arbeit« machte. Ein Reserveoffizier, der die Privatwirtschaft genauso kennt wie den öffentlichen Dienst und im politischen Berlin seit Jahren parteiübergreifend als Guru der Prozessoptimierung gilt. Merkel hat ihn aber vor allem als Leiter einer Kommission schätzen gelernt, die 2010 Vorschläge für eine »radikale Erneuerung der Bundeswehr« erarbeitete. In der Flüchtlingskrise bringt sich Weise, der 2015 eigentlich kurz vor der Pensionierung steht, selbst in Erinnerung, indem er schon im Sommer laut nachfragt, wie viele Flüchtlinge seine Bundesagentur für Arbeit eigentlich bald vermitteln müsse.

Da Weise weiterhin Chef der Arbeitsvermittler bleiben will, installiert ihn Merkel als unbezahlten neuen BAMF-Chef mit einer ungewöhnlichen rechtlichen Konstruktion, aber einer sehr klaren Mission: Die Behörde soll bald eine Million Asylbescheide im Jahr ausstellen. Im Vorjahr 2014 wurden insgesamt 97 415 Anträge entschieden. Weise soll den Output also verzehnfachen. Dafür rekrutiert er Personal von seiner Bundesagentur für Arbeit, von der Bundeswehr, holt Pensionäre zurück und stellt massenhaft neue Mitarbeiter ein. Weise erneuert viele Abläufe, schafft ein neues Computersystem an und lässt Übersetzer nicht mehr anreisen, sondern per Skype zu den Interviews mit den Flüchtlingen zuschalten. Er führt einen Flüchtlingsausweis ein, den jeder schon bei der Erstregistrierung erhält, womit Foto und Fingerabdrücke erfasst sind. Mit dem Personalrat verstrickt er sich rasch in zahlreiche juristische Scharmützel.

Es ist eine Revolution gegen das Beamtenrecht, gegen Gewohnheiten, aber auch gegen die Unvernunft, Flüchtlinge monate- oder jahrelang zur Untätigkeit zu verdammen, weil sie auf die Entscheidung über ihren Asylantrag warten. Und es ist eine Revolution gegen das Bundesinnenministerium, die »Mutterbehörde« des BAMF. Denn wie Altmaier, Hecker und Haber setzt auch Weise die ganz klare Priorität, so viele Flüchtlinge wie möglich so schnell wie möglich in die deutsche Gesellschaft zu integrieren. Für Verfahren, die langwierig sind, weil aus Sicherheitsgründen eine besonders gründliche Überprüfung erfolgt, hat er wenig Verständnis, noch weniger für eine vorsätzliche Verschleppung, um weitere Flüchtlinge abzuschrecken. Schon das normale rechtsstaatliche Verfahren dauert ihm zu lange.

Um das Tempo zu verschärfen, setzt Weise auf die Geheimwaffe der Berliner Politik: Unternehmensberater. Damit liegt er im Trend: In Merkels Kanzlerjahren vertrauen Minister und Behördenchefs immer häufiger auf die hochbezahlten Spezialkräfte, wenn sie dem eigenen Apparat Dampf machen wollen, an der Spitze steht dabei die Agentur McKinsey. Verteidigungsministerin von der Leyen stellte gar eine ehemalige McKinsey-Beraterin als Staatssekretärin ein, um das Rüstungsbeschaffungswesen neu zu organisieren. Die Flüchtlingskrise wird für die »Meckies«, wie sich die oft sehr jungen Berater von McKinsey selbst nennen, ein noch besseres Geschäft. Schon vor seiner Ernennung zum BAMF-Präsidenten lässt Weise von ihnen Vorschläge erarbeiten, wie die Abläufe beschleunigt werden könnten.

Im politischen Berlin brüsten sich die Meckies, die sonst eher für die Organisation von Entlassungen bekannt sind, mit ihrer neu entdeckten Menschenfreundlichkeit: Im Rahmen der Willkommenskultur schenken sie dem Staat Beratungsleistungen im Wert von über einer Million Euro. Beraterstunden für gut fünf Millionen Euro stellen sie der Bundesagentur für Arbeit dann aber in Rechnung. Im Oktober 2015 wird McKinsey eine Art Generalberater des BAMF: Seit der Grenzöffnung kassiert die Agentur nach Recherchen des »Spiegel« über 15 Millionen Euro. Als Merkel ein Jahr später ihre Politik anpasst und nun nach Wegen sucht, wie abgelehnte Asylbewerber auch tatsächlich außer Landes geschaffen werden können, bestellt sie dazu wieder ein Konzept bei Unternehmensberatern: Nun darf McKinsey für 1,8 Millionen Euro ein Konzept für die Optimierung von Abschiebungen schreiben.

Die einseitige Orientierung auf schnelle Ergebnisse im BAMF führt in der Praxis zu zahlreichen Reibereien mit de Maizières Ministerium. So plant Weise, alle Flüchtlinge möglichst rasch in einen Sprachkurs zu stecken – unabhängig von ihrem Status und ihrer Bleibeperspektive. Dagegen erheben die Beamten Einspruch: Wer nicht in Deutschland bleiben könne, solle gar nicht erst die Sprache lernen. Während Syrer, die in der Regel alle bleiben dürfen, vielerorts sofort Sprachkurse bekommen, müssen Afghanen, von denen die Hälfte zurückgeschickt wird, lange darauf warten. Weise plädiert auch für eine möglichst schnelle Familienzusammenführung, weil diese nach allen wissenschaftlichen Erkenntnissen die Integration fördert. Ende 2015 bringt das Innenministerium die Idee einer »Wohnsitzauflage« ins Spiel, damit auf ganz Deutschland verteilte

Flüchtlinge auch in kleinen Orten bleiben und nicht alle in die Großstädte ziehen, wo bereits arabische Parallelgesellschaften existieren. Auch hier spielt die Absicht eine Rolle, potenzielle Zuwanderer mit der Aussicht auf eine Existenz in der sächsischen Provinz abzuschrecken. Weise hält dagegen, weil er glaubt, dass es so für Flüchtlinge viel schwieriger sein wird, sich einen Arbeitsplatz zu suchen.

Im Oktober 2015, einen Monat nach der Grenzöffnung, hat Angela Merkel also auch die Abwicklung der Flüchtlingspolitik revolutioniert: Der Überzeugungstäter Altmaier, der Experte Hecker, die Diplomatin Haber und der Manager Weise – außer Hecker ist keine der Schlüsselfiguren ein klassischer Innenpolitiker. Die staatliche Perspektive auf Zuwanderung hat sich entscheidend verschoben: Deren Begrenzung wird nicht mehr als politische Gestaltungsaufgabe begriffen, es geht nicht mehr darum, die Entscheidung zu treffen und durchzusetzen, wer ins Land gelassen wird und wem der Zugang verwehrt bleibt. Schon Ende Oktober erklärt die Kanzlerin nach heftiger Kritik in einer Fraktionssitzung so genervt wie spontan: »Ist mir egal, ob ich schuld am Zustrom der Flüchtlinge bin. Nun sind sie halt da.« Jetzt gilt es, alle Kräfte zu bündeln, um den Zustrom möglichst effizient abzuwickeln. Der Staat wird zum gigantischen Logistikunternehmen.

Es ist ein sehr erfolgreiches Logistikunternehmen. Kein Flüchtling bleibt in diesem Winter ohne Obdach. Niemand hungert oder friert in Deutschland. Zehntausende werden medizinisch versorgt. Die Bundesregierung hatte das Land nicht auf den Ansturm vorbereitet, aber bei seiner Bewältigung versagt sie nicht.

Den Verantwortlichen in den Ländern ist das nicht genug – jedenfalls in den unionsgeführten. Die Innenminister von Bayern, Berlin, Hessen, Mecklenburg-Vorpommern, dem Saarland, Sachsen und Sachsen-Anhalt fordern schon Ende September in einem Brief an die Bundesregierung: Sollten die Nachbarstaaten weiter Flüchtlinge durchwinken, also kein europäisches Recht beherzigen, dann »muss auch Deutschland in der Zukunft davon abweichen und Artikel 16a Grundgesetz anwenden« – also Asylsuchende abweisen. Sie fordern »konsequente Rücküberstellungen – und zwar auch von Asylbewerbern aus Syrien«, also das Gegenteil von der Merkel-Altmaier-Politik.

Auch die Fachleute im Bundestag wollen das Ersetzen von Innenpolitik durch ein bloßes Flüchtlingsmanagement nicht hinnehmen. Die »Arbeitsgruppe Innen« der Unionsfraktion, also alle 17 Fachpolitiker von CDU und CSU, drängen auf eine Aussprache mit Merkel. Sie werden mehrfach vertröstet, bis Merkel sie schließlich am 13. Oktober um 9.30 Uhr gemeinsam mit Altmaier im großen Kabinettssaal des Kanzleramtes empfängt. Die Abgeordneten verlangen erneut Zurückweisungen an der Grenze, was Merkel als »nicht realisierbar« ablehnt. Das Konzept der Regierung stellt Altmaier vor: Die Balkanroute sei wie eine Pipeline, die leerlaufen müsse. Dies könne bis Anfang des kommenden Jahres erreicht werden, wenn die Türkei den Hahn zudrehe.

Dieses Szenario wollen die Innenpolitiker nicht akzeptieren.

In der Fraktionssitzung am gleichen Nachmittag kommt es vor über dreihundert Abgeordneten zum Showdown. Merkel muss erneut ihre Position darlegen und schließt genervt mit einer rhetorischen Frage: »Oder glaubt hier jemand ernsthaft, dass wir Flüchtlinge an der Grenze zurückweisen können?« Daraufhin rufen gleich mehrere Abgeordnete spontan »Ja«. Der Abgeordnete Clemens Binninger, früher selbst Polizist, meldet sich und widerlegt Merkels Angaben mit zahlreichen Beispielen aus der Praxis der Nachbarstaaten. Polen etwa weise sehr viele illegale Einwanderer ab. Auch der Abgeordnete Armin Schuster, ein langjähriger Bundespolizist, spricht nun, um der Kanzlerin »einmal aus der Praxis« zu berichten: Grenzkontrollen ohne die Möglichkeit der Zurückweisung »machen keinen Sinn«.

Merkel sei von den beiden regelrecht vorgeführt worden, berichten entsetzte Abgeordnete anschließend. Die Debatte dauert mehrere Stunden. Bei den eigenen Leuten scheint die Mehrheit für die Kanzlerin gefährdet. Der CSU-Innenpolitiker Hans Peter Uhl stellt sogar Merkels Kanzlerschaft in Frage: Wenn es »zu keiner Lösung« komme, werde es eine »Regierungsabwahl« geben, prophezeit er.

Wer sich nicht traut, auf Merkel direkt zu zielen, schießt auf
Altmaier. Lange war der leutselige Zweizentnermann in der CDU
nur ein geduldeter Außenseiter, bis er unter Merkel auch für ihn
selbst überraschend ins Zentrum der Macht vorstieß. Jetzt erinnern
sich viele, dass Altmaier immer schon anders tickte als ein klassischer Christdemokrat. Hat er nicht einst als junger Abgeordneter
schon für die Rehabilitierung von Wehrmachtsdeserteuren ge-
kämpft, für die Strafbarkeit von Vergewaltigung in der Ehe und für
Gespräche mit den Grünen – als dies alles in der Union noch Tabus
waren? Was seine Parteifreunde wirklich irritiert: Altmaier sorgt mit
seinem Flüchtlingsmanagement nicht nur dafür, dass Merkels Politik der offenen Grenzen funktioniert, er scheint von dieser Politik
auch tatsächlich überzeugt zu sein!

In der CSU-Zentrale kommt es zu einer Besprechung, in der
Altmaier als der eigentliche Ideengeber der Flüchtlingspolitik ausgemacht wird. Er sei ein »gefährlicher Mann« und stehe den Grünen in Wahrheit näher als der CSU, heißt es. Der konservative
«Spiegel»-Kolumnist Jan Fleischhauer schreibt: »Das Problem an
Altmaier ist, dass er sein Leben lang in der falschen Partei war – so
wie andere Leute ein Leben lang im falschen Körper stecken. Er
fühlte sich immer als Grüner. Aber weil er sich nicht traute, dies
offen zu leben, versucht er nun, seine Neigungen mit seinem Amt
zu versöhnen.«

Allerdings gehört die in der CDU seltene Qualifikation, gut mit
den Grünen zu können, zu Altmaiers Jobbeschreibung als Kanzleramtschef der Großen Koalition. Die Ökopartei ist zwar im Bundestag mit 8,4 Prozent die kleinste Oppositionspartei, regiert de facto
aber in der Flüchtlingspolitik mit. Denn sie ist in zehn von sechzehn
Landesregierungen als Koalitionspartner beteiligt – und kann so über
den Bundesrat alles blockieren.

Deshalb führte der Kanzleramtsminister mit dem Segen der
Fraktionschefs von Union und SPD schon seit 2013 Geheimverhand-
lungen mit den Grünen. Ein Jahr später gelang es ihm tatsächlich,
die Zustimmung für drei neue sichere Herkunftsländer zu bekommen: Serbien, Bosnien-Herzegowina und Mazedonien.

Doch der Preis war hoch. Denn die Grünen setzten im Gegenzug fast einen Systemwechsel in der Asylpolitik durch. Auch Asylbewerber, die nicht als Flüchtlinge anerkannt werden, sondern nur »subsidiär«, also behelfsmäßig, Schutz bekommen, sollten künftig ihre Familien nach Deutschland nachholen dürfen. Außerdem fiel die Residenzpflicht weg, also die Vorschrift, in einem bestimmten Landkreis zu leben, bis das Verfahren abgeschlossen ist. Auch das Arbeitsverbot wurde gestrichen: Mit Genehmigung der Arbeitsagentur durfte sich jetzt jeder schon nach drei Monaten in Deutschland einen Job suchen. Zudem sollten Asylbewerber eine Gesundheitskarte erhalten, also ganz normal krankenversichert werden.

Mit dem Versprechen von freier Wohnortwahl, Arbeit und Gesundheitsversorgung für Flüchtlinge kam der schwarz-rot-grüne Asylkompromiss einer Einladung an die Menschen in den Flüchtlingslagern des Nahen Ostens gleich. Das Gesetz über den erweiterten Familiennachzug trat am 1. August 2015, also unmittelbar vor der großen Welle, in Kraft. Im Oktober 2015 erreicht Altmaier, dass die Grünen endlich auch einverstanden sind, Kosovo, Albanien und Montenegro zu sicheren Herkunftsländern zu erklären. Doch es ist zu spät: Die Balkanroute wird jetzt schon von Arabern, Afghanen und Pakistanern genutzt.

Je unpopulärer Altmaier bei den eigenen Leuten wird, desto populärer wird de Maizière: Stand der Innenminister bisher wegen mangelhafter Vorbereitung auf die Masseneinwanderung in der Kritik, wird er jetzt in der eigenen Partei als Gegner der Politik der offenen Grenzen wahrgenommen. Immer noch von chronischem Husten geplagt, tritt de Maizière Anfang November zur Erholung einen Kurzurlaub an. Das merkt in Berlin niemand, weil alle Augen auf das Kanzleramt gerichtet sind, wo Merkel und Seehofer gerade ein ganzes Wochenende lang um eine gemeinsame Linie der Unionsparteien ringen. Doch dann erscheint am nächsten Tag die »Bild«-Zeitung mit der Schlagzeile: »Der Flüchtlings-Minister flüchtet vor der Krise nach Mallorca«. Zwei Reporter haben de Maizière im Hotel aufgestöbert, fotografiert und ihn mit der Frage konfrontiert: »Warum sind Sie denn nicht in Berlin?« Seine

Frau Martina gab die Antwort: »Sie können mich gerne mal fragen, in welchem Zustand mein Mann dauernd ist und wie nötig es ist, dass er sich mal ein paar Tage ausruht«. Der stellvertretende Chefredakteur des Blattes, Béla Anda, kommentiert: »Instinktlos! Cappuccino schlürfend sitzt er auf der Sonneninsel, während zeitgleich die GroKo in Berlin versucht, die Flüchtlingskrise zu lösen.«

In der Union wird spekuliert, dass de Maizière mit einem vermeintlichen Skandal abgeschossen werden sollte, weil er der Politik der offenen Grenzen im Weg steht. Als Anda zwei Monate später die »Bild«-Zeitung verlässt, konstruiert das Magazin »Cicero« einen Zusammenhang mit der »Kampagne gegen Innenminister Thomas de Maizière« und fragt: »Aber wer hatte Anda zuvor den Tipp gegeben? Ein Name fällt da in Berlin besonders oft: der von Peter Altmaier, Flüchtlingskoordinator und Kanzleramtsminister.« Die Formulierung ist bewusst so gewählt, dass sie nicht gegendarstellungsfähig ist. Wenn Altmaier öffentlich widerspricht, verschafft er der Behauptung zusätzliche Aufmerksamkeit, ohne ihr Gegenteil beweisen zu können.

Während die Medien diskutieren, ob der Innenminister sich zur Rekonvaleszenz einen Mallorca-Urlaub erlauben darf, inspiziert der Flüchtlingskoordinator medienwirksam die deutsch-österreichische Grenze in Passau. »Es ist längst nicht alles so organisiert, wie es im Interesse der Grenzregion organisiert sein müsste«, kritisiert Altmaier kaum verhohlen den bisher Verantwortlichen und macht klar, dass jetzt eine neue Ära beginnt: »Unser Ziel ist es, dass wir sehr schnell an die Arbeit gehen – lieber mit einem Provisorium beginnen, aber Sorge tragen, dass die Polizeiverantwortlichen wirklich an einem Tisch sitzen.« Die dem Innenministerium zugeordnete Bundespolizei wird gebeten, künftig das tägliche Lagebild auch direkt ans Kanzleramt zu schicken. Der Innenminister spielt keine Rolle mehr. Zum Koalitionsausschuss am 5. November wird er nicht einmal mehr eingeladen – obwohl es um die Einführung von »Transitzentren« an der Grenze oder »Registrierzentren« geht und de Maizière der eigentlich Zuständige ist.

Merkel, Seehofer und Gabriel glauben jetzt auf ihn verzichten zu können. Aber sie täuschen sich. Sie haben den entmachteten Minister unterschätzt. Der ist zwar nicht mehr in die Entscheidungen eingebunden, aber er verändert diskret die Entscheidungsgrundlagen. Was undramatisch klingt, ist ein Machtkampf, der gewaltige Folgen hat – für Zehntausende Flüchtlinge.

»Zur besseren Bewältigung der aktuellen Situation soll der Familiennachzug für Antragsteller mit subsidiärem Schutz für einen Zeitraum von zwei Jahren ausgesetzt werden«, heißt es in dem schriftlichen Beschluss der Parteivorsitzenden. Als »Subsidiäre« werden Migranten genannt, die weder als politisch Verfolgte noch als Kriegsflüchtlinge anerkannt sind, aber wegen der schwierigen Lage in ihren Heimatländern trotzdem bleiben dürfen.

Im August 2015 hatte die Große Koalition den Familiennachzug für die »Subsidiären« eingeführt. Nun wird er schon wieder abgeschafft. Die Flüchtlinge, die sich über die Balkanroute nach Deutschland durchgeschlagen haben, um später legal ihre Angehörigen nachzuholen, stehen vor den Trümmern ihrer Hoffnungen. Aber wer genau ist betroffen? Ein großer und immer noch wachsender Teil der in diesen Tagen täglich zu Tausenden nach Deutschland kommenden Migranten stammt aus Syrien oder behauptet das. Sie alle werden pauschal als Flüchtlinge nach der Definition der Genfer Konvention eingestuft. Das bedeutet, sie müssen keine individuelle Verfolgung nachweisen, erhalten eine Aufenthaltsgenehmigung für drei Jahre und dürfen ihre Familien nachholen.

Daran wird sich auch künftig nichts ändern – denken die Parteivorsitzenden. »Das gilt doch nicht für Syrer?«, fragt Sigmar Gabriel im Koalitionsausschuss sogar explizit die Kanzlerin, als es darum geht, den Familiennachzug für Subsidiäre auszusetzen. »Nein«, für Syrer gelte das nicht, bestätigt ihm Merkel, über die müsse man vielleicht noch einmal später reden. Doch die Kanzlerin und ihr Vize irren. Sie haben die Rechnung ohne ihren entmachteten Innenminister gemacht.

Anfang der Woche hat das Innenministerium das Bundesamt für Migration und Flüchtlinge angewiesen, syrischen Flüchtlingen nicht mehr pauschal Bleiberecht zu gewähren, sondern ab sofort wieder jeden Einzelfall zu prüfen. Wer keine individuelle Verfolgung nachweisen kann, bekommt nur noch subsidiären Schutz. Weder Flüchtlingskoordinator Altmaier noch sonst jemand aus dem Kanzleramt hat den Beschluss gegengezeichnet. Es hätte auch gar nichts zum Gegenzeichnen gegeben, die Weisung erging telefonisch vom Leiter der Abteilung Migration im Innenministerium, Norbert Seitz, an den Vizepräsidenten des Bundesamtes, Michael Griesbeck. Deshalb ist dies ohne Zweifel die geltende Rechtslage, als sich die Parteivorsitzenden verständigen: Syrer erhalten in der Regel nur noch subsidiären Schutz.

Ohne es zu wissen, hat die Flüchtlingskanzlerin also in der Nacht beschlossen, dass die Hauptgruppe der Flüchtlinge vorerst ihre Familien nicht mehr nachholen darf.

Die SPD kann es kaum glauben, Gabriel fürchtet, von Merkel hereingelegt worden zu sein. Wütend ruft er am Freitag, dem 6. November, im Kanzleramt an, wo er zunächst nur Altmaier erreicht. Der Flüchtlingskoordinator muss eingestehen, er habe »persönlich nicht gewusst«, dass die größte Flüchtlingsgruppe seit dieser Woche anders behandelt wird. Auch Merkel beteuert wenig später Gabriel gegenüber ihre Unkenntnis. Hat der entmachtete Innenminister absichtlich niemanden informiert? De Maizière gibt sich unschuldig: Er habe nichts geheim gehalten, sondern bereits in der letzten Fraktionssitzung mitgeteilt, dass sein Ministerium die Rückkehr zur Einzelfallprüfung angewiesen habe. Dies entspricht der Wahrheit – allerdings hatte er diese Mitteilung in einer Antwort auf eine Abgeordnetenfrage ziemlich am Ende der Sitzung versteckt.

»Man unterrichtet keine Kanzlerin, indem man in der Fraktion etwas vor sich hin nuschelt«, wird aus dem Kanzleramt als Parole an die Journalisten ausgegeben, um den offensichtlichen Umstand zu verschleiern, dass Merkel, Altmaier und ihre Mitarbeiter diesmal nicht aufgepasst haben. Und de Maizière denkt überhaupt nicht daran, einen Rückzieher zu machen. Er fliegt am Freitag nach Albanien, um dort in aller Öffentlichkeit deutlich zu machen, dass Asylbegehren in Deutschland jetzt aussichtslos sind. Zwei Journalisten, die er mitnimmt, erklärt er schon auf dem Hinflug, dass er den Beschluss der Parteivorsitzenden sehr begrüßt – unabhängig davon, ob diese verstanden haben, was sie beschlossen haben. Vor dem Rückflug am Flughafen in Tirana gibt er ein Radiointerview, dessen zentrale Stelle wenig später als O-Ton in allen Nachrichtensendungen läuft: »Andere Staaten geben in solchen Lagen auch nur eine Sicherheit für den Aufenthalt für eine bestimmte Zeit. Und das werden wir in Zukunft mit den Syrern auch tun, indem wir ihnen sagen: Ihr bekommt Schutz, aber den sogenannten subsidiären Schutz – das heißt, zeitlich begrenzt und ohne Familiennachzug.«

Ohne Familiennachzug – damit zielt de Maizière einerseits auf das Geschäftsmodell der kriminellen Schlepper: Sie sammeln die Ersparnisse ganzer Familien, die einen – oft minderjährigen – Sohn losschicken in der Hoffnung, später gemeinsam umsiedeln zu können. Aber zugleich sendet er eine harte Botschaft an die Hunderttausende Flüchtlinge, die schon in deutschen Erstaufnahmeeinrichtungen auf ihre Anerkennung oder sogar erst den Beginn ihres Verfahrens warten. Sie sollen ihre Familien auf lange Zeit nicht nachholen können, auch wenn die deutsche Politik ihnen genau dies vor kurzem noch versprochen hat.

Und es ist schließlich ein politisches Signal: Mag die Kanzlerin auch einen Flüchtlingskoordinator eingesetzt haben, der die Migration managen soll – der Innenminister macht weiter Innenpolitik. Noch in Tirana erklärt er, die Zahl der Flüchtlinge sei ohnehin schon so groß, dass die Aussetzung des Familiennachzugs »ein zusätzliches Zeichen« sei, »um zu sagen: Die Zahl muss begrenzt werden.« Das Zeichen zur Begrenzung, das Merkel nie setzten wollte: Begehrt der Entmachtete gegen seine Entmachtung auf?

Niemand hätte de Maizière dies zugetraut. Denn in seinem Auftreten und in seinen Äußerungen kultiviert er das altmodische Bild eines Politikers, der ganz in seinem Amt, auf seinem Posten und seinem Platz im Apparat aufgeht: »In der Pflicht« hieß schon die Autobiographie seines Vaters Ulrich de Maizière, der als junger Generalstabsoffizier der Wehrmacht buchstäblich bis zum Zusammenbruch im Führerbunker verharrte und später als Generalinspekteur der oberste Soldat der Bundeswehr wurde.

De Maizières Onkel Clemens spielte in der DDR eine führende Rolle in der evangelischen Kirche und diente dem SED-Staat auch als Inoffizieller Mitarbeiter der Staatssicherheit. Sein Cousin Lothar war der erste und letzte frei gewählte Ministerpräsident der DDR. Das »Familienprinzip, sich vom Staat in die Pflicht nehmen zu lassen«, beschrieb der Journalist Uwe Müller, der die Geschichte dieser deutschen Familie aufgeschrieben hat, als prägend auch für Thomas de Maizière.

Und so einer begehrt gegen seine Kanzlerin auf? Aus de Maizières Perspektive ist dies nicht der Fall. Er empfindet es als seine Pflicht, auf seiner verfassungsmäßigen Zuständigkeit zu beharren. Mit einer fast unpolitischen Sturheit ignoriert er, dass seine Kanzlerin mit der Einsetzung eines Flüchtlingsmanagements neue Fakten jenseits der Geschäftsordnung der Bundesregierung geschaffen hat. Er wehrt sich nicht gegen seine Entmachtung, er ignoriert sie einfach.

Doch schon auf dem Rückflug aus Albanien wird er zurechtgestutzt. Noch bevor er in Berlin landet, rudert de Maizières Ministerium zurück: »Es gibt keine Änderung bei der Genehmigungspraxis für syrische Flüchtlinge«, muss die Pressestelle jetzt behaupten. Um die offensichtliche Lüge kommt man nur mit einem Trick herum: Da die Anweisung des Ministeriums an das Bundesamt nicht zu leugnen ist, wird nun erklärt, sie sei von diesem noch nicht an seine Außenstellen weitergegeben worden.

Der Kotau des Ministeriums reicht nicht. Nun meldet sich Merkels Regierungssprecher Steffen Seibert per Twitter: »betr. Schutz für syrische Flüchtlinge: Eine Änderung d. Entscheidungspraxis d. BAMF ist noch nicht erfolgt. Es bleibt bei bisheriger Praxis«. Es ist eine Ohrfeige für de Maizière, denn die ganze Republik hört zu jeder vollen Stunde in den Radionachrichten, dass der Innenminister gerade das Gegenteil erklärt hat. Schließlich verkündet auch noch Altmaier seinen Sieg in Twitter-Grammatik: »Wichtig: BMI hat vorhin klargestellt, dass Entscheidungspraxis des BAMF für Flüchtlinge aus Syrien nicht ändert.«

Doch der Gipfel der Demütigung steht de Maizière noch bevor. Nach seiner Landung in Berlin muss er seine Worte auch noch persönlich zurücknehmen. Er gibt wieder ein Radiointerview – und erklärt: »Es gibt keine Änderung bei der Genehmigungspraxis für syrische Flüchtlinge. Anfang der Woche hatten wir eine solche Änderung vorgesehen.«

Am Sonntag muss de Maizière im Kanzleramt vorsprechen und sich gegenüber Merkel erklären. Der prominenteste Innenpolitiker des Bundestages, Wolfgang Bosbach (CDU), kommentiert die Wende mit einer rhetorischen Frage: »Wer trägt eigentlich noch die Verantwortung für die innenpolitischen Entscheidungen? Ist es das Innenministerium oder das Kanzleramt?«

Spätestens jetzt weiß jeder, dass de Maizière nicht mehr Herr im eigenen Haus ist. Schon vorher wurde im politischen Berlin gewettet, dass Merkel de Maizière bald entlassen wird. Nun findet sich kaum noch jemand, der dagegen hält.

9
Schäubles Sonderauftrag

Jetzt greift Wolfgang Schäuble ein. Seit zehn Wochen, seit der Grenzöffnung, hat er geschwiegen, wenigstens in der Öffentlichkeit. Doch unter vier Augen hat er der Kanzlerin erklärt, was sie tue, sei zu wenig, und was sie sage, sei das Falsche. Er hat das CDU-Präsidium hinter verschlossenen Türen vor Selbstbetrug gewarnt: Die Stimmung an der Basis sei mitnichten von christlicher Willkommenskultur geprägt, sondern im Gegenteil »dramatisch«. Andeutungen hat Schäuble so formuliert, dass daraus keine Schlagzeilen wurden, aber jeder, der wollte, konnte es verstehen: Der Finanzminister, Ex-Innenminister, ehemaliger Kanzleramtschef und erfahrenste deutscher Politiker, hält das Management der Flüchtlingskrise für ein Desaster. Er spricht nur wenige Sätze, aber diese drehen die Mehrheit in der CDU, erschüttern Merkels Macht und stellen die Flüchtlingspolitik vom Kopf auf die Füße. Und nebenbei retten sie auch de Maizière. Nach Schäubles Urteil agiert sein Nachfolger im Innenministerium in der Flüchtlingskrise viel zu passiv und zeitweise sogar unglücklich. Aber Schäuble ist ein eiserner Verfechter des im Grundgesetz festgeschriebenen Ressortprinzips, also des Grundsatzes, dass jeder Minister die Politik in seinem Ressort eigenverantwortlich betreibt. Die Einsetzung eines Flüchtlingskoordinators hält er für überflüssig, ja sogar kontraproduktiv. Und als schwer erträgliche politische Wurstigkeit empfindet er die Tatsache, dass ein nachgeordneter Beamter wie Regierungssprecher Steffen Seibert über das Internet-Medium Twitter die Erlasslage eines deutschen Ministeriums ändern darf.

Schäuble ist am 8. November 2015 in der ARD-Sendung »Bericht aus Berlin« zu Gast. Der Auftritt ist schon seit Wochenanfang geplant, aber erst am Samstag hat Schäuble entschieden, dass er ihn nutzen will, um sein Schweigen zu brechen. Er tut dies nicht, um Merkel zu schaden. Aber mit der öffentlichen Rücknahme der Einschränkung des Familiennachzugs für Syrer ist aus seiner Sicht einmal mehr das genau falsche Signal kommuniziert worden: Ihr könnt weiter alle kommen. Diese Botschaft kann sich Deutschland nicht mehr leisten.

Schäuble weiß, welche Wirkung sein Auftritt haben wird, er schickt eine Vorwarnung an Sigmar Gabriel. Der Vizekanzler wird in der gleichen Live-Sendung nach ihm interviewt und soll nicht überrascht werden. Merkel dagegen erhält von Schäuble keinen Hinweis vorab. »Unsere Aufnahmekapazität ist ja nicht unbegrenzt«, erklärt Schäuble ganz ruhig, fast beiläufig, als spreche er eine Selbstverständlichkeit aus. Die Sprachfärbung seiner badischen Heimat verstärkt noch den Eindruck der Harmlosigkeit, der in scharfem Kontrast zu seinem dramatischen Befund steht: »Der Zustand, den wir jetzt haben, ist nicht erträglich – für niemanden.« Als ihn die Interviewerin Tina Hassel auf die Einschränkung des Familiennachzugs von Syrern anspricht, die Altmaier gerade in Merkels Namen verworfen hat, stellt Schäuble fest, es handele sich um »Kriegsflüchtlinge« – »da kann man den Familiennachzug ausschließen.« Das sei schon deshalb geboten, »damit in Syrien klar ist, es können nicht alle nach Deutschland kommen.« Es seien »falsche Bilder« gesendet worden: »In den Ländern, wo die Flüchtlinge herkommen und wo man sich Illusionen macht«, frage man sich: »Warum bleiben wir eigentlich noch in Syrien? Wenn wir so willkommen sind?«

Verlässt Schäuble damit die Linie der Kanzlerin? Auf Nachfrage der Moderatorin weicht er aus und lobt Merkels Engagement für eine internationale Lösung. Schäuble hält sein Eingreifen für dringend notwendig, aber er will den Eingriff minimalinvasiv durchführen, möglichst schonend für die Autorität der Kanzlerin. Das unterscheidet seine Intervention von den brachialen Attacken Seehofers: Während der CSU-Chef immer lauter schimpfen muss, um zu verdecken, dass er nichts erreicht, setzt Schäuble einen Wirkungstreffer.

Es ist, als wäre ein Bann gebrochen. Die CDU stellt sich sofort auf Schäubles Seite, zuerst die stellvertretende Parteivorsitzende Julia

Klöckner öffentlich am nächsten Morgen, dann im Parteipräsidium Parteivize Volker Bouffier und die ostdeutschen Ministerpräsidenten Stanislaw Tillich und Reiner Haseloff. Als sich sogar der merkeltreue Fraktionsvorsitzende Kauder für die Begrenzung des Familiennachzugs ausspricht, ist die Machtprobe entschieden. Das Präsidium beschließt den vom Kanzleramt verworfenen Vorschlag de Maizières einvernehmlich. Auch Merkel selbst hält nicht dagegen.

Allerdings versucht sie noch ein Ausweichmanöver: Sie erklärt, die Bundesregierung möge die Innenministerkonferenz in die Entscheidung einbeziehen. Sollen doch die dort versammelten Landespolitiker das Stoppsignal senden. Doch die denken gar nicht daran. Die Entscheidung liege in der Verantwortung der Bundesregierung, erklärt der Vorsitzende der Innenministerkonferenz, der Sozialdemokrat Roger Lewentz. Wie schon bei der verpassten Grenzschließung ist jedem klar, was getan werden muss. Und wieder will niemand die Verantwortung übernehmen.

Es geht dabei vor allem um ein politisches Signal. Denn tatsächlich findet der Familiennachzug, den die Union für zwei Jahre aussetzen will, innerhalb dieser Frist ohnehin kaum statt. Wer aus Syrien zu Verwandten nach Deutschland will, muss sich durch das Kriegsgebiet einen Weg nach Beirut oder nach Ankara bahnen, um dort in den Visastellen der deutschen Vertretungen vorstellig zu werden. Die sind allerdings so überlastet, dass man schon vor dem großen Ansturm 2015 mehr als ein Jahr lang auf einen Termin warten musste, um überhaupt nur gehört zu werden. Das vom Sozialdemokraten Frank-Walter Steinmeier geleitete Auswärtige Amt nimmt diese Abschreckung durch administrative Überforderung zumindest in Kauf und unternimmt nichts, den Familiennachzug der Millionen Wirklichkeit werden zu lassen.

Schäuble hat Merkel mit seiner Intervention gleich doppelt die Grenzen aufgezeigt: Zum einen steht das von ihr installierte Flüchtlingsmanagement von Altmaier, Hecker, Haber und Weise nicht über den verfassungsmäßigen Zuständigkeiten innerhalb der Bundesregierung. Zum anderen unterwirft sich die CDU als Partei nicht mehr der bedingungslosen Willkommenskultur, sondern besteht darauf,

dass wieder unterschieden wird, wer welchen Schutz wie lange benötigt. Und Schäuble legt nach. Zwei Tage später vergleicht er die
Flüchtlingskrise mit einer Lawine. Wieder scheinbar beiläufig, auf
einer Diskussionsveranstaltung über europäische Politik, sagt er:
»Lawinen kann man auslösen, wenn irgendein etwas unvorsichtiger
Skifahrer an den Hang geht und ein bisschen Schnee bewegt«. Wer
gemeint ist, wissen alle. Schäuble wird es nie aussprechen und den
Vergleich auch nicht wiederholen. Aber das ist auch nicht nötig. Er
hat Merkel ein für alle Mal als Verursacherin markiert.

»Die Bundeskanzlerin hat die Lage im Griff«, spricht Angela
Merkel am Ende dieser dramatischen Woche über sich selbst in der
dritten Person. Eine Selbstverständlichkeit ist ihre Autorität nicht
mehr, nachdem die CDU beim Familiennachzug zum ersten Mal
gegen die Flüchtlingspolitik der Kanzlerin entschied. Im Fernsehinterview ringt sich Merkel ein Lächeln ab und erklärt: »Wolfgang
Schäuble ist eine Klasse für sich.« Ihr fehlt die Kraft, um ihn in die
Schranken zu weisen.

Das Gespräch zwischen Angela Merkel und Wolfgang Schäuble
über die Flüchtlingskrise hat lange vor seiner öffentlichen Intervention, ja sogar noch vor der Grenzöffnung begonnen. Die Kanzlerin
wird es später so darstellen, als habe sie den Rat des Älteren gesucht.
Doch der erste Impuls ging von Schäuble aus. Im Juli sprechen die
beiden zum ersten Mal lange über das Thema Flüchtlinge, noch im
Sommer folgt ein zweites Gespräch, im September wird das wöchentliche Frühstück der Unionsminister im Kanzleramt zu einem
monothematischen Dialog vor Zuhörern, wobei nur de Maizière
und von der Leyen gelegentlich Stichworte einwerfen. Prinzipiell
stimmen Merkel und Schäuble überein: Eine einfache Lösung an
der deutschen Grenze kann es nicht geben. Deshalb ist die Hoffnung in der CSU, Schäuble werde sich offen auf die Seite Seehofers
schlagen, von Anfang an eine Illusion. Doch bei aller prinzipiellen
Übereinkunft: Schäuble findet, dass diese Kanzlerin in ihrem konkreten politischen Handeln monatelang so ziemlich alles falsch
macht, was man falsch machen kann.

Schon im ersten Gespräch im Juli zeigt sich ein Grundkonflikt. Schäuble drängt Merkel zur politischen Initiative, aber sie zögert – erst in ihrem Urlaub im August vollzieht Merkel für sich die Wende vom Beharren auf dem alten Dublin-System hin zur europäischen Lösung. Aber Schäuble zielte bereits im Juli darüber hinaus. Er hat die Türkei als Schlüsselland ausgemacht. Im Kern schlägt Schäuble schon damals vor, was Monate später als »Merkel-Plan« durch die Medien geistert. Schäuble rät Merkel dringend, Erdoğan persönlich zu treffen, aber sie wehrt sich noch gegen den Plan, der später ihren Namen tragen wird. Sie verweist auf Erdoğans Krieg gegen die Kurden und seinen robusten Umgang mit Kritikern und Journalisten. Die deutsche Öffentlichkeit, so ihre Sorge, würde ein Bündnis mit einem solchen Partner nicht gutheißen, schon gar nicht zum Zweck, Flüchtlinge aus Deutschland fernzuhalten.

Schäuble drängt, diese Bedenken beiseitezuschieben. Er sagt Merkel schon damals, was er Monate später, im Februar 2016, in einer denkwürdigen Fraktionssitzung auf eine einfache Formel bringen wird: Deutschland brauche den Deal mit Ankara, »whatever it takes«, also: um jeden Preis. Schäuble fällt nicht zufällig ins Englische: Es sind die gleichen drei Worte, mit denen der Präsident der Europäischen Zentralbank, Mario Draghi, vier Jahre zuvor den Euro rettete, indem er ankündigte, Staatsanleihen aufzukaufen, obwohl dies mit dem Mandat seiner Institution eigentlich unvereinbar ist. In der Flüchtlingskrise, meint Schäuble also, müsse Merkel für den Türkei-Deal tun, was sie eigentlich nicht tun darf. Als die Kanzlerin im Juli, im August und noch im September zögert, fällt Schäuble einmal seufzend in seinen Heimatdialekt: »'s hilft nix!«

Schäuble leidet fast körperlich unter Merkels Zögern. Seinen Gemütszustand lernt eine überraschte Gruppe von Europaabgeordneten kennen, die sich im Sommer aus anderem Anlass mit Schäuble verabredet hat. Schäuble herrscht sie fast an, ihr Parlament sollte endlich aktiv werden: »Warum schlagt ihr nicht Krach? Warum macht ihr nicht wenigstens eine Sondersitzung zu den Flüchtlingen?« Die Antwort frustriert Schäuble noch mehr: In den Sommerferien seien Sitzungen des Europäischen Parlamentes unmöglich, weil alle Übersetzer im Urlaub seien.

In seiner Verzweiflung wird Schäuble schließlich selbst aktiv. Während in den Sommerferien trotz dramatisch steigender Flüchtlingszahlen nicht nur in Brüssel, sondern auch im Kanzleramt und im Innenministerium wie gewohnt nur eine Stallwache zurückgeblieben ist, überrascht Schäuble einige Spitzenbeamten in seinem Finanzministerium mit einem Sonderauftrag. Sie sollen ihm ein Lagebild zur Flüchtlingskrise erstellen. Der Finanzminister will sich – wenn er schon nicht selbst handeln darf – wenigstens in der Analyse unabhängig machen vom zuständigen Innenministerium und vom Kanzleramt. Dazu wird sogar der Staatssekretär des Auswärtigen Amtes, Stephan Steinlein, ein Sozialdemokrat, ins Finanzministerium eingeladen, um mit Schäuble und seiner Leitungsrunde Erkenntnisse und Einschätzungen abzugleichen.

Aber dabei bleibt es nicht. Schäuble arbeitet mit ganz wenigen Vertrauten eine Strategie aus, was die Bundesregierung zur Bewältigung der Krise tun muss. Es gibt diese Strategie sogar schriftlich. Mit diesem »Non-Paper«, also einem Dokument ohne Briefkopf und Unterschrift, das offiziell nicht existiert und deshalb auch nicht zu den Akten genommen wird, geht Schäuble in sein zweites wichtiges Gespräch mit der Kanzlerin über die Flüchtlingskrise.

In diesem Dokument werden drei »Sicherheitsringe« definiert, die Deutschland in der Flüchtlingskrise schützen sollen: Der »erste Ring« sind die »Nachbarregionen Europas«. Ganz zu Anfang steht eine »engere Kooperation mit der Türkei, mit dem Ziel, den Zustrom der Flüchtlinge zu verringern«. Aber auch die »Errichtung von europäisch finanzierten Auffanglagern in der Türkei und Ägypten/Nordafrika« schlägt Schäuble Merkel vor. Die »Schaffung von Schutzzonen in Syrien« ist als einziger Punkt mit einem Fragezeichen versehen – so lautet nämlich ein Vorschlag Erdoğans mit dem Kalkül, arabische Flüchtlinge im Gebiet der Kurden anzusiedeln, um dieses zu destabilisieren. Unter der Überschrift »Der zweite Ring – die europäischen Außengrenzen« sieht das Schäuble-Dokument bereits die Einrichtung von »Hotspots in Griechenland (u.a. Kos/Lesbos) und Italien (Lampedusa)« vor. Aber zudem ist auch vermerkt, wozu die EU sich bis heute nicht durchgerungen hat: »Seenotrettung: Zufuhr *nur* zu den auf den Inseln gelegenen Hotspots« (*Hervorhebung im Orginal, R.A.*) und »Effektive Zugangskontrollen an der Schengen-Außengrenze zu den Balkanstaaten, ggf. von dort europäische Rückführung in die außereuropäischen Auffanglager«.

Unter der Headline »Der dritte Ring – Deutschland und der Schengenraum« findet sich neben den Stichworten »Konsequente und umfassende Abschiebung ausreisepflichtiger Ausländer«, »Integrationskodex für Flüchtlinge«, »Europäische Migrations-Datenbank, insb. auch zur Verhinderung wiederholter Einreise« auch die Forderung nach »Beschränkung Familiennachzug für Bürgerkriegsflüchtlinge«, die Schäuble im November mit Hilfe seines Fernsehinterviews durchsetzt.

Schäuble trägt Merkel die Strategie im Sommer vor. Ob er ihr auch die schriftliche Ausarbeitung übergibt, wissen nur die beiden. Führende Beamte im Kanzleramt beginnen in Hintergrundgesprächen ebenfalls von »Sicherheitsringen« um Deutschland zu sprechen. Aber Merkel macht sich den vollen Inhalt erst zögernd zu eigen. Zu spät und zu halbherzig, wie Schäuble findet. Vor allem der Abschnitt »nächste Schritte«, der kursiv am Ende des Dokumentes angefügt ist, erhält in der Rückschau eine bittere Note. »Wir müssen schnell kommunizieren, dass der Zugang begrenzt ist – und dies auch sichtbar unter Beweis stellen. Es zählen Taten, nicht Worte«. Das letzte Stichwort des letzte Punktes des Schäuble-Dokumentes lautet: »Wir müssen deutlich machen, dass wir einen Plan haben!«

Schäubles Plan für die Lösung der Flüchtlingskrise erwächst nicht nur aus dem speziellen Zusammenführen von Informationen und ihrer Analyse, die das Kanzleramt oder das Innenministerium bis dahin versäumt hatten. Schäuble bringt auch seine politische Erfahrung ein, besonders beim EU-Türkei-Abkommen. Dessen Kern ist die Idee, die Grenze der EU von außen schützen zu lassen. Diese Idee wird bald als besonders innovatives Konzept eines Think-Tanks in Brüssel und Berlin gehandelt, dabei ist sie schon ziemlich alt, genau genommen dreißig Jahre.

Damals ging es noch nicht um die EU, sondern um die alte Bundesrepublik. Und deren Grenzschützer, der Asylbewerber draußen halten sollte, hieß nicht Recep Tayyip Erdoğan – sondern Erich Honecker. Mitte der achtziger Jahre, als die Bundesrepublik ihre erste Flüchtlingskrise erlebte, war Wolfgang Schäuble Kanzleramtschef. Damals waren es keine Syrer und keine Menschen vom Balkan, die massenhaft als Flüchtlinge nach Westdeutschland drängten, sondern Tamilen, eine Volksgruppe auf der Flucht vor einem Bürgerkrieg im asiatischen Sri Lanka, vom buchstäblich anderen Ende der Welt. Aber von dort gab es Flugverbindungen nach Ostberlin, wo man als Ausländer nur in die S-Bahn umsteigen musste, um wenige Stationen später in Westberlin Asyl zu beantragen.

Als 1985 auf diese Weise 20 000 Flüchtlinge eingereist waren, sahen manche schon die Aufnahmefähigkeit erschöpft. Damals spielte der CDU-Rechtsaußen Heinrich Lummer eine ähnliche Rolle wie Horst Seehofer dreißig Jahre später. Lummer forderte eine Obergrenze für Flüchtlinge und die Abweisung aller weiteren Tamilen an der Westberliner Grenze. Doch auf einem CDU-Parteitag stutzte ihn der damalige Kanzleramtschef Schäuble in einer viel beachteten Rede zurecht: Die DDR warte doch nur darauf, dass der Westen ihre Propaganda vom antifaschistischen Schutzwall scheinbar bestätige, indem er von seiner Seite die Mauer dicht mache, und sei es nur für Flüchtlinge. Es müsse eine andere Lösung geben – die machte Schäuble Ostberlin in den folgenden Monaten in geheimen Verhandlungen schmackhaft: Könnten die DDR-Fluglinie »Interflug« und die sowjetische »Aeroflot« die Tamilen, die in der BRD Asyl beantragen wollten, vielleicht nicht mehr an Bord lassen? Honecker gab entsprechende Order. Denn im Gegenzug dafür erhöhte die Bundesrepublik den zinslosen Überziehungskredit der DDR im deutschdeutschen Handelsverkehr von 600 auf 850 Millionen Mark.

Schäubles Plan von damals soll jetzt ähnlich funktionieren: Honecker hatte einen Preis, um die Flüchtlinge nicht mehr ins Flugzeug zu lassen – Erdoğan hat einen Preis, damit sie nicht mehr die Boote in der Ägäis besteigen. Allerdings hat sich inzwischen das politische Umfeld geändert. Eine Willkommenskultur gab es in der alten Bundesrepublik nicht – als der Schäuble-DDR-Deal öffentlich wurde, blieb der Protest aus. (Wie die seit der Wende einsehbaren DDR-Akten belegen, beklagte sich die oppositionelle SPD nur bei der SED, dass die Genossen der bürgerlichen BRD-Regierung ausgerechnet vor einer Bundestagswahl aus einer Klemme geholfen hatten.)

Merkel akzeptiert Schäubles Konzept im Prinzip, aber sie geht es aus seiner Sicht zu zögerlich an, wie den Deal mit Erdoğan. Oder gar nicht, wie das Signal der Begrenzung. Und der Finanzminister ist auf sein Ressort zurückgeworfen. Dort wird er in den kommenden Wochen vorexerzieren, was er sich für die ganze Regierung vergeblich wünscht: entschlossene, ja radikale Maßnahmen.

Zuerst gibt er die schwarze Null auf. Schon am 25. August, nach einem Treffen der deutschsprachigen Finanzminister in Salzburg, verkündet er, ein ausgeglichener Haushalt habe angesichts der Flüchtlingskrise nicht mehr höchste Priorität. Für die Öffentlichkeit kommt das wie aus heiterem Himmel: War es nicht Schäuble, der als erster Finanzminister seit 1969 wieder die schwarze Null geschafft hatte? Damit ist er doch in die Geschichtsbücher eingegangen! Wenn Schäuble das preisgibt, muss die Lage dramatisch sein. Genau auf diesen Schock hat Schäuble gesetzt, um die gewaltige Dimension der Flüchtlingskrise ins öffentliche Bewusstsein zu tragen. Aber Merkel stoppt ihn mit dem Satz: »Keine neuen Schulden – und das gilt auch weiter für die mittelfristige Finanzplanung«. Ein seltsames Schauspiel, das Merkel und Schäuble da gleichsam mit vertauschten Rollen aufführen: Ausgerechnet der Finanzminister, der auf der Kasse sitzen müsste, beschreibt die Größe der historischen Aufgabe, während die Regierungschefin, die sie zu lösen hat, sie klein rechnet.

Im Oktober stürzt Schäuble das nächste Tabu: Er will die Bürger für die Flüchtlinge zur Kasse bitten. Schlimmer noch, die Autofahrer. Schäuble schlägt einen europaweiten »Flüchtlings-Soli« vor, eine Abgabe auf Benzin, mit der eine gemeinsame Migrationspolitik finanziert werden soll. Wieder pfeift Merkel ihn zurück. Als Schäuble im Februar einen zweiten Anlauf für seine europaweite Benzinabgabe unternimmt, schweigt die Kanzlerin, doch die stellvertretende CDU-Vorsitzende Julia Klöckner, die gerade im Wahlkampf in Rheinland-Pfalz steht, die CSU, der Koalitionspartner SPD und die Opposition stürzen sich alle empört auf die Idee, die Autofahrer für Flüchtlinge zahlen zu lassen.

Während Merkel versucht zu beruhigen und den Ernst der Lage herunterspielt, tut Schäuble das Gegenteil. Mit gezielten Provokationen versucht er die Deutschen wachzurütteln und Merkel so endlich zu entschlossenerem Handeln zu treiben. Dazu entwickelt er noch ein zweites Stilmittel: Kritik im Detail, die in prinzipieller Zustimmung eingebettet ist. Den Satz der Kanzlerin, das Asylrecht kenne keine Obergrenze, kommentiert er in einem Interview mit der Bemerkung, dies habe sie wohl sagen müssen – um dann hinzuzufügen:»Andererseits kennt jede Rechtsordnung den Satz ›Ultra posse nemo obligatur‹. Zu Deutsch: ›Über sein Können hinaus ist niemand verpflichtet.‹« Also das, was in seinen Augen Merkel zu sagen versäumte.

Schäuble setzt seine Kritik gezielt so, dass sie nicht vom politischen Gegner gegen Merkel verwendet werden kann, aber jeder, der will, versteht, was er denkt. Dies entspricht seinem Verständnis von politischer Loyalität: Er eröffnet seiner Kanzlerin im Haushalt die Spielräume, die sie braucht, er unterstützt sie – doch ist er zugleich nicht bereit, sich oder anderen etwas vorzumachen.

Schäubles Loyalität gilt der Sache und nicht Merkel als Person. Das unterscheidet ihn von den übrigen Spitzenpolitikern der Ära Merkel. Kanzleramtschef Altmaier etwa würde auch im Gewitter mit klugen Worten darauf bestehen, es scheine die Sonne, wenn diese Behauptung seiner Kanzlerin nützte. Und der Fraktionsvorsitzende Kauder würde seinen Abgeordneten im Zweifelsfall erklären, dass sie ihr Mandat nur Angela Merkel verdankten und deshalb schlicht zu glauben haben, die Sonne scheine.

Merkel hat im elften Jahr ihrer Kanzlerschaft die CDU viel stärker auf die Person der Regierungschefin zugeschnitten, als dies unter Helmut Kohl je der Fall war. Obwohl Altmaier und Kauder unterschiedliche Parteiflügel abdecken sollen, verbindet sie, dass sie ohne Merkel in ihren jeweiligen Positionen kaum vorstellbar sind. Männer oder Frauen mit eigener Machtbasis gibt es in Merkels Reich nicht – alte CDU-Schwergewichte wie Roland Koch oder Friedrich Merz hat sie als potenzielle Konkurrenten aus der Politik gedrängt, mögliche Nachfolger aus der Provinz haben es schon deshalb schwer, weil die CDU nach vielen Wahlniederlagen kaum noch Ministerpräsidenten stellt. Schäuble ist der letzte CDU-Politiker, der in der Ära Merkel sein Amt aus eigenem Recht ausübt.

Der 73-Jährige war schon Kanzleramtschef, als Merkel noch als Physikerin an der Akademie der Wissenschaften der DDR arbeitete. Als Parteivorsitzender hat er sie zur Generalsekretärin gemacht. In diesem Amt vollzog sie den Bruch mit Altkanzler Helmut Kohl – ohne Schäuble vorher zu informieren. 2004 trog Schäubles Hoffnung, mit schwarz-gelber Mehrheit zum Bundespräsidenten gewählt zu werden – Merkel nominierte Horst Köhler. Also wurde Schäuble wieder Minister, in der Eurokrise zunächst Merkels wichtigster Mitarbeiter und dann, zeitweise, ihr Gegner. Sollte sie in der Flüchtlingskrise stürzen, würde er bleiben – wahrscheinlich sogar ihr Nachfolger werden. Dass er sich selbst für geeignet hält, steht außer Frage. Im Oktober sagt er auf einer CDU-Veranstaltung: »Adenauer war beim Amtsantritt 73 Jahre alt.« Will heißen: So alt wie ich jetzt.

Die besondere Beziehung der beiden zeigt sich auch im persönlichen Umgang. Obwohl Merkel kein Mitglied des Bundeskabinetts länger und besser kennt als Schäuble, ist er der einzige, den sie siezt. Nur in einem einzigen anderen Fall offenbart sie eine ähnliche Mischung von Respekt und Distanz: Während sie ihre engsten Mitarbeiter im Kanzleramt mittlerweile alle duzt, pflegt sie mit Beate Baumann, ihrer mächtigen und einflussreichen Büroleiterin, noch immer das Sie.

Zugleich wächst Schäuble in dieser Zeit eine weitere, vielleicht noch wichtigere Rolle zu. BND, Verfassungsschutz, BKA und Bundespolizei reagieren geradezu verstört auf Merkels Politik der offenen Grenze – dort hält man sie für gefährlich. Und Merkels Begründung, man könne heutzutage keine Grenze mehr sichern, rührt beinahe an der Berufsehre. Der Unmut der Sicherheitsdienste über die Regierung reicht so weit, dass sie – ein einmaliger Vorgang in der Geschichte der Bundesrepublik – einen Gegenentwurf zur Politik der

Regierung öffentlich zur Diskussion stellen. Offiziell tritt ein Ehemaliger als Absender auf: der Ex-BND-Chef und frühere Innenstaatssekretär August Hanning. Aber den 10-Punkte-Plan für die Flüchtlingskrise, den er Ende September in der »Welt am Sonntag« veröffentlicht, darf man getrost als Konsens auch unter den amtierenden Chefs der Sicherheitsdienste verstehen. Ihre Kernforderungen: Die Kanzlerin soll sofort erklären, dass die Aufnahmefähigkeit der Bundesrepublik erschöpft sei – Asylbewerber seien an der Grenze zurückzuweisen und der Familiennachzug zu beschränken.

Zwischen dem Kanzleramt und den Sicherheitsdiensten herrscht daraufhin Eiszeit: Hanning wird zur Persona non grata, der Austausch mit den amtierenden Chefs beschränkt sich auf das notwendige Minimum. In dieser so außergewöhnlichen wie gefährlichen Situation ist es Schäuble, der den Kontakt zu allen Entscheidungsträgern hält. Dazu ist er befähigt wie kein Zweiter: Nach über vier Jahrzehnten in Spitzenfunktionen sind seine ehemaligen Mitarbeiter überall in Führungspositionen vorgerückt – auch und gerade in Behörden, die Informationen über die Flüchtlingskrise sammeln. Der Chef des Bundesnachrichtendienstes, Gerhard Schindler, war im Innenministerium unter Schäuble Abteilungsleiter. Wichtigster Abteilungsleiter dort ist mittlerweile Stefan Kaller, einst Schäubles Pressesprecher. Der Chef des Verfassungsschutzes, Hans-Georg Maaßen, war unter Schäuble Unterabteilungsleiter, der Chef der Bundespolizei, Dieter Romann, zur gleichen Zeit Referatsleiter für »Polizeiliche Grundsatzfragen«. Die Informationen der Bundeswehr und NATO laufen in der Abteilung Politik im Verteidigungsministerium zusammen – deren Chef Géza Andreas von Geyr war einst Mitarbeiter in Schäubles Bundestagsbüro. Was in der EU vor und hinter den Kulissen passiert, weiß Martin Kotthaus, Leiter der Europa-Abteilung im Auswärtigen Amt – und zuvor Sprecher in Schäubles Finanzministerium.

Martin Jäger, Schäubles Sprecher während der Flüchtlingskrise, ist ein gut vernetzter Diplomat, der zuletzt als Botschafter in Afghanistan tätig war. Thomas Strobl, der für Innenpolitik zuständige stellvertretende Fraktionsvorsitzende der Union, ist Schäubles Schwiegersohn. Selbst mit dem seit seinem 10-Punkte-Plan vom Kanzleramt zur Unperson erklärten August Hanning hält Schäuble Kontakt. Demonstrativ trifft sich ein enger Mitarbeiter des Finanzministers mit dem Ex-BND-Chef zum Mittagessen in einem teuren Berliner Hotel.

Der Finanzminister nutzt dieses einzigartige Netz in der Flüchtlingskrise, um gezielt Informationen zu sammeln und sich eine eigene Meinung zu bilden. Eine eigene Politik, gegen das Kanzleramt, treibt Schäuble mit seinen Verbindungen jedoch nicht.

Vor allem in Brüssel wird Schäubles Kritik als Opposition fehlgedeutet. Dort fürchtet man, der Finanzminister könne die Flüchtlingskrise nutzen, um doch noch zu erreichen, woran er in der Eurokrise erst im Juli gescheitert war: Griechenland aus dem Euro zu drängen. Damals hatten sich Merkel, Schäuble und der SPD-Chef Sigmar Gabriel zwei Tage vor der entscheidenden Ratssitzung darauf geeinigt, nicht erneut alle Regeln der Eurozone zu brechen, um die Griechen in der Gemeinschaftswährung zu halten. Der Finanzminister hatte zuletzt aus Überzeugung auf den »Grexit« hingearbeitet – den Rauswurf der Griechen aus der gemeinsamen Währung.

Diese Erschütterung wollte Schäuble als Initialzündung für eine grundsätzliche Reform nutzen: Ein europäischer Finanzminister mit einem Veto über nationale Budgets sollte ein Signal für die Rückkehr zur Solidität sein und zugleich auch ein entscheidender Schritt der weiteren europäischen Integration. Doch Merkel schreckte in letzter Sekunde davor zurück, Verantwortung für den Grexit übernehmen zu müssen – sie hatte gehofft, dass die Griechen sich selbst aus dem Euro katapultieren würden.

In der Flüchtlingskrise – so fürchtet man in Brüssel – könnte Schäuble den Grexit am Ende doch noch erzwingen. Denn eine Schließung der Balkanroute würde ja gerade Griechenland isolieren. Monatelang warnt Merkels Kanzleramt vor dem Zusammenbruch des griechischen Staates, falls die Flüchtlinge von dort nicht mehr weiter nach Deutschland ziehen könnten; in diesem Fall würde Griechenland zugleich auch aus dem Euro taumeln. Tatsächlich wird diese Möglichkeit im Herbst 2015, als die Flüchtlingskrise eskaliert, täglich wahrscheinlicher.

10
Die drei Rollen des Horst Seehofer

Horst Seehofer schweigt, was selten geschieht, zumal in der Flüchtlingskrise. Aber jetzt, an diesem Tag in der zweiten Dezemberhälfte 2015, ist er verstummt. Der CSU-Chef sitzt im Raum »N 406« im vierten Stock der Bayerischen Staatskanzlei in München. In dem holzvertäfelten Zimmer gehen die Ministerpräsidenten des Freistaats ihren Amtsgeschäften nach. Doch was ihm da gerade nahegelegt wurde, hat seit dem großen Vorgänger Franz Josef Strauß keiner zu denken gewagt. Bei ihm ist Peter Gauweiler. Er hat Seehofer vorgeschlagen, die CSU auf das ganze Bundesgebiet auszudehnen.

Das ist kein bloßes Gedankenspiel. Für die Anschubfinanzierung habe er konkrete Zusagen von namhaften bayerischen Familienunternehmern, sagt Gauweiler. Seehofer weiß, dass sein Gegenüber nicht blufft. Während Deutschlands Großkonzerne laut in die Willkommenskultur eingestimmt haben, halten große Teile des konservativeren Mittelstands die Politik der offenen Grenzen für desaströs.

Das Geld ist also da, ebenso der politische Wille in der CSU. In der bayerischen Landtagsfraktion, dem eigentlichen Machtzentrum der Christsozialen, existiert nach Einschätzung der beiden erfahrenen Politiker zu diesem Zeitpunkt eine breite Anti-Merkel-Mehrheit, die sogar zum Bruch mit der CDU bereit wäre. Die CSU-Landesgruppe im Bundestag hingegen zerfiele wohl in einen Pro-Merkel-Flügel – angeführt von ihrer Vorsitzenden Gerda Hasselfeldt – und einen Anti-Merkel-Flügel, der sich um Verkehrsminister Alexander Dobrindt scharen würde. Aber Berlin ist aus CSU-Sicht zu vernachlässigen.

Seehofer muss jetzt nur nicken, um in der politischen Landschaft der Bundesrepublik Deutschland ein Erdbeben auszulösen.

Die Trennung der beiden Unionsschwestern würde das sofortige
Ende der Kanzlerschaft Angela Merkels bedeuten. Zwar wird die
CSU arithmetisch zur Mehrheitsbildung in der Großen Koalition
nicht gebraucht, aber die SPD würde die einmalige Chance nutzen,
eine Kanzlerin mit bröckelnder Basis abzuwählen. Es wäre das Ende
der CDU als größter und stärkster Partei Deutschlands. Vielleicht
aber auch bald das Ende der CSU als natürlicher bayerischer Regierungspartei. Gauweiler ist bereit, dieses Risiko einzugehen, um
Angela Merkel zu stoppen. Seit drei Monaten sind Deutschlands
Grenzen offen und die Kanzlerin unternimmt nichts, sie wieder zu
schließen. Mit Merkel gehe es nicht. Und mit der CDU, die sie
nicht stürzen will, auch nicht, argumentiert Gauweiler. Also müsse
es die CSU allein versuchen.

Seehofer ist nicht abgeneigt. Er selbst hat ja Merkels Flüchtlingspolitik als Gefahr für das Vaterland gebrandmarkt, schon am
7. September, dem Montag nach der Grenzöffnung, hat er in einer
Telefonkonferenz der CSU-Spitze den ungeheuerlichen Satz gesagt:
»Die Kanzlerin hat sich meiner Überzeugung nach für eine Vision
eines anderen Deutschlands entschieden.« Er hat die Politik der
offenen Grenzen so scharf attackiert, wie es einem demokratischen
Politiker nur möglich ist – und noch mehr: Er will die Kanzlerin
vor dem Bundesverfassungsgericht verklagen und wird in wenigen
Wochen von der »Herrschaft des Unrechts« sprechen. Wenn er
seine Worte ernst meint, ist dann nicht Widerstand geradezu
Pflicht?

Hinter Seehofers Schreibtisch steht eine Büste von Franz Josef
Strauß, die der Bildhauer Nikolai Tregor gefertigt hat. Dem CSU-
Altmeister steht dort die Entschlossenheit ins Gesicht geschrieben.
Doch selbst Strauß wagte nicht, was Seehofer jetzt wagen soll. Vor
fast vierzig Jahren hatte die CSU in Kreuth schon einmal die Auf-
hebung der Fraktionsgemeinschaft mit der CDU im Bundestag beschlossen, weil Strauß den Oppositionsführer Helmut Kohl für zu
schwach hielt. Doch das Konrad-Adenauer-Haus war vorbereitet.
Dort zog man einen fertigen Plan für den Aufbau einer bayerischen

CDU aus der Schublade, zu dem auch zwei Millionen Mark Kriegskasse auf einem Sonderkonto gehörten.

1976 ließ Strauß von seinem Vorhaben ab. Gauweiler war sein Meisterschüler, er ärgerte sich über Kohl, aber er hasst Angela Merkel. Ihre Euro-Rettungspolitik hat er als Dauerabweichler im Bundestag bekämpft – und als Jurist; er legte Verfassungsbeschwerde gegen den europäischen Fiskalpakt und den Rettungsschirm »ESM« ein. Zwar konnte Gauweiler beides nicht verhindern, aber mit seinen Klagen setzte er der Vergemeinschaftung von Schulden immerhin gewisse Grenzen.

Merkels Flüchtlingspolitik hält Gauweiler für noch gefährlicher. Denn während die EU den demokratischen Nationalstaat von oben abschaffe, entziehe eine Veränderung des Staatsvolks durch Massenzuwanderung der Demokratie quasi von unten die Grundlage. Gauweiler fordert wenigstens eine nachträgliche Abstimmung im Bundestag über die Grenzöffnung und schreibt in einem Brief an Parlamentspräsident Norbert Lammert: »Wenn das deutsche Parlament sich bei derart schicksalhaften Fragen wegduckt, wo es um das entscheidende Ja oder Nein geht, ruiniert das die parlamentarische Demokratie.« Da aber auch Lammert keine Anstalten macht, eine nachträgliche Abstimmung über die Grenzöffnung auf die Tagesordnung zu setzen, ist Gauweiler jetzt bei Seehofer. Er soll Merkel stoppen, indem er die CSU auf ganz Deutschland ausdehnt.

Und die anderen Altvorderen der CSU? Theo Waigel, der Vater des Euro, der schon 1976 in Kreuth dabei war und gegen Strauß und den Trennungsbeschluss stimmte, würde den Bruch mit der CDU bitter beklagen. Aber Edmund Stoiber, der langjährige Ministerpräsident, hält ihn zu diesem Zeitpunkt für fast unvermeidlich. Stoiber, der Gauweiler einst im Kampf um die Nachfolge von Franz Josef Strauß ausstach und aus der Politik drängte, teilt heute dessen Analyse von Merkels Flüchtlingspolitik. Und Finanzminister Markus Söder, dem in der CSU die Zukunft gehört, sowieso.

Seehofer muss jetzt nur noch ja sagen. Aber er zögert. Der Mann, der Angela Merkel in der Flüchtlingskrise zusetzt wie kein anderer, will sie nicht stürzen. Jedenfalls noch nicht. Das Argument, mit dem er den Bruch mit der CDU schließlich ablehnt, ist allerdings nur taktisch: Bei einer Trennung der Unionsparteien würde die CSU in Bayern unter 40 Prozent rutschen, fürchtet Seehofer, die CDU im Bund sogar unter 20 Prozent. Und mit Hilfe von SPD und Grünen würde die Politik der offenen Grenzen trotzdem genauso fortgesetzt.

Knapp dreieinhalb Monate zuvor hatte Seehofer noch ganz andere Pläne. Er wollte mit Merkel einen Wahlkampf um die absolute Mehrheit führen, nicht in Bayern, wo die CSU schon seit zwei Jahren wieder allein regieren kann, sondern im Bund. Seehofer träumt im Sommer 2015 davon, dass die Union mit Merkel und ihm schafft, was in der Geschichte der Bundesrepublik sogar Konrad Adenauer nur ein einziges Mal glückte. Wochenlang nervt er Merkel in Gesprächen und Telefonaten mit seinen Zahlenspielen: Die Union stehe zur Mitte der Legislaturperiode in Umfragen mit 41,5 Prozent exzellent da, die FDP habe sich nicht erholt, seit sie aus dem Bundestag geflogen ist, die AfD habe nach der überstandenen Euro-Rettung ihr Mobilisierungsthema verloren und gehe mit zunehmender Radikalisierung den Weg in die Bedeutungslosigkeit. Eine Union als Alleinanbieter im bürgerlichen Spektrum könne die SPD, die über Rot-Rot-Grün redet, weiter aus der Mitte drängen, ohne im Gegenzug Wähler im rechten Spektrum zu verlieren.

Doch Merkel steigt nicht darauf ein, was Seehofer im Sommer zunehmend Verdruss bereitet. Glaubt sie nicht, dass CDU und CSU siegen können? Oder will sie es schlicht nicht? Seehofer hält dies für möglich. Denn die Union hatte nicht nur von 1957 bis 1961 die absolute Mehrheit im Bundestag, sondern auch am 22. September 2013 – für 45 Minuten. Am Abend der letzten Bundestagswahl meldeten die Hochrechnungen um 19.30 Uhr übereinstimmend eine völlig überraschende absolute Mehrheit von CDU und CSU bei den Mandaten im Bundestag, dafür reichten wegen des Scheiterns von FDP und AfD an der Fünfprozenthürde schon knapp über 42 Prozent der Stimmen. Eine Dreiviertelstunde lang sahen die Hochrechnungen die Alleinregierung der Union – und genauso lang lagen im Konrad-Adenauer-Haus Funktionäre, Wahlkämpfer und Abgeordnete einander jubelnd in den Armen.

Nur Merkel jubelte nicht. Die Parteivorsitzende schien die Aussicht fast zu erschrecken, bald nicht mehr mit FDP oder SPD, sondern nur noch mit der CSU zu regieren. Erst als die Zahlen bei späteren Hochrechnungen zurückgingen, entspannte sie sich und ließ sich sogar auf die Bühne bitten. Dort nahm sie ihrem damaligen Generalsekretär Hermann Gröhe resolut ein kleines Deutschlandfähnchen aus der Hand, das der brave Mann fröhlich schwenkte. Schwarz-Rot-Gold schien der Kanzlerin auf einer CDU-Feier fehl am Platze.

Nein, Merkel erweckte an diesem Abend wahrlich nicht den Eindruck, sie wäre gerne Kanzlerin in einem allein von der Union regierten Land. Am Ende fehlten CDU und CSU nur fünf von 630 Mandaten zur absoluten Mehrheit.

Merkels Vision ist nicht die Alleinregierung mit der CSU, sondern Schwarz-Grün, argwöhnt Seehofer. Dann hätte jede im Bundestag vertretene Partei, außer der Linken, Merkel einmal zur Kanzlerin gewählt. Die Vorstellung würde Merkel gefallen, fürchtet er, sieht sie sich denn überhaupt noch als Christdemokratin oder eher als eine Präsidialkanzlerin neuen Typs, die gleichermaßen über allen Parteien schwebt? Aber Seehofer gibt nicht auf, sondern beschließt, die CDU-Vorsitzende zum Jagen zu tragen. Anfang August ruft er das Wahlziel der absoluten Mehrheit im Bund öffentlich aus. Es ist der Versuch einer Machtdemonstration, die kaum bemäntelt, wie hilflos Seehofer in Wahrheit ist.

Denn die CSU hatte in Berlin schon lange nicht mehr so wenig Einfluss, wie in den vorherigen zwei Jahren in der Großen Koalition. In der Euro-Rettungspolitik von Merkel spielte sie keine Rolle. Bei Mindestlohn, Frauenquote und den vielen anderen SPD-Projekten der »GroKo« musste sie grummelnd mitstimmen. Ihre eigenen Projekte platzten hingegen reihenweise: Das Betreuungsgeld für Eltern, die sich selbst um ihre Kleinkinder kümmern – wurde vom Verfassungsgericht gekippt. Die von der CSU verteidigten Privilegien von Firmenerben bei der Erbschaftssteuer – drohten vom

Finanzminister beschnitten zu werden. Im Sommer 2015 schien dann auch noch die Maut zu scheitern – die EU-Kommission erklärt die Pkw-Gebühr für Ausländer für unvereinbar mit Brüsseler Recht. Das Projekt von Verkehrsminister Dobrindt war ohnehin das letzte, was von den bayerischen Vorhaben überhaupt noch übrig blieb. Die anderen beiden CSU-Minister im Bundeskabinett sind in der Bevölkerung weitgehend unbekannt und gelten in München deswegen als Totalausfälle.

Jenseits der Öffentlichkeit ist der Bedeutungsverlust der CSU noch dramatischer. Im August 2014 signalisierte Merkel an einem Mittwochmorgen nach der Kabinettssitzung einigen Ministern, es gebe noch etwas zu besprechen – man wollte beraten, ob die kurdischen Peschmerga im Irak für ihren Kampf gegen den »Islamischen Staat« mit Waffen der Bundeswehr ausgerüstet werden sollen. Eine Wende in der Außenpolitik der Bundesrepublik. Die von der Kanzlerin konsultierten Politiker waren Ursula von der Leyen und Frank-Walter Steinmeier als zuständige Minister, Sigmar Gabriel als SPD-Chef und Wolfgang Schäuble als erfahrenster deutscher Politiker. Die CSU fehlte. Das war kein Zufall. Gerd Müller, der Entwicklungshilfeminister mit CSU-Parteibuch, habe sich sogar noch dazu drängen wollen, sei von Merkel aber fortgeschickt worden, hieß es. Die Demütigung galt nicht ihm persönlich, sondern seiner Partei und ihrem Chef.

»Seehofer kurz vor dem Abgang«, schreibt die »Frankfurter Rundschau« in diesem Sommer über ihr Porträt eines »körperlich und politisch Geschwächten«. Am 25. Juli bekommt er nach einem Gespräch mit Angela Merkel bei der Eröffnung der Bayreuther Festspiele Herzrasen und muss mit Blaulicht ins Krankenhaus gefahren werden. Er wirkt in dieser Zeit oft wie ein Gehetzter, und das ist er auch. Denn Seehofer hat einen schweren Fehler begangen: Er hat seinen Rückzug angekündigt – 2018 wolle er bei der Landtagswahl nicht mehr antreten. Doch die Hoffnung, auf diese Weise ein Wettrennen diverser Aspiranten um seine Nachfolge auszulösen, das er gleichsam als Schiedsrichter lange offenhalten könne, war trügerisch. Finanzminister Markus Söder, der ehrgeizigste und – wie viele

Parteifreunde sagen – brutalste Politiker seiner Generation, biss alle Konkurrenten weg. Schon beginnen die Abgeordneten und Funktionäre der CSU ihre Loyalitäten neu auszurichten vom alten auf den vermeintlich neuen Chef: Söder will, so ist unschwer zu erkennen, nicht mehr bis 2018 warten.

Mit dem Traum von der absoluten Mehrheit im Kopf und dem Fangzahn des Verfolgers in der Wade ist Seehofer also gleichzeitig größenwahnsinnig und waidwund – eine gefährliche Mischung. In dieser instabilen, ja fast prekären Lage ist Merkels Grenzöffnung für ihn wie ein Geschenk, das er dankbar annimmt. Und tatsächlich gelingt es ihm durch seine konsequente Opposition zu Merkels Flüchtlingspolitik, die CSU noch einmal hinter sich zu versammeln. Dies geschieht zu Lasten Merkels – was sich in Zustimmungsraten spiegelt: So geben im September 2015, unmittelbar vor der Grenzöffnung, nur 28 Prozent der vom »Deutschlandtrend« Befragten an, mit der Arbeit Seehofers »zufrieden« zu sein. Merkels Zustimmungsrate ist 63 Prozent – für eine langjährige Regierungschefin spektakulär hoch. Doch nach fünf Monaten Streit hat Seehofer fast zu Merkel aufgeschlossen: 45 zu 46 Prozent. Es ist der beste Wert, den Seehofer je hatte, und Merkels schlechtester seit fünf Jahren. Er hält sich über Wasser, indem er sie absaufen lässt.

Aber Seehofer spielt in der Flüchtlingskrise mehr als nur eine Rolle. Als bayerischer Ministerpräsident ist er der Chef der Verwaltung des Bundeslandes, in dem fast alle Geflüchteten ankommen. Die von einigen CSU-Abgeordneten und Landräten erwogene Idee einer Art Bummelstreik bei der Versorgung der Flüchtlinge verwirft er sofort. Im Gegenteil, die vorbildliche Verwaltung in seinem Bundesland trägt wie niemand sonst zur administrativen Bewältigung der Flüchtlingskrise bei. Seehofers Staatsregierung mobilisiert enorme finanzielle Reserven und verdoppelt die Plätze in Erstaufnahmeeinrichtungen innerhalb kurzer Zeit. In Bayern erhält jeder Flüchtling ein medizinisches Erstscreening und einen Deutschkurs. Die Staatsregierung erhöht die Mittel für Asylsozialberatung und sorgt für eine bessere personelle Ausstattung in den Aufnahmeeinrichtungen.

Die Kosten für Unterbringung und Versorgung nimmt Bayern anders als die meisten anderen Bundesländer seinen Kommunen komplett ab, für minderjährige Flüchtlinge zahlt der Freistaat auch die sehr hohen Betreuungskosten, in einem Nachtragshaushalt 2016 veranschlagt Bayern stolze 3,3 Milliarden Euro für Asylausgaben. Noch bevor Merkel mit Peter Altmaier im Bund einen Flüchtlingskoordinator einsetzt, schafft Seehofer mit einer »Sondergruppe Asyl« einen Krisenstab unter Leitung seines Vertrauten Rainer Riedl. In Bayern kommt es nirgendwo zu Szenen wie vor dem Berliner Landesamt für Gesundheit und Soziales, wo Tausende von Flüchtlingen bei Regen oder Hitze in langen Schlangen im Freien warten müssen.

Es ist die große Ironie der Flüchtlingskrise: Die CSU, die monatelang vergeblich gegen die Politik der offenen Grenzen anrennt, schafft mit der von ihr geführten bayerischen Verwaltung erst die Bedingung dafür, dass sie überhaupt so lange funktioniert. In der SPD-Bundestagsfraktion kursiert in dieser Zeit das Bonmot: »Würde die Balkanroute in NRW enden, wären die Grenzen schon längst zu.«

Aber Seehofer führt nicht nur das entscheidende Bundesland in der Flüchtlingskrise, sondern ist als CSU-Vorsitzender auch Chef eines Koalitionspartners von Merkel und damit eigentlich in alle wichtigen Entscheidungen der Bundesregierung eingebunden. Eigentlich – denn die Kanzlerin düpiert ihn in der Flüchtlingskrise immer wieder mit Alleingängen. Schon die Entscheidung zur Grenzöffnung trifft sie ohne Seehofer, auch wenn er, wie gezeigt, dafür mindestens eine Mitverantwortung trägt, indem er sich in sein Ferienhaus zurückzog und nicht ans Handy ging.

Als Deutschland im Brüsseler EU-Innenministerrat gegen alle Absprachen und Sitten eine Mehrheit gegen die Osteuropäer organisiert und mit Gewalt die Verteilung der Flüchtlinge per Zwangsquote durchsetzt, erfährt Seehofer davon erst aus der Presse. Und von Merkels nächstem Lösungsversuch, dem EU-Türkei-Deal, hört Seehofer zum ersten Mal in der zweiten Oktoberhälfte, kurz bevor die

Kanzlerin sich von Erdoğan als Beutestück auf dem goldenen Thron präsentieren lässt.

Nicht nur verlässlicher Helfer mit seiner Verwaltung und ohnmächtiger Partner in der Regierung – für die Öffentlichkeit übernimmt Seehofer noch eine dritte Rolle: die der Opposition. Während Grüne und Linkspartei im Bundestag die Politik der Großen Koalition bejubeln, ist es ausgerechnet Seehofer, der immer wieder den Finger in die Wunde legt. Doch nicht die Opposition zu Merkels Flüchtlingspolitik als solche, sondern vor allem die Art der Opposition nehmen Seehofer viele in der CDU übel. Denn indem er den Streit zum Grundsatzkonflikt erhebt, verwandelt er ihn in eine Machtprobe. So macht Seehofer es der Kanzlerin schwerer, ihre Position geräuschlos zu revidieren.

Streit zwischen den Unionsparteien gab es in der Bundesrepublik schon immer, aber erstmals stellt sich die CSU auch international gegen einen CDU-Kanzler. Zuerst lädt Seehofer Viktor Orbán, den europäischen Gegenspieler Merkels, nach Bayern ein, später besucht er sogar Wladimir Putin, den weltpolitischen Kontrahenten der Kanzlerin in Moskau. Den Vorabend seines Auftritts in Kreuth verbringt Orbán aber nicht etwa mit Seehofer, sondern mit Stoiber – der ehemalige Ministerpräsident ist es auch, der seinem Nachnachfolger den Termin im Kreml vermittelt.

Der 74-jährige Stoiber, dem Angela Merkel 2002 eine am Ende erfolglose Kanzlerkandidatur überließ, erlebt in der Flüchtlingskrise einen zweiten Frühling. Zwar behauptet Stoiber, er bringe sich »nur in den großen Fragen ein, nicht im Tagesgeschäft«. Tatsächlich telefoniert er in der Flüchtlingskrise beinahe täglich mit Seehofer – und wirkt nicht gerade mäßigend auf ihn ein. Unverhohlen startet Stoiber eine »Merkel muss weg!«-Kampagne bei Funktionären der CSU und auch der CDU, um eine kritische Masse für die Abwahl Merkels zu mobilisieren. Seehofer, der amtierende Parteivorsitzende und Ministerpräsident, lässt seinen Vorgänger gewähren, weil die Kampagne den Druck auf Merkel erhöht. Anders als Stoiber glaubt Seehofer aber keine Sekunde an die Möglichkeit einer CDU-Revolte. Im Januar 2016 reist Stoiber nach Berlin und fragt Schäuble unverblümt, ob er bei einem Sturz Merkels als Nachfolger bereitstünde. Seehofer ist informiert. Nach Stoibers Rückkehr nach München raunt Seehofer ihm zu:»Na, schubsen will er nicht, oder?« Stoibers trotzige Antwort:»Aber er weiß um seine Verantwortung, wenn es passiert.«

Merkel erfährt über ihr dicht geknüpftes Netz von Zuträgern in beiden Unionsparteien schnell, dass ihr alter Rivale gegen sie intrigiert. Auch in diesem Fall reagiert sie wieder merkeltypisch: Sie lässt sich weder von ihrem Zorn noch ihrer Kränkung leiten, sondern tut, was ihr politisch geboten erscheint. Sie lädt Stoiber zu einem ausführlichen Gespräch, das in der ersten Februarwoche 2016 stattfindet. Merkel nimmt sich viel Zeit für ihn, was ihm schmeicheln soll. In der Sache ändert sie nichts.

Anfang Oktober droht Seehofer mit einem Akt der »wirksamen Notwehr«, sollte Merkel die Grenzen nicht schließen. Was damit gemeint ist, bleibt unklar. Wenige Tage später kündigt er an, das Bundesverfassungsgericht gegen die Politik der offenen Grenzen anrufen zu wollen. Er setzt Merkel eine Frist bis Anfang November, um die angeblich rechtsfreie Situation an den Grenzen in Ordnung zu bringen. Die Frist verstreicht ohne Reaktion. Auch der Ende November von Seehofer angedrohte Rückzug der CSU-Minister aus dem Bundeskabinett wird nie Realität.

Im Januar 2016 übermittelt Seehofer der Kanzlerin dann einen formalen Brief seines bayerischen Kabinetts, in dem er einen Rechtsbruch anprangert und erneut mit einem Gang zum Verfassungsgericht droht, falls es nicht zu einem Kurswechsel kommt. Dafür hat Seehofer ein Gutachten bei Udo di Fabio erstellen lassen, einem ehemaligen Richter des Bundesverfassungsgerichts. Der Kernsatz von di Fabios Gutachten lautet:»Der Bund ist aus verfassungsrechtlichen Gründen (…) verpflichtet, wirksame Kontrollen der Bundesgrenzen wieder aufzunehmen, wenn das gemeinsame europäische Grenzsicherungs- und Einwanderungssystem vorübergehend oder dauerhaft gestört ist (…) Das Grundgesetz garantiert nicht den Schutz aller Menschen weltweit durch faktische oder rechtliche Einreiseerlaubnis. Eine solche unbegrenzte Rechtspflicht besteht auch weder europarechtlich noch völkerrechtlich.«

Merkel müsse die Grenze also schließen, meint di Fabio. Doch Seehofer, der den Gang nach Karlsruhe angedroht hatte, macht nie Ernst damit. Stattdessen lässt er sich von Merkel wochen- und schließlich monatelang hinhalten. Mehrmals kündigt die Kanzlerin in persönlichen Telefonaten an, seinen Brief innerhalb von vierzehn Tagen beantworten zu wollen. Tatsächlich tut sie es erst, als die Flüchtlingzahlen durch die Schließung der Balkanroute und den EU-Türkei-Deal stark geschrumpft sind. Seehofer konsultiert zwar noch seinen »Kronjuristen« Winfried Brechmann, den Leiter der Rechtsabteilung der Bayerischen Staatskanzlei, entscheidet aber anschließend, auf die Klage zu verzichten. Bei entfallenem Klagegrund sieht er keine Aussicht auf Erfolg.

In Seehofers Brief, der dem Gutachten di Fabios vorangestellt wird, taucht zum ersten Mal ein Begriff auf, der später für Furore sorgen wird. »Der Bund steht somit in der Verantwortung, die Herrschaft des Rechts wieder herzustellen«, schreibt Seehofer. Nach seinem Besuch bei Putin Anfang Februar geißelt er die Politik Merkels öffentlich als »Herrschaft des Unrechts«. Und noch Mitte März, als Merkel ihr Türkei-Abkommen unter großen Mühen durchgesetzt hat, erklärt Seehofer, ihre Flüchtlingspolitik sei ein »gigantisches Scheitern«.

Was der Öffentlichkeit wie ein ebenso wütendes wie vergebliches Anrennen gegen eine stoische Kanzlerin erscheint, ist in Wirklichkeit ein Wettlauf. Denn der CSU-Chef kämpft an zwei Fronten: Einerseits will er Druck auf Merkel aufbauen, damit sie ihre Flüchtlingspolitik ändert. Andererseits steht er selbst unter Druck: Markus Söder, der ehemalige Generalsekretär von Edmund Stoiber und mächtige bayerische Finanzminister, trachtet danach, Seehofer lieber heute als morgen zu beerben, und treibt ihn seinerseits mit noch radikaleren Vorschlägen. So will Söder das im Grundgesetz festgeschriebene Individualrecht auf Asyl abschaffen. Im Januar 2016 schlägt er vor, »Zäune oder andere Formen der Grenzkontrollen« rund um Bayern zu errichten. Sowohl die Streichung des Paragraphen 16a des Grundgesetzes als auch den Bau eines Zauns um Bayern verwirft Seehofer sofort entschieden. Und doch stellt er seinerseits immer neue Forderungen, um weiter die Galionsfigur der Kritiker von Merkels Grenzöffnung bleiben zu können.

Als islamistische Terroristen am 13. November Paris angreifen, berät Seehofer gerade im Kanzleramt mit Merkel, Altmaier, Kauder und CSU-Landesgruppenchefin Hasselfeldt Änderungen im Asylrecht. Die Kanzlerin bekommt die Eilmeldung vom Lagezentrum auf ihr Handy gesendet, liest sie, leitet aber die Sitzung noch bis zu deren Ende zwischen 22.30 und 23.00 Uhr, bevor sie die Runde informiert. Erst anschließend, zurück in seinem Berliner Hotelzimmer, als er den Fernseher einschaltet, begreift Seehofer das Ausmaß des Schreckens. Was wird diese Zäsur für die Politik der offenen Grenzen bedeuten? Noch direkt vor dem Anschlag in Paris hatte Merkel in einem Fernsehinterview schon wieder eine neue Begründung ihrer Flüchtlingspolitik geliefert: Wenn die arabischen Flüchtlinge irgendwann in ihre Heimat zurückkehrten, hätten sie westliche Werte in ihrem Gepäck. Dann, so Merkel, werde »Demokratie über unsere Grenzen hinaus Akzeptanz finden – dann gibt es vielleicht weniger Krieg«. Flüchtlingspolitik als Demokratie-Export – es war die bisher mutigste Überhöhung der Politik der offenen Grenzen. Doch in Paris war nicht Europas Friede in die islamische Welt gekommen, sondern der Krieg des Nahen Ostens nach Europa: 130 Menschen wurden getötet, 352 verletzt. Frankreichs Präsident ließ umgehend die Grenzen schließen. Und tat damit das, was laut Merkel in modernen Gesellschaften angeblich unmöglich ist.

Jetzt könnte sie beidrehen. Schon vor den Anschlägen war die Unsicherheit der Leute angesichts der Flüchtlingspolitik weiter gewachsen. Nur noch 43 Prozent der Befragten des aktuellen Politbarometers gaben an, Merkels Arbeit »im Bereich Flüchtlinge und Asyl« zu schätzen. Da die sonstige Arbeit der Kanzlerin immer noch von 70 Prozent positiv bewertet wird, läge ein Ausstieg aus der Politik der offenen Grenzen nahe.

Doch Seehofer wartet am nächsten Morgen in seinem Berliner Hotelzimmer vergeblich auf den Anruf, zur Besprechung einer veränderten Lage ins Kanzleramt zu kommen. Stattdessen bestellt Merkel erst Kamerateams aller großen Fernsehsender ein, um dem französischen Volk öffentlich zu kondolieren – und anschließend ihr Sicherheitskabinett, dem kein Politiker der CSU angehört.

Seehofer fährt also nicht ins Kanzleramt, sondern stattdessen nach Neukieritzsch in Sachsen. Dort soll er auf einem Parteitag der Landes-CDU sprechen. Unterwegs versorgt ihn ein Mitarbeiter mit der wichtigen Neuigkeit: Ein möglicher Komplize der Pariser Attentäter sei Anfang November mit einem Auto voller Waffen über die offenen Grenzen vom Balkan über Österreich nach Bayern gefahren, wo er zum Glück gefasst wurde. Im Navigationssystem des Wagens des verhinderten Terroristen sei eine Adresse in Paris eingespeichert gewesen. Seehofer nutzt die Nachricht für eine neue Attacke: »Wir müssen uns Klarheit verschaffen, wer durch unser Land fährt«, donnert er bei der Sachsen-CDU: »Wir müssen sehr, sehr schnell festlegen, wie das mit den Grenzkontrollen in Europa und an unseren Binnengrenzen weitergeht«. Das müsse schon »in Tagen« geschehen.

Wieder eine Drohung, ja eigentlich schon wieder ein neues Ultimatum. Doch Söder gelingt es, Seehofer noch zu übertrumpfen: »#ParisAttacks ändert alles. Wir dürfen keine illegale und unkontrollierte Zuwanderung mehr zulassen«, twittert er schon am Morgen und legt am Nachmittag in einem Zeitungsinterview nach: Es sei »naiv« zu glauben, unter den Flüchtlingen befinde sich kein einziger »Bürgerkrieger«. Daraufhin gehören ihm die Schlagzeilen des Tages – und Seehofer wechselt die Taktik. Erst verbittet er sich im CSU-Parteivorstand in Anwesenheit Söders die Verquickung von Terroristen und Flüchtlingen, dann stellt er in einem Interview dessen Charakter in Frage: »Nach solchen Anschlägen wie in Paris verbietet es sich, persönliche und parteipolitische Motive in den Vordergrund zu stellen« – und droht dem Quälgeist Söder sogar mit dem Rauswurf: »Meine Toleranz ist groß, aber nicht unendlich«.

Doch Söder dreht den Spieß um und bezichtigt seinerseits Seehofer, in der Kritik an Merkel zu weit gegangen zu sein. Wie der Journalist Peter Müller in dem CSU-Enthüllungsbuch »Der Machtkampf« beschrieben hat, sucht Söder auf dem Höhepunkt der Flüchtlingskrise das Gespräch mit einem engen Merkel-Vertrauten, er will der Kanzlerin eine Botschaft senden. Sie lautet: Wäre er

schon CSU-Chef, hätte er die Differenzen mit Merkel nicht so aus-
getragen wie Seehofer: »Ich wäre nie persönlich geworden«.

Doch Söder schätzt Merkel falsch ein, wenn er glaubt, die Angriffe des CSU-Chefs hätten sie persönlich gekränkt – das passt nicht
zu Merkel. An persönliche Beziehungen in der Politik hat Merkel
einen radikal sachlichen, ja fast technischen »Angang«, wie sie es
ausdrückt. Zu den Parteivorsitzenden ihrer Koalitionspartner pflegt
sie ein Vertrauensverhältnis, aber nicht, weil dies an gemeinsamen
Aufgaben oder in gemeinsamen Erfahrungen gewachsen wäre, sie
hält es schlicht für die Voraussetzung einer funktionierenden Koalition. So hatte Merkel den SPD-Vorsitzenden Gabriel 2010 aus dem
Kreis der Politiker ausgeschlossen, mit denen sie vertraulich kommuniziert, nachdem dieser als Oppositionsführer einen SMS-Dialog
mit der Kanzlerin über die Suche nach einem neuen Bundespräsidenten öffentlich gemacht hatte. Doch mit der Aufnahme von
Sondierungen für die Große Koalition zwei Jahre später wechselte
Merkel mit Gabriel umstandslos zurück in den Vertrauensmodus.

Funktionale Vertrauensverhältnisse sind in der Politik nicht die Ausnahme, sondern die Regel. Aber bei kaum einem Politiker tritt der
Mensch so radikal hinter seine Funktion zurück wie bei dieser Kanzlerin. Ihre beiden Vorgänger hatten noch Vorstellungen von Loyalitäten, die über das jeweilige Amt hinausgingen. Helmut Kohl sprach
von der CDU nicht nur als seiner Familie, er empfand die Partei
auch als Schicksalsgemeinschaft, deren Angehörige sich nicht unbedingt mögen, aber dennoch für immer zusammengehören. Gerhard
Schröder suchte zu gleichaltrigen, männlichen Spitzenpolitikern
eine zwischen Konkurrenz und Komplizenschaft oszillierende, dif-
fuse Kameradschaft aufzubauen. Nachdem der SPD-Kanzler in
der Krise den Parteivorsitz an Franz Müntefering abgeben musste,
äußerte er in einem legendären Doppelinterview den Satz: »Ich
hätte ihn gerne zum Freund« – was der sensiblere Müntefering
sofort abwehrte: »Ich bin nicht so der Kumpeltyp«.

Merkel hingegen kennt in der Politik weder Verwandte noch
Freunde – und sie tut gar nicht erst so. Seehofer arbeitet mit Merkel

seit Anfang der neunziger Jahre zusammen, schon 1992 waren sie Kollegen als junge Minister im Kabinett Kohl. Doch das »Du« bietet Merkel dem etwas älteren Seehofer erst sechzehn Jahre später an: Am Abend des 25. Oktober 2008, dem Tag, als er zum CSU-Parteivorsitzenden gewählt wurde. Seehofer nimmt an. Aber für diesen Vertrauensbeweis, der kein echter ist, revanchiert er sich auf ganz eigene Weise. Ein halbes Jahr später, Anfang Februar 2009, überrascht er Merkel zur Eröffnung der Nürnberger Spielwarenmesse in Nürnberg mit dem Bekenntnis, er habe eine jüngst erstandene Playmobilfigur, die ihr ähnle, auf seine selbstgebaute Eisenbahn in seinem Ferienhaus im Altmühltal platziert, wo alle Stationen seines privaten und beruflichen Lebens im Mini-Format nachgebaut seien. Die Kanzlerin als Playmobil-Männchen? Merkel lacht, eher verlegen.

Seehofer seinerseits hegt keine Illusionen: Jede Nähe zu Merkel wird enden, sobald er das Amt des Parteivorsitzenden verloren hat. In der Flüchtlingskrise ist dieses rein funktionale Vertrauensverhältnis der beiden ein großer Vorteil: Denn so sehr Seehofer Merkel über Wochen und Monate bekämpft, sie offenbart nie eine persönliche Kränkung. Der direkte Kontakt reißt nicht ab. Nur in der ersten Woche nach der Grenzöffnung herrscht Sendepause, danach telefonieren die beiden fast täglich und schicken sich an manchen Tagen gleich ein halbes Dutzend SMS. Wenn Seehofer einen ihrer Terminvorschläge annimmt, antwortet sie mit »Super!!« Nicht nur eine teenagerhafte Inflation von Satzzeichen prägt die Kommunikation zwischen Kanzlerin und Ministerpräsident, auch Smileys und Emoticons nutzt die mächtigste Frau Europas intensiv.

Dabei ist das Verhältnis von Merkel und Seehofer ein politisches Beziehungsdrama von Shakespeare'schem Format – zumindest aus seiner Perspektive. Denn mit ihrem kometenhaften Aufstieg in den neunziger Jahren verbindet er eine politische Nahtod-Erfahrung. Merkel war als marktradikale Reformerin gestartet, die – ganz im neoliberalen Zeitgeist – den Sozialstaat durch tiefe Einschnitte fit machen wollte für die Globalisierung. Gerhard Schröders Agenda 2010 ging Merkel nicht weit genug, sie wollte den Wettbewerb auch ins Gesundheitssystem tragen. Merkels Plan einer »Kopfpauschale«, bei der die Sekretärin genauso viel für ihre Krankenversicherung zahlten sollte wie der Vorstandsvorsitzende, hielt Seehofer für einen Angriff auf gleich drei Dinge, die ihm sehr am Herzen liegen: die kleinen Leute, die gute alte Bundesrepublik und sich selbst. Denn Seehofer war damals der führende Gesundheitspolitiker der Union.

Merkel stellte ihn kalt. Er musste sich aus der Fraktionsführung zurückziehen und wollte die Politik verlassen. Nur die Wähler, die Merkel nach einem desaströsen Wahlkampf 2005 knapp die Kanzlerschaft ermöglichten und ihr damit den marktwirtschaftlichen Reformehrgeiz für immer austrieben, retteten Seehofer: Weil sich der Wind gedreht hatte, wurde er wieder Minister. In der Flüchtlingskrise glaubt Seehofer nun das Gleiche zu erleben – Merkel betreibe wie damals eine Politik im Zeitgeist, die gleichen Journalisten, die ihn damals als letzten Herz-Jesu-Sozialisten verspotteten, der die Globalisierung nicht verstanden habe, beschimpfen ihn heute als letzten Grenzschützer, der die Globalisierung wieder nicht verstanden habe. Aber erneut, so prophezeit er, werde ihm die Geschichte gegen Merkel und den Zeitgeist recht geben.

Es ist ein seltsames Verhältnis von Nähe und Distanz, das die beiden Hauptwidersacher in der Flüchtlingskrise pflegen. Einmal, noch wenige Wochen nach der Grenzöffnung, öffnet ihr Seehofer in einer langen SMS sein Herz. Darin kommen sehr persönliche Ängste zum Ausdruck, die in einem Wort gipfeln, das heutzutage nicht mehr als politisch korrekt gilt: »Zersetzung«. Die Union, Deutschland, Europa – alles werde sich auflösen, befürchtet er. Seehofer ist in Untergangsstimmung. Es ist weit nach Mitternacht, als er die Nachricht verschickt, er hat nicht schlafen können. Spontan verfällt er auf die Idee, er könne Merkel vielleicht doch beeindrucken, wenn er ihr nur vermittelt, wie schwarz er die Lage wirklich sieht. Merkel antwortet am nächsten Morgen ebenfalls per SMS eher knapp: »Auch mich treibt es um«.

Erst acht Wochen nach der Grenzöffnung bewegt sich Merkel zum ersten Mal auf die CSU zu. Sie greift dabei ausgerechnet ein Konzept von Viktor Orbán auf: die Transitzone. Flüchtlinge müssen in Ungarn vor der Grenze warten, bis ihr Asylantrag entschieden ist.

Es ist das Gegenmodell zum Konzept der offenen Grenzen. Am 12. Oktober ruft Merkel Seehofer an und erklärt, am nächsten Tag werde auch sie sich öffentlich für Transitzonen aussprechen. Seehofer frohlockt, einige seiner Vertrauten glauben schon, die Kanzlerin sei umgefallen. Doch Merkel denkt nicht daran, ihre Zustimmung erfolgt aus rein taktischen Gründen: Es hat sich einfach zu viel politischer Druck aufgestaut. Sie will ihn kontrolliert entweichen lassen, indem sie mit dem verbalen Bekenntnis zur Transitzone ein Ventil öffnet.

Wichtiger Nebeneffekt: Indem sich die CDU bei den Transitzonen an die Seite der CSU stellt, scheint die herkömmliche Frontstellung in der Koalition wieder hergestellt. Kämpfte in den vergangenen Wochen die CSU allein gegen eine ganz große Koalition von CDU, SPD, Grünen und Linkspartei, so soll es jetzt zur Beruhigung des Stammpublikums wieder heißen: CDU und CSU gemeinsam gegen die SPD. Tatsächlich tut der sozialdemokratische Justizminister Heiko Maas Merkel den Gefallen und geißelt Transitzonen als »Massenlager im Niemandsland« und »Haftzonen«.

Seehofer nimmt den Streit dankbar an. »Wir werden nach Allerheiligen beurteilen können, ob Berlin bereit ist, die bayerische Forderung nach einer Steuerung und Begrenzung der Zuwanderung zu übernehmen«, stellt er der Bundesregierung vor einem Koalitionsgipfel am 1. November ein echtes Ultimatum. Er will die Transitzonen erzwingen.

Sein Ultimatum läuft bis Allerheiligen, aber Seehofer reist schon einen Tag zuvor, am Reformationstag, nach Berlin. Im Kanzleramt wartet Merkel auf ihn, außerdem sind Altmaier und Unionsfraktionschef Kauder anwesend. Die zwei CDU-Politiker stehen eindeutig auf Merkels Seite. Formal muss die ebenfalls ins Kanzleramt gekommene CSU-Landesgruppenvorsitzende Gerda Hasselfeldt ihren Parteichef unterstützen: Allerdings wissen alle Anwesenden, dass sie im Herzen eine Merkelianerin ist. Seehofer steht also allein, aber das ficht ihn nicht an. Was nur eine unionsinterne Vorbesprechung für die eigentlichen Koalitionsverhandlungen am nächsten Tag sein soll, dauert sechs Stunden. Seehofer beharrt nicht nur auf den Transit-

zonen, sondern will auch eine Obergrenze für Zuwanderung, Dazu
ist Merkel nicht bereit.

Der SPD-Chef Sigmar Gabriel beobachtet derweil, wie sich die
Unionsschwestern ineinander verbeißen. Der Streit schadet der
Union, und was der Union schadet, nutzt der SPD. Also leistet
Gabriel seinen Beitrag, den Unionsparteien den Ausweg aus ihrem
Streit zu verstellen. Dafür hat er eigens aus sämtlichen Bundes-
ländern, in denen Sozialdemokraten mitregieren, Ministerpräsidenten und Landesminister in seine Parteizentrale eingeladen und mit
ihnen einen eigenen Plan ausgearbeitet: Statt »Transitzonen« sollen
»Einreisezentren« gebaut werden, dort sollen die Flüchtlinge warten, bis ihr Verfahren abgearbeitet ist – aber ohne Zäune und Wach-
leute. Wer das »Einreisezentrum« verlasse, solle keine Sozialleistungen mehr erhalten, dies würde als Druckmittel schon reichen, um
die Flüchtlinge zum Bleiben zu motivieren.

Gabriels Schachzug ist so clever wie perfide, denn er entspricht
ziemlich genau dem Vorschlag, den Kanzleramtsminister Altmaier
vorab als Kompromissvorschlag der ganzen Koalition sondiert hat.
Da Gabriel ihn nun öffentlich mit einem dicken SPD-Stempel versieht, kann Seehofer den Kompromiss nicht mehr ohne Gesichtsverlust annehmen – und so ist CDU und CSU die Möglichkeit
genommen, Einigkeit auch nur vorzutäuschen.

Als Gabriel am nächsten Morgen um neun Uhr im Kanzleramt
aufläuft, ist er fest davon überzeugt, dass diese Runde an ihn geht.
Tatsächlich ist die Union schlicht nicht verhandlungsfähig: Merkel
und Seehofer haben sich in ihrem stundenlangen Ringen am Vortag
nicht auf die Obergrenze geeinigt – und können auch nicht das
SPD-Konzept für die in Einreisezentren umbenannten Transitzonen
übernehmen. Schon um elf Uhr verlässt der Vizekanzler die Regierungszentrale wieder. Als er den Pulk der Fotografen passiert,
zeigt er ein besonders grimmiges Gesicht, was seinen Groll über die
Unions-Stümperei dokumentieren soll.

Doch Merkel und Seehofer tun etwas Überraschendes: Sie bleiben im Kanzleramt und setzen ihre unionsinternen Verhandlungen
vom Vortag fort. Der Kanzlerin ist es jetzt egal, dass die ganze

Republik erfährt, wie hart das Ringen mit Seehofer ist. Sie will einen
Kompromiss und schaltet dazu in einen Modus, den sie virtuos
beherrscht wie kein zweiter Politiker: die Detailverhandlungen. Jetzt
redet sie mit Seehofer wie mit Putin. Deine Interessen, meine Interessen, und wo können wir uns Jota für Jota annähern. Bald schon
schickt Merkel Kauder, Hasselfeldt und sogar Altmaier fort.

Jetzt ist sie mit Seehofer allein im achten Stock des Kanzleramtes.
Dort, ganz oben, ist eigentlich die Privatwohnung der Bundeskanzler. Gerhard Schröder hat sie noch genutzt, aber Merkel, die sich
jeden Abend in ihre Altbauwohnung in Berlin-Mitte fahren lässt,
empfängt auf dieser Etage ihre Regierungspartner zum Koalitionsausschuss. Gabriel ist schon vor Stunden gegangen, da reden Merkel
und Seehofer immer noch. Ihre Annäherung verläuft Millimeter für
Millimeter. »Wir brauchen eine Lösung noch in diesem Jahr«, so
Seehofers Formulierungsvorschlag. Ein durchsichtiges Manöver: Er
hofft, daraus einen Countdown für die Einführung einer Obergrenze zu machen. Das kann ihm Merkel nicht zugestehen. Als er
darauf besteht, bietet Merkel die Formel an: »Wir erwarten noch in
diesem Jahr eine Lösung.« Seehofer überlegt – und nickt. Merkel
will den ersten gefundenen Kompromiss gleich aufschreiben. Seehofer reicht ihr einen Kugelschreiber. Doch nirgendwo auf dem
großen Tisch liegt Papier. Die Kanzlerin steht auf, verlässt den
Raum. Seehofer denkt, sie steuert auf ihr Büro zu. Es dauert eine
Weile, aber als Seehofer sich zu wundern beginnt, kommt Merkel
mit einigen losen DIN-A4-Blättern in der Hand zurück. Sie grinst
und sagt: »Es ist niemand mehr da, ich habe ein Fax aufgebrochen.«
Der Sonntagnachmittag im fast leeren Kanzleramt geht in den
frühen Abend über. Merkel hält den Kompromiss jetzt handschrift-
lich fest. Dabei wird viel gestrichen und neu formuliert. Es geht um
jedes Wort. Während frühere Bundeskanzler wie Helmut Kohl oder
noch Gerhard Schröder mit ihren Verhandlungspartnern Absprachen unter Ehrenmännern trafen und die Vertextung Mitarbeitern
überließen, greift Merkel, wenn es wichtig wird, selbst zum Stift.
Diese Angewohnheit hat sie von Wladimir Putin übernommen: Der

russische Präsident hatte 2007 auf einem G-8-Gipfel in St. Petersburg gemeinsam mit dem amerikanischen Präsidenten George W. Bush ein Konsenspapier formuliert. Damals ging es um einen Krieg im Libanon, eine Frage von Leben und Tod. In der Finanzkrise, als ein falsches Wort den Absturz von Börsen und Volkswirtschaften zur Folge gehabt hätte, wird die Textarbeit der Staats- und Regierungschefs dann üblich. Merkel hat diesen Stil schließlich auch in der Euro-Krise in die Brüsseler Nachtsitzungen getragen. Und nun will sie mit einem Kugelschreiber das Verhältnis zur CSU reparieren.

Seehofer besteht zuerst darauf, dass im gemeinsamen Text festgehalten wird, der Andrang der Migranten überfordere Länder und Kommunen. Doch von einer »Überforderung« will Merkel nichts wissen. Sie bietet die Variante »große Herausforderung« an. Der Kompromiss lautet: »eine der größten Herausforderungen überhaupt«. Seehofer kann noch weitere Superlative durchsetzen, aber bei seinem Hauptanliegen bleibt Merkel stur. Es gibt keine Obergrenze, nicht einmal ein Wort, das leise den Wunsch danach wecken könnte. Merkel will nur schreiben: »Zuwanderung ordnen und steuern«. Nicht »begrenzen«. Seehofer unternimmt diverse Versuche, das Wort unterzubringen, aber er merkt: Hier verläuft Merkels rote Linie. Schließlich gibt sich Seehofer mit einem Wort zufrieden, das man zur Not als eine Art Begrenzung verstehen kann, aber nicht muss: »Zuwanderung ordnen und steuern, sowie Fluchtursachen bekämpfen, um so die Zahl der Flüchtlinge zu *reduzieren*«.

Der nächste Punkt geht dafür an ihn: Seine Transitzone wird als »vordringlichste Maßnahme« vereinbart. Dann hat der Bayer sein Pulver auch schon fast verschossen. Von einem »gemeinsamen Polizeizentrum« mit Österreich bis zur Einführung eines Flüchtlingsausweises schiebt ihm Merkel das Programm unter, das ihr Flüchtlingskoordinator Altmaier sowieso schon abarbeitet.

Merkel trickst Seehofer sogar aus – sie lässt ihn die Grundzüge des späteren EU-Türkei-Deals unterschreiben: Eröffnung neuer Kapitel in den Beitrittsverhandlungen, Beschleunigung der Verhandlungen zur Visafreiheit und ein legales Flüchtlingskontingent aus der Türkei für die EU. Seehofer glaubt, dies seien nur Nebenpunkte

der europäischen Lösung, die Merkel in dem Papier bis zum Jahresende verspricht – und die er sowieso für illusorisch hält. Er begreift
zu diesem Zeitpunkt nicht, dass er damit schon Merkels nächsten
Alternativplan zur nationalen Grenzschließung absegnet. Als die
CSU später gegen die vielen Zugeständnisse an Erdoğan wütet, kann
Merkel mit Recht darauf verweisen, dass Seehofer allem schon vor
Monaten zugestimmt hat. Den Schlusssatz hat sich Seehofer ausgedacht: »CDU und CSU werden sich regelmäßig alle 14 Tage treffen, um die Umsetzung der vereinbarten Maßnahmen zu überprüfen und festzulegen, ob weitere Maßnahmen notwendig sind.« Das
Signal ist klar: Seehofer schaut Merkel jetzt auf die Finger, weil er
ihr nicht mehr über den Weg traut.

Vier Tage später unterschreibt auch Gabriel bei einem weiteren
Treffen der Koalitionsspitzen ein Papier, das die Kernkompromisse
von Merkel und Seehofer enthält. Mit einer wichtigen Ausnahme:
Ausgerechnet von der Idee der Transitzonen ist im Kompromiss der
drei Parteivorsitzenden nicht mehr viel übrig. In der CSU kursiert
deshalb sofort der Verdacht, Merkel habe diesem CSU-Konzept nur
deshalb zugestimmt, weil Sigmar Gabriel ihr zugesichert habe, dass
seine SPD dies niemals als Regierungspolitik akzeptieren würde.

Seehofer hat verloren, kommentieren die Zeitungen. Dabei geht
allerdings unter, dass sehr wohl zwei besondere Einrichtungen für
Asylbewerber aus sicheren Herkunftsländern eingerichtet werden: in
den bayerischen Orten Manching und Bamberg. Beide liegen nicht
an der Grenze, außerdem werden sie nicht mit Zäunen und durch
Polizeipräsenz gesichert. Doch wer die Zentren verlässt, muss mit
dem Entzug von Sozialleistungen rechnen.

Da im Oktober mit Albanien, Kosovo und Montenegro nun
auch die letzten Balkanländer zu sicheren Herkunftsstaaten erklärt
wurden, spricht sich dort schnell herum, dass man schon nach wenigen Wochen in Manching oder Bamberg wieder abgeschoben
wird. Daraufhin bricht die hohe Zahl der Asylbewerber vom Balkan
rasch ein. Für Seehofer der Beweis, dass er Recht hat: Die Politik
kann Zuwanderung eben doch nicht nur managen und steuern, wie
Merkel meint, sondern auch begrenzen.

II
»Wir sehen uns zu diesem Thema wieder!«

Es ist 19.14 Uhr am 17. November 2015, einem Dienstag, als die Sicherheitsleute von Angela Merkel in den Notfallmodus schalten. Die Kanzlerin wird gerade in einer gepanzerten Limousine vom Flughafen Hannover-Langenhagen ins zwanzig Kilometer entfernte Fußballstadion gefahren, sie sitzt wie stets auf dem rechten Rücksitz, vorne fährt neben dem Chauffeur noch einer ihrer Leibwächter mit, die heute Personenschützer heißen. Dem Wagen der Kanzlerin folgt wie immer ein weiteres Auto mit vier Sicherheitsbeamten. Plötzlich ändert die kleine Kolonne ihr Ziel. Mit Blaulicht geht es sofort zurück zum Flughafen, dort wartet die Global 5000, eine der kleinsten Maschinen der Flugbereitschaft der Bundeswehr, die Merkel gerade erst von Berlin nach Hannover gebracht hat. Sofort fliegt die Kanzlerin zurück.

Merkel hatte sich das Fußballspiel Deutschland gegen Holland ansehen wollen, das um 20.45 Uhr angepfiffen werden sollte. Sie war schon so früh auf dem Weg zum Stadion, um vor Anpfiff das Team in der Kabine zu besuchen. Die Kanzlerin wollte den Spielern danken, dass sie Ruhe bewahrt haben. Vier Tage zuvor waren die Mannschaft und ihre Fans in Paris Ziel eines Anschlags gewesen, der in letzter Sekunde verhindert wurde.

Das Spiel in Hannover sollte nun ein Zeichen setzen, dass Europa sich nicht vom Terror einschüchtern lässt – zu Beginn sollten Deutsche und Niederländer aus Solidarität gemeinsam die Marseillaise singen. Doch jetzt ist das Spiel abgesagt, fast in allerletzter Minute. Viele tausend Zuschauer sind schon auf den Rängen und müssen rasch evakuiert werden. Die U-Bahn der Stadt wird gesperrt. Nicht nur Merkels Wagenkolonne ist umgekehrt, auch die des Vizekanzlers Gabriel und die des Justizministers Heiko Maas, die ebenfalls das Spiel verfolgen wollten. Innenminister de Maizière fliegt nicht nach Berlin zurück, er bleibt in Hannover und lässt sich ins Lagezentrum der Polizei fahren. Um 17 Uhr hatte das niedersächsische Landeskriminalamt ein Alarmprotokoll ausgelöst, das zwei Stunden später zur Spielabsage führte. Der Grund: Hinweise von Geheimdiensten.

Inwieweit diese verlässlich sind, kann de Maizière nicht persönlich beurteilen. Aber während Merkel schon wieder zurück in Berlin ist, muss er der Öffentlichkeit zeigen, dass die Regierung die Situation im Griff hat. Eine heikle Aufgabe: Er will demonstrieren, die Lage sei unter Kontrolle, ohne vollständig Entwarnung geben zu können. Lange überlegt er, was er sagen soll. Erst sehr spät, um 21.32 Uhr, tritt er vor die Presse.

»Ich bitte die deutsche Öffentlichkeit um einen Vertrauensvorschuss gegenüber dem Landesinnenministerium, mir und den Sicherheitsbehörden, dass wir gute, bittere Gründe hatten, uns so zu entscheiden«, sagt er. Bittere Gründe, die nicht genannt werden können? Auf Nachfrage, warum er in Andeutungen spreche, äußert de Maizière den Satz: »Ein Teil der Antworten würde die Bevölkerung verunsichern.« Angela Merkel ist erbost über diese Fehlleistung, als sie die Pressekonferenz im Fernsehen verfolgt. Tatsächlich wird de Maizières missglückter Ausspruch zum geflügelten Wort, weil es ein Grundempfinden vieler Bürger nicht nur in jener vermeintlichen Terrornacht, sondern in der Flüchtlingskrise ganz allgemein ausdrückt: Uns wird nicht alles gesagt.

In Hannover gibt es keinen Anschlag. Aber viele Deutsche haben dennoch das Gefühl, dass der Terror näher rückt. Bei der Aufklärung der Anschläge von Paris stellt sich heraus, dass einer der Attentäter, der sich vor dem Stade de France in die Luft sprengte, als Flüchtling über die Balkanroute eingereist war. Später bestätigt sich dieser Verdacht auch bei weiteren Terroristen. Damit gerät ein weiterer Glaubenssatz der Politik der offenen Grenzen ins Wanken. Bisher hatten Bundesregierung und Sicherheitsdienste stets behauptet, Terroristen würden die Balkanroute nicht nutzen, Europa sei für Kader des IS »mit gefälschten oder gestohlenen Papieren und einem Flugticket«

viel leichter zu erreichen, so BND-Chef Gerhard Schindler noch Anfang September. Und Verfassungsschutzpräsident Hans-Georg Maaßen erklärte sogar noch am Tag nach dem Pariser Anschlag: »Es wäre
risikoreich und untypisch, dass Personen mit Kampfauftrag in einem
Seelenverkäufer von der Türkei auf eine griechische Insel übersetzen.«
Nachdem bei einem der Paris-Attentäter ein syrischer Pass gefunden worden ist, erklärt der deutsche Innenminister die Beteili-
gung eines vermeintlichen Flüchtlings am Anschlag zur Strategie
der Terroristen. Der »Islamische Staat« könne diese Fährte bewusst
gelegt haben, um die Flüchtlinge in Europa zu diskreditieren. Justizminister Maas geht noch weiter: »Es gibt keine einzige nachweis-
bare Verbindung zwischen dem Terrorismus und den Flüchtlingen,
außer vielleicht die eine, nämlich, dass die Flüchtlinge in Syrien vor
den gleichen Leuten fliehen, die verantwortlich sind für die Anschläge in Paris.«
Später stellt sich heraus: Der Attentäter Ahmed al-Muhammad
war mit einem Schlepperboot von der Türkei nach Griechenland
gekommen und auf der Insel Leros sogar registriert worden. Vom
griechischen Staat erhielt er ein Ticket nach Piräus und reiste dann
über die Balkanroute weiter. Als Merkel den griechischen Ministerpräsidenten Alexis Tsipras am Telefon darauf anspricht, erwidert dieser, es beweise immerhin, dass in seinem Land die Registrierung
von Flüchtlingen wenigstens teilweise funktioniere. Aber nicht nur
die Griechen winken durch. Erst Ende Dezember wird Innenminister de Maizière wieder garantieren können, dass an der deutschen
Grenze alle Neuankömmlinge mit Lichtbild und Fingerabdrücken
erfasst werden. Die Beteuerung, der unkontrollierte Zustrom
Hunderttausender habe das Risiko des Einsickerns von Terroristen
nicht erhöht, war von Anfang an wenig glaubhaft. Als der »Islamische Staat« im Februar 2015, also vor der Grenzöffnung, im ostsyri-
schen Rakka 3800 Blankopässe erbeutete, erklärte das Bundeskriminalamt noch, eine Gefahr, dass damit Terroristen nach Deutschland
kämen, bestehe nicht: »wegen der Visumspflicht«.
Während der Öffentlichkeit erst langsam bewusst wird, in welchem Ausmaß die Kontrolle nach der Grenzöffnung verloren ging,

kämpft die Regierung darum, sie zurückzugewinnen: Der Bundestag beschließt umfangreiche Gesetzesänderungen. Die Beschlüsse des »Asylpaket I« werden Ende Oktober Gesetz: In den Erstaufnahmeeinrichtungen bekommen Flüchtlinge nun Sachleistungen statt Bargeld, Migranten vom Balkan werden fortan nicht mehr auf die Kommunen verteilt, sondern, wenn möglich, schon aus den Erstaufnahmeeinrichtungen nach schnellen Verfahren zurückgeschickt. Diese Maßnahmen wirken schnell. Doch kaum jemand nimmt davon Notiz, da die Zahl arabischer, afghanischer und anderer Migranten weiter dramatisch steigt.

Ausgerechnet in diesem politischen Klima muss Merkel zu einem CSU-Parteitag nach München reisen. Als CDU-Vorsitzende hat ihr Auftritt dort Tradition – eine Absage käme einer Kapitulation gleich. Merkels Rede ist für Freitag, den 20. November, geplant, sie war schon die ganze Woche schwer erkältet und gehört eigentlich ins Bett. Doch in der Nacht zuvor schläft sie lange nicht, erst telefoniert sie mit Sigmar Gabriel über die Umsetzung von Koalitionsabsprachen und dann noch später am Abend mit Seehofer. Die beiden diskutieren, welche Botschaft Merkel in ihrer Rede senden muss, um von den CSU-Delegierten nicht mit Schweigen oder gar Buhrufen bedacht zu werden. Dabei kommen sie offenbar nicht zusammen. Denn Angela Merkel bewegt sich am folgenden Abend nicht einmal rhetorisch auf die Schwesterpartei zu.

Sie hält eigentlich gar keine Rede, sondern liest ihren Standardvortrag ab, den sie auf diese Weise auch schon auf CDU-Veranstaltungen in jenen Tagen hält: Es gehe darum, europäische und internationale Lösungen zu suchen, Fluchtursachen zu bekämpfen und so weiter. Das vorangestellte Lob für die Leistungen Bayerns bei der Versorgung der Flüchtlinge wirkt pflichtschuldig, die Gratulation zum 70. Geburtstag der CSU eher lustlos. Die Obergrenze, die von den 1000 Delegierten gerade bei einer einzigen Gegenstimme beschlossen wurde, tut Merkel kurzerhand ab: »Abschottung und Nichtstun sind keine Lösung im 21. Jahrhundert.« Sie ist müde und krank, aber sie strahlt auch aus, dass sie eigentlich keine Lust hat, sich mit jenen Leuten auseinanderzusetzen, die ja immerhin auch ihre politische Basis bilden. »Niemand verlässt seine Heimat leichtfertig«, hält sie den CSU-Delegierten entgegen, und »im Übrigen« könnten »Abschiebungen auch mit einem freundlichen Gesicht vollzogen werden«. Will Merkel der CSU zeigen: Euch brauche ich nicht – ihr seid mir egal? Die versammelte CSU-Führung registriert aufmerksam, dass Merkel sogar gemeinsame Erfolge verschweigt, etwa, dass die Bundesregierung immerhin gerade beschlossen hat, die Zahl der Bundespolizisten in Bayern zu verdoppeln.

Der Applaus ist spärlich, Unmutsäußerungen sind zu hören. Seehofer ist bestürzt, einen solchen Vortrag hätte er nicht für möglich gehalten. Er erhebt sich von seinem Platz und geht auf die Bühne. Seehofer spricht jetzt selbst aus, was er eigentlich von ihr hören wollte: »Angela Merkel und Horst Seehofer haben noch immer eine gemeinsame Lösung gefunden« Und: »Wir werden uns noch verständigen«. Das sollte versöhnlich gemeint sein, wirkt aber ganz anders. Als Seehofer zur Obergrenze sagt: »Wir sehen uns zu dem Thema wieder«, ist die Drohung perfekt.

Fast dreizehn Minuten lang doziert der Einmeterneunzig-Mann neben der zwanzig Zentimeter kleineren Frau, Seehofer hat das Pult belegt, sie steht schutzlos auf der scharf ausgeleuchteten Bühne. Merkel weiß nicht, wohin mit sich, nicht einmal, wohin mit ihren Händen. Nur selten gerät Merkel in solche Verlegenheit. Vor einigen Jahren hat sie ihre inzwischen legendäre Raute entwickelt, bei der sie Daumen und Fingerspitzen eigentümlich zusammenpresst. Dies geht auf einen Rat ihrer zehn Jahre jüngeren Schwester Irene zurück, die als Ergotherapeutin arbeitet: Der Körper wird um seine Mitte stabilisiert. Üblicherweise schafft es die Kanzlerin, in dieser Pose über lange Zeit zu verharren, unzählige Auftritte zeugen davon. Aber hier, im Rampenlicht neben Seehofer, verliert Merkel ihre stabile Mitte. Sie gibt die Raute auf, verschränkt ihre Arme trotzig und verzieht das Gesicht zum Schmollen.

Seehofer sieht es nicht. Er blickt in den Saal, wo die Stimmung gerade kippt. Die Provokation durch Merkels Rede zuvor ist jetzt vergessen, ihre Demütigung durch Seehofer hat sie vergessen gemacht. Er behandelt sie, wie man eine Kanzlerin nicht behandeln darf. Wie man eine Frau nicht behandeln darf, finden vor allem viele weibliche Delegierte – es sind die CSU-Frauen, die dafür sorgen, dass Seehofer mit 87,2 Prozent anschließend sein schlechtestes Wahlergebnis als Parteivorsitzender kassiert. Der ganze Saal teilt das Gefühl, Merkel sei gekränkt worden.

Doch für Merkel selbst scheint gekränkter Stolz wieder einmal keine Kategorie im Verhältnis von zwei Parteivorsitzenden: »Ich ruf' Dich morgen an«, ruft sie Seehofer noch zu, bevor sie durch einen Seiteneingang verschwindet. Seehofer ist noch nicht bewusst, was er da angerichtet hat. Aber als er zu seinem Platz zurückkehrt, beugt sich sein Sitznachbar, der CSU-Schatzmeister Thomas Bauer, zu ihm und sagt: »Die Bilder war'n nicht gut«. Seehofer brummt: »Jetzt kann ich es nicht mehr ändern«.

Drei Wochen später folgt das Rückspiel: Diesmal muss Seehofer zum CDU-Parteitag. Aber nicht seine Rede wird mit Spannung erwartet, sondern die von Merkel. Da turnusmäßig in diesem Jahr keine Wahl der CDU-Vorsitzenden ansteht, ist der Applaus danach der einzige Gradmesser für die Akzeptanz ihrer Flüchtlingspolitik in der eigenen Partei. Eine Prüfung, die Merkel glänzend besteht.

Die Grundlage dafür legt sie allerdings nicht im Plenum mit seinen 1001 Delegierten in der Karlsruher Messehalle, sondern mit einem Dutzend Politprofis in einem schmucklosen Tagungsraum am Tag davor: Um 15 Uhr trifft sich das CDU-Präsidium im Novotel Karlsruhe City, dem sogenannten Vorstandshotel, das die Partei nur für ihre Führungsleute und einige ausgewählte Hauptstadtjournalisten reserviert hat.

Während das Präsidium im dritten Stock tagt, stecken im Erdgeschoss in einer Ecke der Hotellobby drei junge Männer in Anzügen die Köpfe zusammen: Der 38-jährige Carsten Linnemann, Chef der mitgliederstarken Mittelstandsvereinigung, sein Hauptgeschäftsführer Thorsten Alsleben, der im Merkel-Lager als konservativer Strippenzieher unter Verdacht steht, und Paul Ziemiak, der 30-jährige Vorsitzende der Jungen Union. Ziemiak hat selbst einmal in einem Flüchtlingsheim gelebt – seine Eltern kamen als

Spätaussiedler von Polen nach Deutschland. Doch jetzt hat seine JU gemeinsam mit der Mittelstandsvereinigung und der Vereinigung der Kommunalpolitiker Anträge für die Einführung einer Obergrenze gestellt, viele Ortsverbände unterstützen sie. Wirtschaft, rechter Flügel, Parteijugend und Basis – diese Verbindung könnte der Führung eine Schlappe bereiten, wenn es am nächsten Tag eine offene Debatte mit anschließender Abstimmung gibt. Beides will Merkel verhindern.

Dazu muss sie sich mit den Kritikern auf einen gemeinsamen Antragstext einigen und so die Rebellion unmittelbar vor dem Parteitag ersticken. Wie weit wird die Kanzlerin den Kritikern dafür entgegen kommen? Die drei Verschwörer starren auf ihre Mobiltelefone. Sie hoffen, dass ihnen aus der Präsidiumssitzung per SMS berichtet wird.

Es läuft gut für die Rebellen. Jens Spahn, Schäubles Finanzstaatssekretär und Jüngster im Präsidium, der die offenen Grenzen von Anfang an kritisch betrachtet, trommelt in der Präsidiumssitzung für ihren Antrag. Auch der stellvertretende Parteivorsitzende Volker Bouffier, der den hessischen Landesverband vertritt, macht sich für ihr Anliegen stark. Ziemiak hatte Merkel einen Tag zuvor in einem Zeitungsinterview die Brücke gebaut: Es komme auf die Sache an, nicht auf den Begriff »Obergrenze«. Auch das Verb »begrenzen«, das Merkel schon Horst Seehofer in nächtlichen Sitzungen im Kanzleramt verweigerte, will sie in den Beschlüssen ihrer eigenen Partei um keinen Preis sehen. Der CSU-Chef hatte ihr immerhin »reduzieren« abgerungen, jetzt bietet sie den Kritikern in den eigenen Reihen ein bisschen mehr: »verringern«. Um 16 Uhr wird die Sitzung des Präsidiums, also der engsten Parteiführung, erweitert um die Mitglieder des Vorstands. Hier sind Linnemann und Ziemiak dabei. Und sie erkämpfen noch ein Wort: »spürbar«.

Die CDU bekennt sich jetzt also dazu, die Flüchtlingszahlen »spürbar verringern« zu wollen. Merkel hat sich ein paar Millimeter bewegt – im CDU-Kosmos gilt das als großer Erfolg mutiger Kritiker. Außenstehende erinnert es hingegen an eine Karikatur von Heiko Sakurai mit dem Titel »Die jungen Rebellen in der CDU«: Sie zeigt eine an einem bürgerlichen Esstisch sitzende Merkel, drei brav gescheitelte Jüngelchen in Anzügen streng im Blick, die mit entschlossener Miene erklären:»Guten Abend, Mutter, aus Protest erscheinen wir zwei Minuten verspätet zum Essen und haben auch unsere Schlipse nicht angelegt.«

Tatsächlich findet die Debatte über die Flüchtlingspolitik auf dem Parteitag nicht statt, weil die JU und ihre Unterstützer ihre Anträge unmittelbar vorher zurückziehen. Nur eine Handvoll Überzeugungstäter, unter ihnen der konservative Bundestagsabgeordnete Wolfgang Bosbach und der ehemaligen Grenzpolizist Armin Schuster, bringen einen Antrag ein, in dem sich die CDU für eine »Rückkehr zur Rechtsordnung« aussprechen soll. Sie haben keine Chance: Nicht einmal 30 der 1001 Delegierten heben dafür die Hand.

Für Merkel läuft es also perfekt. Und für Sigmar Gabriel in derselben Woche katastrophal: Die SPD straft den Vorsitzenden auf ihrem Parteitag böse ab. Nur 74 Prozent stimmen für den Parteichef. Die SPD leidet gern an sich selbst, besonders gern öffentlich. Die CDU gerade nicht, deshalb ist Gabriels Drama für Merkel doppelt nützlich. Mit Geschlossenheit und langem Beifall für Merkel können die CDU-Delegierten jetzt sich selbst und ganz Deutschland beweisen, wer zum Regieren fähig ist und wer nicht. Und entsprechend warten die Delegierten kaum ihre Rede ab, sondern feiern die Kanzlerin schon bei ihrer Begrüßung mit stehendem Applaus. Anders als drei Wochen zuvor auf dem CSU-Parteitag ist Merkel an diesem Tag gesund, konzentriert und exzellent vorbereitet.

Der Kern ihrer Rede ist ein Appell an die Werte ihrer Zuhörer: »Die Idee einer Partei, die im ›C‹ ihre Grundlage findet. Und das heißt, in der von Gott gegebenen Würde jedes einzelnen Menschen.« Merkel spricht von der christlichen Vorstellung der Gotteskindschaft jedes Menschen, aus der die unverletzliche Würde jedes Einzelnen resultiert. Ihre Schlussfolgerung:»Das heißt für heute, es kommen keine Menschenmassen, sondern es kommen einzelne Menschen zu uns.« Es ist die stärkste Rede Angela Merkels als Parteivorsitzende, vielleicht ihre beste Rede überhaupt. Minutenlang applaudieren die Delegierten stehend. Die Kanzlerin hat jetzt zumindest von den eigenen Leuten ein deutliches Mandat für ihre Flüchtlingspolitik.

Mit diesem Parteitag ist Merkel endlich aus der Defensive gekommen. Ein EU-Türkei-Aktionsplan ist Ende November unterzeichnet worden, und sie kann damit zum ersten Mal begründet behaupten, dass es mit der von ihr angestrebten »europäischen Lösung« vorangehe. Und auch die Flüchtlingszahlen sinken, denn die Ägäis wird um diese Jahreszeit von schweren Stürmen heimgesucht, die Überfahrt wird immer gefährlicher.

Nach vier Monaten Flüchtlingskrise, die ihr mehr abverlangt haben als alle anderen Herausforderungen zuvor in ihrer zehnjährigen Kanzlerschaft, kann Merkel aufatmen und die Weihnachtspause genießen. Sie macht Urlaub im schweizerischen Engadin. Früher ist sie dort Langlauf gefahren, aber seit einem Sturz zwei Jahre zuvor, bei dem sie sich das Becken gebrochen hatte, verzichtet sie darauf. Die Gefahr, eine Lawine auszulösen, hätte ohnehin nicht bestanden: In diesem Jahr liegt in den Schweizer Alpen kaum Schnee. Nach ihrer Rückkehr verbringt sie noch ein paar Tage in ihrem Ferienhaus in der Uckermark. Dort brät sie, wie jedes Jahr, eine verspätete Weihnachtsgans.

In ihrer Neujahrsansprache 2016 zitiert sie sich selbst mit jenen Worten, die für ihre Flüchtlingspolitik stehen: »Wir schaffen das.« Unter ihren Beratern ist nach dem Parteitagstriumph sogar die Idee entstanden, die drei Worte nachträglich zum Kernsatz von Merkels Kanzlerschaft zu erheben und damit in den Wahlkampf 2017 zu ziehen. Keiner der Anwesenden bei der Aufzeichnung der Neujahrsansprache am Vorabend im Kanzleramt ahnt, dass dies der Schlussakkord der Willkommenskultur sein wird.

In Köln versammeln sich in der Silvesternacht mehr als tausend junge Nordafrikaner und Araber auf der Domplatte. Die Männer sind angetrunken und aggressiv, über Stunden kommt es zu massiven sexuellen Belästigungen von Frauen. Die Polizei stellt nur in 71 Fällen die Personalien von Beschuldigten fest, der Großteil von ihnen weist sich mit Meldebescheinigungen des Bundesamtes für Migration und Flüchtlinge als Asylbewerber aus.

Obwohl die von den Frauen teilweise als traumatisch empfundenen Übergriffe massenhaft und öffentlich stattfanden, gibt es zunächst keine Berichterstattung darüber. Opfer der Übergriffe verbreiten aber in den sozialen Medien, was geschehen ist. Die meisten Zeitungen und Fernsehsender berichten erst am 4. Januar von den Ereignissen auf der Domplatte und in den umliegenden Straßen. Einige Redaktionen arbeiten anschließend selbstkritisch auf, warum sie so lange gebraucht haben, um zu berichten. Trotzdem entsteht das Bild, die Medien, die wenige Monate zuvor die Willkommenskultur euphorisch unterstützten, hätten nun Straftaten verschwiegen, weil Flüchtlinge als Täter verdächtigt wurden. Merkel wird bei mehreren Gelegenheiten den Eindruck, hier sei vertuscht worden, bitter beklagen.

Die Kanzlerin begreift sofort, was dieser Stimmungsumschwung für sie bedeutet: Die Deutschen verlieren die Geduld mit ihrer Flüchtlingspolitik. Sigmar Gabriel nimmt die Stimmung einmal mehr als Erster auf. Ausgerechnet von Kuba aus, wo er sich als Wirtschaftsminister gerade aufhält, gibt er der »Bild«-Zeitung am 7. Januar ein Interview: »Ich sage: Null Toleranz gegenüber Kriminalität und sexuellen Übergriffen«. Der Staat müsse Härte zeigen: »Das sind wir den Deutschen und der überwiegenden Mehrheit der anständigen Flüchtlinge schuldig.« Dann fordert er sogar, die Täter nicht in deutsche Gefängnisse zu stecken, sondern in Marokko, Tunesien oder Algerien einzusperren: »Warum sollen deutsche Steuerzahler ausländischen Kriminellen die Haftzeit bezahlen?« Eine Forderung, von der er wissen muss, dass sie nicht durchführbar ist. Merkel glaubt, nachziehen zu müssen: Die CDU-Spitze beschließt auf einer Klausurtagung, dass künftig auch bei Bewährungsstrafen abgeschoben wird.

Das Wettrennen geht im Bundestag auf die Ziellinie. Schon in der ersten Sitzungswoche des Jahres beschließt die Große Koalition im Rekordtempo mehrere Gesetzesverschärfungen: Straffällig gewordene Ausländer sollen schneller abgeschoben werden und der Familiennachzug von Flüchtlingen wird eingeschränkt. Auch das Sexualstrafrecht wird drastisch verschärft. Der parlamentarische

Aktionismus ist eine reine Ersatzhandlung: Niemand glaubt, dass Gerichte, die sogar Abschiebungen nach Griechenland untersagen, fortan solche nach Syrien genehmigen. Wenn alleinstehende Männer in Köln das Problem waren – wieso ist die Lösung, dass Familien nicht mehr nachkommen dürfen? Die in Köln angezeigten sexuellen Nötigungen und Vergewaltigungen waren auch nach altem Recht strafbar – nur hätten dafür die Täter ermittelt werden müssen.

Merkel glaubt keine Sekunde, dass sie die Stimmung in der Bevölkerung noch einmal drehen kann. Sie habe mit einem Stimmungsumschwung gerechnet, erklärt sie gegenüber Vertrauten – allerdings nicht so früh und so jäh wie nach Köln. In einem Gespräch mit Managern von DAX-Unternehmen und Eigentümern von großen Familienunternehmern, das ohne Öffentlichkeit stattfindet, gibt sie Mitte Januar Einblicke in ihren Gemütszustand. Immer noch wolle sie die deutsche Grenze nicht schließen, aber die Suche nach einer internationalen Lösung gleiche einem »Wettlauf mit der Zeit«, bei dem man nicht wisse, wie lange man noch habe: »Und es ist schon ein Unterschied, ob wir noch drei Monate oder nur noch drei Tage haben, um ein historisches Projekt auf die Beine zu stellen«. Auch in ihrem Umfeld setzt sich jetzt die Erkenntnis durch, dass ein neuer Anstieg der Flüchtlingszahlen das Ende von Merkels Kanzlerschaft bedeuten würde. Und dieser Anstieg droht schon in wenigen Wochen: Wenn der Winter vorbei ist und die Stürme auf der Ägäis abflauen.

Während Merkel den Wettlauf mit der Zeit noch gewinnen will, geben ihre letzten internationalen Mitstreiter auf. Zu Jahresbeginn 2016 führt Schweden Grenzkontrollen ein und weist alle Flüchtlinge zurück, die keine Papiere bei sich haben – bisher waren fast zehn Prozent der über die Balkanroute nach Deutschland Geflüchteten Richtung Skandinavien weitergezogen. Die Deutschen passen ihre Politik an: Wer an der Grenze nicht Asyl beantragt, sondern angibt, nur durchreisen zu wollen, wird nicht mehr hineingelassen, sondern nach Österreich zurückgeschickt. Das sind im Januar immerhin im Schnitt 200 Migranten pro Tag. In Wien grassiert jetzt die Angst, die Deutschen könnten die Grenze komplett schließen. »Das wird nicht passieren. Ich habe Angela Merkels Wort, und sie ist dafür bekannt, dass sie ihr Wort hält«, hält Bundeskanzler Faymann dagegen.

44 Bundestagsabgeordnete der CDU fordern Merkel in einem gemeinsamen Brief auf, endlich die Grenzen zu schließen. Sie erhalten nicht mal eine Antwort. Am 18. Januar eskaliert der Streit in der Sitzung des Bundesvorstands: Kauder greift einzelne Abweichler gezielt an, aber auch Julia Klöckner, die Spitzenkandidatin, der in Rheinland-Pfalz zwei Monate vor der Wahl die Umfragen einbrechen, empfiehlt zornig: »Einfach 'mal die Klappe halten!« Wenige Wochen später wird Klöckner mit einem »Plan A2« selbst auf Distanz zu Merkel gehen.

Ausgerechnet in dieser Lage muss sie wieder zur CSU, diesmal nach Wildbad Kreuth, dort, wo die CSU in jedem Januar versucht, vor alpiner Kulisse mit schneidigen Statements die Schlagzeilen zu erobern. Seehofer hat nach den Kölner Exzessen seine Forderung nach einer Obergrenze erstmals konkret gemacht: 200 000 Flüchtlinge will er pro Jahr nach Deutschland lassen. Das ist implizit auch eine Art Ultimatum für Merkel. Denn bleibt der Zustrom so hoch, wie er Anfang des Jahres noch ist, wird die Obergrenze schon Ende März erreicht sein.

Horst Seehofer ist so angespannt, dass er bei seiner Rede einen Schwächeanfall erleidet. Und er erklärt Merkel fast zur Volksverräterin: »Die Bevölkerung will nicht, dass das ein anderes Land wird«. Selbst aus ihrem eigenen Kabinett wird ihr die Gefolgschaft aufgekündigt. CSU-Verkehrsminister Alexander Dobrindt fordert Merkel auf, endlich die Realität anzuerkennen und Vorbereitungen zur Grenzschließung zu treffen. Dobrindt stellt damit offen Merkels Richtlinienkompetenz in Frage und fordert seine Entlassung geradezu heraus – doch die Kanzlerin will keinen Märtyrer. Beim anschließenden Bier nach dem ersten Tagungstag reden sich die Landtagsabgeordneten über die Halsstarrigkeit ihrer Kanzlerin in Rage. Ein merkelfreundlicher Teilnehmer berichtet entsetzt nach Berlin, es herrsche »Pogromstimmung«.

Merkel versucht die Rebellen einzuschüchtern. Obwohl Kreuth gut mit dem Auto zu erreichen ist, schwebt die Kanzlerin per Helikopter ein. Das sieht nicht nur im Fernsehen gut aus, sondern dokumentiert die Rangordnung: Ich, die Kanzlerin, komme aus höheren Sphären. Aber die Landtagsabgeordneten lassen sich nicht mehr beeindrucken. In Kreuth brechen alle Dämme. Merkel muss eine Wutrede nach der anderen anhören, ihre Erklärungen werden von Zwischenrufen gestört und von Hohngelächter unterbrochen. Einige Abgeordnete fordert sie offen zum Rücktritt auf. Noch Tage später wird im Kanzleramt von einem »extremen Erlebnis« gesprochen.

Merkel ist in der Defensive, wirbt nur noch kleinlaut darum, ihre Politik »wenigstens ein bisschen« zu unterstützen, und macht spontan eine Konzession: Sie brauche noch Zeit, um eine europäische Lösung zu erzielen, aber sie werde nach dem EU-Gipfel vom 18. Februar eine »Zwischenbilanz« ziehen. Jetzt stellt sie sich also schon selbst Ultimaten. Vor der Tür warten die Journalisten, an die längst durchgestochen wurde, was gerade dahinter geschah. Blass tritt Merkel vor die Kameras – allein. Ihr Gastgeber Horst Seehofer, für den auch ein Mikrophon aufgebaut ist, lässt sie im Stich.

Auch die SPD nutzt die Schwäche der Kanzlerin. Im Staatssekretärsausschuss, dem Maschinenraum der Regierung, stoppt sie bereits verabredete Maßnahmen wie die Einschränkung von Sozialleistungen für Asylbewerber, die mit geringer Aussicht auf Anerkennung in Erstaufnahmeeinrichtungen leben.

Selbst der stets kämpferische Flüchtlingskoordinator wirkt jetzt angeschlagen – Altmaier hat eine Grippe verschleppt und muss sich Mitte Januar ausgerechnet vom Staatssekretär im Wirtschaftsministerium und Gabriel-Intimus Matthias Machnig verhöhnen lassen: Vielleicht sei die Heiserkeit des Kanzleramtschefs eine Folge seiner vielen Talkshowbesuche. Zum wichtigen Thema Wohnungsbau für Flüchtlinge gibt es an einem Tag zwei Pressemitteilungen mit konträrem Inhalt: Eine von der zuständigen Bauministerin Barbara Hendricks (SPD), die andere von der Staatsbank KfW. Immer mehr lokale und regionale CDU-Gremien fordern eine Obergrenze, in Essen melden drei SPD-Ortsvereine eine Demonstration an, die sich unter dem Motto »Der Norden ist voll« gegen eine weitere

Aufnahme von Flüchtlingen in ihren Stadtteilen wendet. Eine Art neuer GroKo entsteht: Die Ganz-Große-Anti-Merkel-Koalition.

Verbissen arbeitet Merkel an ihrer internationalen Lösung. Anfang Februar besucht sie in London eine Geberkonferenz für syrische Flüchtlinge. Neun Milliarden Dollar als Zusagen für 2016 kommen zusammen, neben den Briten spenden vor allem die Kuwaiter, die größte Geberin ist aber die Bundesregierung mit 2,3 Milliarden Euro. »Ich möchte nie wieder erleben, dass in den Flüchtlingslagern die Rationen gekürzt werden«, sagt Merkel.

Aber mit dem Mann, der den Krieg in Syrien wirklich beenden könnte, spricht an diesem Tag nicht die Kanzlerin, sondern ausgerechnet Seehofer. Der bayerische Ministerpräsident wird von Wladimir Putin im Kreml empfangen. Zur selben Stunde bombardiert die russische Luftwaffe erneut die syrische Stadt Aleppo. Der Besuch des Bayern gilt für die Russen als Beweis, dass Merkels Macht bröckelt: »Aufruhr in Deutschland«, kommentiert das Staatsfernsehen.

Bei diesem Aufruhr hilft der Kreml gerne nach. Im Januar hatten russische Staatsmedien über eine Vergewaltigung einer Berliner Russlanddeutschen durch arabische Flüchtlinge berichtet. Außenminister Sergej Lawrow kritisierte die angebliche Vertuschung durch die deutschen Behörden. Es gab Demonstrationen vor dem Kanzleramt und in mehreren deutschen Städten, in deren Organisation auch die NPD eingebunden war. Allerdings hatte das Verbrechen nie stattgefunden. Und die Deutschen sind trotz der Flüchtlingskrise noch nicht bereit, zum russischen Autokraten überzulaufen: »Merkel nach Sibirien, Putin nach Berlin«, bleibt eine Parole der Pegida-Märsche, die in der politischen Mitte bei aller Verunsicherung keinen Widerhall findet. Seehofer hat sich von Stoiber in die Irre führen lassen. Als eine Woche später bei der Münchner Sicherheitskonferenz US-Senatoren um John McCain aus Protest gegen den pro-russischen Kurs dem traditionellen Dinner des Ministerpräsidenten fernbleiben, schämen sich sogar viele in der CSU.

Doch Seehofers Schlappe bedeutet nicht mehr automatisch Merkels Sieg. Längst macht sich in Deutschland das Gefühl breit, die Regierung wisse nicht mehr, was vor Ort geschehe. Merkel erkennt dies als besondere Gefahr für sich selbst. Sie ist nach der Wende gleich in die Bundespolitik eingestiegen und hat nie Erfahrungen auf Länder- oder Kommunalebene gesammelt. Deshalb arbeitet sie unermüdlich gegen den Eindruck an, sie verstehe die Lokalpolitiker nicht, lädt kommunale Spitzenvertreter immer wieder ins Kanzleramt ein, ganze Stunden sind in ihrem Terminkalender in der Flüchtlingskrise für Telefonate mit Bürgermeistern und Landräten reserviert. Meist überzeugt sie mit offensivem Interesse – aber nicht immer.

Landrat Peter Dreier etwa hatte Merkel schon am Tag der Grenzöffnung getroffen, beim Schulbesuch in Buch bei Erlbach. Anderthalb Monate später schreibt ihr der Lokalpolitiker, der für die Freien Wähler antritt, einen Brief, in dem er eine persönliche Obergrenze definiert: »Wenn Deutschland eine Million Flüchtlinge aufnimmt, entfallen rechnerisch auf meinen Landkreis 1800. Diese nehme ich auf, alle weiteren schicke ich per Bus weiter nach Berlin zum Kanzleramt«. Daraufhin ruft ihn Merkel am 28. Oktober persönlich an – das Gespräch dauert so lange, dass sogar ein mit Ministern, Wirtschaftsführern, Spitzenbeamten und Reportern gefüllter Airbus warten muss, mit dem Merkel anschließend nach China aufbricht.

Denn der Landshuter Landrat lässt nicht locker: »Machen Sie es doch wie Franz Beckenbauer, geben Sie einfach zu, dass Sie einen Fehler gemacht haben«, rät er Merkel am Telefon. Doch Merkel erklärt, sie arbeite Tag und Nacht an einer europäischen Lösung, brauche aber noch mehr Zeit. Der Landrat warnt: »Wir haben so viele Flüchtlinge untergebracht, dass die Bevölkerung am Limit ist: Der innere Friede ist bei uns in Gefahr!« Dreier bleibt bei seiner Drohung: Den 1801. Flüchtling und alle weiteren fährt er im Bus nach Berlin. Merkel führt ihr Argument ungerührt weiter: »Wenn Sie die Busse zu mir schicken, müsste ich die eigentlich nach Griechenland zurückschicken. Aber von dort laufen die Flüchtlinge dann wieder zu Ihnen.« Schließlich einigen sich Kanzlerin und Landrat pragmatisch: Sie diktiert ihm die Telefonnummer ihres stellvertretenden Büroleiters, Bernhard Kotsch, und er verspricht, Bescheid zu geben, bevor er die Busse losschickt.

Als das Telefonat wenige Tage später von der »Welt am Sonntag« bekannt gemacht wird, lacht das politische Berlin von Herzen. Doch im Februar ist der Bus aus Landshut tatsächlich da. Vor dem Kanzleramt nimmt ein riesiges Medienaufgebot die Flüchtlinge in Empfang, die gar nicht wissen, wie ihnen geschieht. Dreier rechtfertigt seine Aktion als Notwehr. Es kämen immer mehr Flüchtlinge, Merkel müsse die Grenze endlich schließen. Mehr als Schlagzeilen bekommt er nicht. Da Merkel und Altmaier sich weigern, die Flüchtlinge aus Landshut im Kanzleramt zu empfangen, und Berlin ihnen nur Plätze in überfüllten Erstaufnahmeeinrichtungen bieten kann, nimmt Landrat Dreier sie alle wieder mit nach Bayern.

Das Vertrauen der Bevölkerung schwindet so spürbar, dass Merkel entscheidet, noch einmal ins Fernsehen zu gehen, um sich zu erklären. Ende Februar ist sie wieder bei »Anne Will« zu Gast. Sie wird gefragt: »Schlittert Deutschland in ein zweites Weimar?« Eine Frage, die noch wenige Monate zuvor undenkbar gewesen wäre.

Unter Druck wie kaum zuvor, verändert sich Merkel. Als Kanzlerin, die sich jahrelang hinter vermeintlich alternativlosen Sachzwängen versteckt hat, wird sie plötzlich sehr persönlich. 257 Mal sagt die Kanzlerin »ich« oder ein davon abgeleitetes Wort in diesem Gespräch, so hat es Christoph Schwennicke, Chefredakteur des »Cicero«, nachgezählt, beinahe alle zehn Sekunden. Zum Ende des Gespräches bricht es aus ihr heraus: »Meine verdammte Pflicht und Schuldigkeit besteht darin, dieses Europa zusammenzuhalten«. Mag dies noch dem preußischen Pathos entsprechen, das sie pflegt, wenn ein höherer Ton unumgänglich erscheint. Was sie danach über die Mühe einer europäischen Lösung sagt, hat man von ihr noch nie gehört: »Leider glauben so viele nicht daran. Nicht so wie ich. Deshalb wünsche ich mir möglichst viele, die mit daran glauben. Dann kann man auch Berge versetzen.«

Nur selten geschieht es, dass die Pastorentochter Angela Merkel ihren religiösen Hintergrund so offenbart. Eigentlich nie. Dabei spielt das von ihr benutzte Bild ausgerechnet auf ein Christuswort an, das eine der größten Zumutungen für rationale Menschen bereithält. Im Matthäusevangelium sagt Jesus:»Wahrlich, so ihr Glauben habt wie ein Senfkorn, so möget ihr sagen zu diesem Berge: Heb' dich von hinnen dorthin! So wird er sich heben, und euch wird nichts unmöglich sein.« Ein kühner Gedanke für eine Politikerin, die sich viel darauf zugutehält, ihr Handeln sei stets streng rationalen Kriterien unterworfen.

Merkel schlägt damit einen Ton an, der für ihre Partei gefährlich ist. Denn während die eigenen Leute mit ihrer Flüchtlingspolitik fremdeln, versucht die Konkurrenz diese Politik samt ihrer christlichen Inspiration für sich zu vereinnahmen.»Ich bete jeden Tag dafür, dass die Bundeskanzlerin gesund bleibt«, bekennt der grüne Ministerpräsident von Baden-Württemberg, Winfried Kretschmann, demonstrativ fromm. Die CDU-Wahlkämpfer fordern von Merkel, dass sie solche Avancen empört zurückweist. Doch die denkt gar nicht daran.»Der Ministerpräsident unterstützt mich und ich freue mich darüber«, sagt sie bei Anne Will und schiebt nur pflichtschuldig nach:»Wer mich aber wirklich unterstützen will, der sollte CDU wählen.« Sie spricht nicht einmal den Namen von Kretschmanns CDU-Gegenkandidaten aus!

Merkel kämpft nur noch für sich und nicht mehr für die eigenen Leute – so sieht es die Südwest-CDU, aber auch die Rheinland-Pfälzer um Julia Klöckner. Sie ist Stellvertreterin Merkels als Bundesvorsitzende der CDU und nun gleich von zwei Seiten unter Druck: Sie verliert Stimmen an die AfD und droht gleichzeitig liberale Merkel-Anhänger an die SPD zu verlieren. Denn auch Klöckners Gegenkandidatin, die sozialdemokratische Ministerpräsidenten Malu Dreyer, bekennt sich nach einigem Zögern öffentlich als Fan von Merkels Flüchtlingspolitik. Wer Merkel will, muss Rot oder Grün wählen. Fassungslos sehen CDU-Landespolitiker, dass ihre Parteivorsitzende dies auch auf Nachfrage nur zaghaft dementiert. Als Klöckner und Wolf mit einem»Plan A2« eine sanfte Modifizierung der Flüchtlingspolitik vorschlagen, tut Merkels Vertrauter Volker Kauder dies in einem Fernsehinterview schroff ab: Er rate allen, den Kurs der Kanzlerin fortzuführen. Diese Steilvorlage nutzt die Opposition, Klöckners Vorschläge werden als Anti-

Merkel-Plan dargestellt. Am Ende verliert die CDU die Wahlen sowohl in Baden-Württemberg als auch in Rheinland-Pfalz.

Aber hat damit nicht auch Merkel verloren? Nein, erklärt CDU-Vize Ursula von der Leyen einem verdutzten Fernsehpublikum noch am Wahlabend: »80 Prozent« der Wähler hätten schließlich für ihre Flüchtlingspolitik gestimmt – denn SPD und Grüne unterstützten ja ihren Kurs.

In diesem Moment hat sich die Emanzipation der Kanzlerin von der sie tragenden Partei vollendet: Ob man CDU, SPD oder Grüne wählt, ist egal, alle unterstützen Merkel – außer CSU und AfD. Für Horst Seehofer markiert dieser Moment den Tiefpunkt der Flüchtlingskrise. Der CSU-Chef schaut Wahlsendungen – wie auch Fußball-Länderspiele – am liebsten bei sich zu Hause. Auch an diesem Sonntagabend im März sitzt Seehofer daheim vor dem Fernseher. Als er verfolgen muss, wie von der Leyen die CDU-Niederlage zum Sieg der Kanzlerin erklärt, kann er nicht an sich halten: »Gaga!«, ruft er aus: »Ballaballa!«

12
Ausgerechnet Erdoğan

Schon im Sommer hatte Wolfgang Schäuble der Bundeskanzlerin erklärt, sie könne die Flüchtlingskrise nur gemeinsam mit dem türkischen Präsidenten Recep Tayyip Erdoğan lösen. Bald wies sogar die türkische Seite selbst in diese Richtung. Am 7. September, direkt nach der Grenzöffnung, bietet der türkische Ministerpräsident Ahmet Davutoğlu in einem Gastbeitrag für die »Frankfurter Allgemeine« sein Land als eine »Pufferzone zwischen dem Chaos und Europa« an. Er fordert eine »Lastenaufteilung« und nennt auch schon exakt den Preis, den der EU-Türkei-Deal Monate später kosten wird: sechs Milliarden Euro. Am Montag erscheint der Text, am Dienstag, dem 8. September, ruft Merkel persönlich bei Davutoğlu an und bestätigt ihm, die Botschaft sei angekommen.

Doch zunächst verfolgt die Kanzlerin noch einen anderen Weg. Sie will die Flüchtlinge in griechischen Hotspots sammeln und von dort in ganz Europa verteilen. Das wird im September in Brüssel sogar beschlossen. Aber der Plan wird niemals Realität: Vielmehr professionalisieren sich die Strukturen der Durchreise auf der immer weniger beschwerlichen Balkanroute weiter. Staatliche Organisationen und Schlepper arbeiten bald Hand in Hand, um die Menschen möglichst schnell nach Deutschland zu bringen. Merkels europäische Lösung ist tot, stattdessen ist eine Migrations-Autobahn nach Deutschland entstanden, auf der Menschen aus immer ferneren Weltgegenden befördert werden.

Merkel erhöht nun den Einsatz. Innenpolitisch radikalisiert sie ihre Politik der offenen Grenzen, indem sie ein Flüchtlingsmanagement am zuständigen Innenminister vorbei institutionalisiert. Außenpolitisch ist sie jetzt bereit, alles auf die türkische Karte zu setzten.

Das Flüchtlingsmanagement und der Türkei-Deal gehören zusammen, sie bilden die zweite Phase von Merkels Flüchtlingspolitik. Am 6. Oktober beschließt das Bundeskabinett die Einsetzung des »Flüchtlingskoordinators«, einen Tag später erwähnt die Kanzlerin zum ersten Mal in diesem Zusammenhang öffentlich die Türkei: »Wir müssen unsere Außengrenzen besser schützen. Aber das wird nur gelingen, wenn wir uns mit den Nachbarn, beispielsweise auch mit der Türkei, darüber einigen, wie man die Aufgabe der Versorgung von Flüchtlingen besser teilt«, erklärt sie im Interview bei »Anne Will«: »Das bedeutet: mehr Geld für die Türkei, die große Ausgaben wegen der Flüchtlinge hat. Das bedeutet auch, dass wir der Türkei eine bestimmte Zahl von Flüchtlingen abnehmen, sodass nicht Menschenhändler und Schmuggler Geld verdienen.«

Für das Fernsehpublikum mag die Überlegung, der Schlüssel zur Lösung der Flüchtlingskrise liege in der Türkei, überraschend klingen. Für die Politik ist die Idee, die Abwehr von Flüchtlingen an ein Land auszulagern, das es mit den Menschenrechten nicht so genau nimmt, nichts Neues. Nach Wolfgang Schäubles Tamilen-Deal mit Erich Honecker in den achtziger Jahren sorgte Italiens Ministerpräsident Silvio Berlusconi in den neunziger Jahren dafür, dass es nicht allzu viele Menschen bis an die Strände Italiens schafften. Sein Partner war damals Libyens Diktator Muammar al-Gaddafi. Der frühere Terroristen-Unterstützer hatte 2010 fünf Milliarden Euro gefordert, um afrikanische Flüchtlinge zurückzuhalten, und dies ganz unverblümt begründet: »Wenn nicht, wird die Zukunft Europas nicht länger weiß und christlich, sondern schwarz sein«. Berlusconi deklarierte die Milliarden als »Reparationen«, also Wiedergutmachung für historische Gräuel des italienischen Faschismus in Libyen, und stattete Gaddafis Regime zusätzlich noch mit Schnellbooten und Nachtsichtgeräten aus. Dafür brachte der Diktator die Flüchtlinge ins Gefängnis oder deportierte sie in die Sahara. So lange er regierte, war nicht das Meer das Massengrab der Migranten, sondern die Wüste.

Auch Deutschland profitierte indirekt vom libyschen Grenzschutz, aber Merkel hielt sich persönlich von Gaddafi fern. Eine

Selbstverständlichkeit war das nicht: In Großbritannien nannte ihn Tony Blair einen »Freund«, in Frankreich zeltete er tagelang im Pariser Stadtpalais Marigny mit eigenem Kamel für die tägliche Stutenmilch, und in Italien organisierte ihm Berlusconi gar einen Auftritt vor 200 eigens gecasteten jungen Frauen, die Gaddafi zum Islam bekehren wollte. Merkel hatte den Despoten nie nach Berlin eingeladen und es auf internationalen Bühnen stets gemieden, ihm auch nur die Hand zu schütteln.

Aber im Herbst 2015 gibt es keinen Berlusconi, dem man die Drecksarbeit überlassen kann. Merkel muss selbst ins Geschäft kommen. Und sie hat lange Angst, dass die deutsche Öffentlichkeit ihr dies übel nimmt. Sie weiß nicht, dass es in Berlin einen überaus sympathischen Mann gibt, der gute Argumente für ein Abkommen mit Erdoğan hat und dafür sorgt, dass sich diese herumsprechen: Er heißt Gerald Knaus.

Der 46-Jährige, der zehn Jahre jünger aussieht, hat sein Büro nicht im Regierungsviertel, sondern in Berlin-Kreuzberg. Genau genommen in einer Erdgeschosswohnung in der Großbeerenstraße – neben einem Laden für »Kleine Möbelstücke II. Hand«. Hier beginnt die spektakulärste Karriere der Flüchtlingskrise. Knaus leitet die »European Stability Initiative« (ESI), einen unabhängigen Thinktank, eine Denkfabrik mit nur einem Dutzend Mitarbeitern, die überall auf dem Kontinent verstreut arbeiten.

Es sind Absolventen von Elite-Hochschulen, die in den Balkan-Kriegen für internationale Organisationen tätig waren, sich anschließend selbstständig machten und seitdem in Berlin, Brüssel, Istanbul, London, Sarajevo und Wien politische Konzepte entwickeln. In ihrem Newsletter, in politischen Medien oder auch direkt bei Abgeordneten und Beamten werben sie für ihre Vorschläge, wie europaweit politische Probleme intelligent gelöst werden können. Finanziert wird der Thinktank von Spendern: der größte unter ihnen ist der schwedische Staat, der umstrittenste der amerikanische Investor George Soros. Knaus selbst ist Österreicher, hat seine prägenden beruflichen Erfahrungen auf dem Balkan gemacht und anschließend mit seiner slowakischen Frau und drei Töchtern in Istanbul gelebt.

Von der Türkei bis nach Deutschland sind ihm fast alle Länder der Balkanroute gut vertraut.

Am 17. September 2015 stellt er ein neues Paper auf seine Website und verschickt es über seine Mailing-Liste: »Why People Don't Need to Drown in the Aegean« – Warum niemand in der Ägäis ertrinken muss. Knaus schlägt darin vor, Deutschland solle freiwillig 500 000 syrische Migranten direkt aus der Türkei einreisen lassen. Im Gegenzug müsse Griechenland alle Flüchtlinge, die über die Ägäis kommen, in die Türkei zurückschicken. Dann würde bald niemand mehr die lebensgefährliche Überfahrt wagen. Schon zu einem frühen Zeitpunkt der Flüchtlingskrise enthält dieses Dokument die Grundzüge des späteren EU-Türkei-Abkommens.

Auf der ESI-Mailingliste sind allerdings weder das Kanzleramt noch das Auswärtige Amt zu finden. Wohl sind mit dem ehemaligen Vorsitzenden des Auswärtigen Ausschusses, Ruprecht Polenz, und dem Ausschussmitglied Roderich Kiesewetter zwei namhafte CDU-Außenpolitiker verzeichnet, sie gehören aber nicht zu Merkels direktem Umfeld. Knaus selbst hat weder die Kanzlerin, noch den Flüchtlingskoordinator oder einen Abteilungsleiter aus dem Kanzleramt je persönlich getroffen. Sein höchster direkter Kontakt in die deutsche Regierung ist ein Treffen mit dem Leiter des Planungsstabes im Auswärtigen Amt, Thomas Bagger – den er aber erst im Oktober kennenlernt, als Merkel schon mit Erdoğan verhandelt.

Das nächste Papier von Knaus, das er am 4. Oktober per Newsletter verschickt, enthält schon die spätere türkische Hauptforderung: die Visafreiheit für die EU. Deshalb entsteht später die Legende, das EU-Türkei-Abkommen sei tatsächlich am Schreibtisch in Kreuzberg geschrieben worden. Knaus legt dies selbst nahe, von Anfang an. Er nennt sein Papier sogar großspurig »The Merkel Plan«. Er setzt alles daran, der Kanzlerin seine Ideen anzudienen – nicht aus Eitelkeit, sondern weil er will, dass die Konzepte seines Thinktanks umgesetzt werden. Das aber können nur Regierungen. Knaus nimmt nicht nur in Kauf, dass sich Politiker mit seinen Ideen schmücken, er setzt genau darauf. Als die Niederlande wenig später den EU-Ratsvorsitz übernehmen, kursiert das gleiche Konzept bald als der »Samsom-

Plan« – Diederik Samsom, der Vorsitzende der niederländischen Arbeiterpartei, soll ihn sich zu eigen machen. Knaus, der im Gespräch bescheiden auftritt, ist ein Visionär, der auf seinem Feld Außerordentliches leistet. Er verbindet theoretische Überlegungen zu Formen und Voraussetzungen moderner Migrationsströme mit den Einsichten des Praktikers. Oft kann er die Frage, wie viele griechische Asyl-Entscheider konkret in welchem Lager beschäftigt sind, besser beantworten als die zuständigen Beamten in Athen, von denen in Brüssel oder Berlin ganz zu schweigen. Vor allem aber füllt Knaus eine Leerstelle im politischen Diskurs über die Flüchtlingskrise, in der seit Jahren die reine Logik des bürokratischen Sachzwangs auf die gesinnungsethische Radikalkritik von Pro Asyl und Kirchen trifft. Knaus dagegen will eine ethisch vertretbare Migrationspolitik konzipieren, die nicht ausblendet, dass Zuwanderung in der Demokratie auf die Akzeptanz der Bevölkerung angewiesen ist.

Gerald Knaus wird im Herbst 2015 also ein einflussreicher Mann. Aber er ist nicht Merkels Ghostwriter. Ob die Bundeskanzlerin seinen »Merkel-Plan« überhaupt je gelesen hat, weiß er bis heute nicht. Doch fest steht, dass seine Arbeit vor allem in einer Hinsicht nützlich ist: Das Abkommen mit der Türkei populär zu machen. So wird er in der Flüchtlingskrise zur kleinen Berühmtheit. »Süddeutsche Zeitung«, »Welt« und »FAZ« zitieren oder interviewen ihn, die »Zeit« widmet ihm später ein mehrseitiges Porträt. So verdeckt Knaus' anspruchsvoller Ansatz, nämlich illegale Migration zu verhindern, indem man sie durch legale Migration ersetzt, in der Berichterstattung für einige Wochen den eigentlichen Kern des Deals: Der türkische Präsident wird bezahlt, damit er keine Flüchtlinge mehr aus seinem Land über die Ägäis fahren lässt.

Merkel lehnt den Begriff »EU-Türkei-Deal« ab. Sie hasst den negativen Beiklang, den das englische Wort »Deal« in der deutschen Sprache hat, wo sofort die Assoziation »schmutziger Deal« entsteht. Ein Handel aber ist das EU-Türkei-Abkommen in jedem Fall: Regelungen zur Migration werden mit komplett sachfremden Gegenleistungen erkauft, etwa der Visaliberalisierung oder der Beschleunigung der EU-Beitrittsverhandlungen der Türkei.

Um zu verstehen, wie schwer der Kanzlerin der Deal mit der Türkei fällt, muss man die Geschichte kennen, die Merkel und Erdoğan teilen. Es ist eine lange Geschichte voller Demütigungen. Zu keinem anderen Regierungschef hatte Merkel über Jahre ein solch schlechtes Verhältnis wie zu dem Aufsteiger aus kleinen Verhältnissen, der als Ministerpräsident und Präsident exakt so lange wie Merkel an der Spitze seines Landes steht. Und dass sie demselben Geburtsjahrgang angehören, scheint die einzige Gemeinsamkeit zu sein: Merkel ist die Tochter eines linken Pastors, Erdoğan der Sohn eines konservativen muslimischen Seemanns in Istanbul. Merkel wächst im geschützten Raum der Kirche auf, lernt als Schülerin fließend Russisch und passabel Englisch und macht als Physikerin der Akademie der Wissenschaften Karriere. Erdoğans Schule ist die Straße: Im berüchtigten Kasımpaşa-Viertel muss er sich buchstäblich durchschlagen, er spricht keine Fremdsprache und verbindet mit Bildung vor allem das Studium des Koran.

Die beiden waren schon politische Gegner, als Merkel noch gar nicht regierte. Als CDU-Parteivorsitzende hatte Merkel die Pläne ihrer rotgrünen Vorgänger, die Türkei in die EU zu holen, erfolgreich hintertrieben. Ob aus Überzeugung oder um die Konservativen in CDU und CSU bei der Stange zu halten: Merkel organisierte damals über die »Europäische Volkspartei« den Widerstand in ganz Europa. Die »privilegierte Partnerschaft«, die sie stattdessen der Türkei anbieten wollte, ist der wichtigste außenpolitische Akzent von Merkel als Parteivorsitzende. Eine Mitgliedschaft zweiter Klasse, wenn überhaupt. »Merkel-Klausel« hieß damals ein Vorbehalt in den Papieren der EU, der deutlich betonte, das Ergebnis der Verhandlungen sei offen. Auch deshalb musste Erdoğan 2005 ein »Ankara-Protokoll« unterschreiben, um Beitrittsverhandlungen zu beginnen. Danach müsste die Türkei de facto die griechische Republik Zypern anerkennen.

Das erste persönliche Treffen mit Erdoğan, nachdem sie Kanzlerin geworden ist, schildert Merkel gegenüber Vertrauten noch Jahre später als »quälend«. Er hatte Merkel bei deren erstem Istanbul-Besuch auf eine Bootsfahrt auf den Bosporus eingeladen. Die

Symbolik war klar: So wie diese Wasserstraße verbindet die Türkei Asien mit Europa – und gehört schon deshalb in die Europäische Union. Doch Merkel entzog sich der Inszenierung und verwies knapp auf das »Ankara-Protokoll«. Die Bootsfahrt, als vertrauensbildende Maßnahme vor der atemberaubenden Kulisse Istanbuls gedacht, wurde zum Ringkampf: Immer verbissener stritt der gekränkte Erdoğan mit Merkel – aus einem Text über Zollkontingente für Agrarerzeugnisse, Warenverkehrsbescheinigungen und die Zusammenarbeit der Verwaltungen wurde eine Frage der Ehre. Bis heute hat die Türkei das »Ankara-Protokoll« nicht umgesetzt.

Aus Erdoğans Sicht ist der Streit auf dem Boot nur der Anfang einer Reihe von persönlichen Affronts. Als die EU 2007 ihren fünfzigsten Geburtstag in Berlin feiert, wird ausgerechnet der Beitrittskandidat Türkei nicht eingeladen. An EU-Ratssitzungen darf Erdoğan auch als Gast nicht mehr teilnehmen. Zehn Jahre später, in der Flüchtlingskrise, wird er sich von den Europäern umso demonstrativer bitten lassen.

Für ihre Haltung zum türkischen EU-Beitritt erfindet Merkel eine Formel, die nicht nur Erdoğan als Farce empfindet: Als Kanzlerin betreibe sie die Verhandlungen »ergebnisoffen«, erklärt sie, aber als Parteivorsitzende lehne sie den Beitritt ab. Die CSU bestreitet einen ganzen Europawahlkampf mit der Parole »Nein zur Türkei«. Merkel schlägt der Türkei aus taktischen und strategischen Gründen die Tür vor der Nase zu, aber auch Überzeugungen spielen eine Rolle. Innenpolitisch nutzt ihr die Gegnerschaft zum islamischen Land, um sich von der türkeifreundlichen SPD abzugrenzen, von der sich die Union in der ersten Großen Koalition sozialpolitisch immer weniger unterscheidet. Europapolitisch bedient sie eine Erweiterungsmüdigkeit, die nach der Aufnahme der osteuropäischen Länder entstanden ist. Als 2007 mit Nicolas Sarkozy ein ausgesprochen türkeikritischer französischer Präsident gewählt wird, nutzt sie die Ablehnung des EU-Beitritts für einen Schulterschluss mit einem Partner, der sonst mit Merkel in vielen politischen Fragen über Kreuz ist.

Auch persönlich steht Merkel der Türkei nicht besonders nah. Anders als nahezu alle westdeutschen Politiker ihrer Generation ist sie nicht mit türkischen Mitbürgern aufgewachsen und hatte praktisch keine persönlichen Begegnungen mit der türkischen Mentalität. Im vereinigten Deutschland bewegt sie sich als Parteisprecherin und bald Ministerin sofort in Sphären, in denen es damals noch fast niemanden mit türkischem Hintergrund gibt. Wenn Merkel als Kanzlerin von Ausländern spricht, die nicht entweder Regierungen oder internationalen Organisationen angehören, erwähnt sie spanische Köche auf der Insel Rügen, die zu ihrem Wahlkreis gehört. Als 2014 der junge CDU-Generalsekretär Peter Tauber ein Treffen von Merkel mit vorwiegend türkisch- und arabischstämmigen CDU-Funktionären im Adenauer-Haus organisiert, ist Merkel geradezu erstaunt von der Offenheit und Begeisterungsfähigkeit ihrer Gesprächspartner. Noch Monate später wird sie von den neuen Erkenntnissen berichten, die sie bei diesem kurzen Treffen gewonnen hat.

Zwar ruft Innenminister Schäuble schon 2006 die deutsche Islamkonferenz ins Leben, aber jenseits der offiziellen Verlautbarungen wird der Dialog mit den muslimischen Verbänden als sehr schwierig empfunden, gerade weil diese oft von den Heimatländern, speziell der Türkei, gelenkt werden. In einer EU mit einem Mitgliedsstaat Türkei würden mehr Muslime leben als Protestanten – eine Vorstellung, die Merkel zumindest damals noch Unbehagen bereitet.

Für Erdoğan wird die Zurückweisung zum Trauma. Denn der Politiker, der sich später zum »Sultan« aufschwingen wird, öffnet die Türkei zunächst zum Westen: Erdoğan drängt nicht nur das Militär zurück, das früher regelmäßig demokratische Regierungen wegputschte. Er versöhnt auch die islamistische Ideologie seiner Partei mit der Marktwirtschaft und beginnt sogar einen Dialog mit Israel. Erdoğan ist damals ein islamischer Demokrat, der sein Land in ebenjene Richtung bewegt, die Europäer der Türkei in ihren Sonntagsreden über demokratische Werte jahrelang empfohlen haben.

Dass Merkel die Tür zur EU zuschlägt, gibt nicht nur Erdoğan persönlich, sondern einer ganzen Generation der türkischen Elite das Gefühl, verraten worden zu sein: Europa nehme die Werte der Aufklärung selbst nicht ernst und sei doch nur ein anti-islamischer »Christenclub«, wie Erdoğan verbittert erklärt.

Eine Wahrnehmung, die an ältere Erfahrungen und Vorstellungen anschließt. Die Idee, die Türkei werde vom Westen ungerecht behandelt und sogar latent existenziell bedroht, ist so weit verbreitet, dass es dafür einen Namen gibt, das Sèvres-Syndrom: Obwohl sich das Osmanische Reich anderthalb Jahrhunderte lang verbissen um eine nachholende Modernisierung bemüht hatte, beschlossen die Siegermächte des Ersten Weltkriegs 1920 im Vertrag von Sèvres seine weitgehende Aufteilung unter Nachbarn und den christlichen Armeniern. Die moderne Türkei entstand in Auflehnung gegen diesen Verrat des Westens. Anders als vergleichbare Kränkungen europäischer Nationen, etwa durch die Bestimmungen des Versailler Vertrags, gilt das Sèvres-Syndrom bis heute als nicht überwunden.

Seit 2008 steuert Erdoğan radikal um. Im Inneren wird die Demokratisierung aufgegeben und stattdessen immer autoritärer regiert, außenpolitisch nähert sich die Türkei nicht mehr Europa an, sondern versucht sich zur neo-osmanischen Großmacht aufzuschwingen, die vor allem in den arabischen und asiatischen Raum wirkt. Erdoğan stellt sich gegen Sanktionen für den Iran, der sich nuklear zu bewaffnen versucht, und sucht den Konflikt mit Israel. Ein NATO-Frontstaat auf Abwegen – wichtige Verbündete geben dafür Merkel zumindest eine Mitschuld. Wenn die Türkei sich Richtung Osten bewege, so der amerikanische Verteidigungsminister Robert Gates, »dann liegt das nicht in geringem Maße daran, dass sie dorthin gedrückt wurde – von einigen in Europa, die der Türkei die organische Verbindung zum Westen verweigerten, die sie gesucht hat.«

Selbst an den Rand gedrückt, nimmt Erdoğan nun auch die Behandlung seiner Landsleute in Deutschland als diskriminierend wahr und unterstellt Rassismus. Als 2008 bei einem Brand in Ludwigshafen neun Türken sterben, schickt er demonstrativ vier Ermittler nach Deutschland, als würde die hiesige Polizei den fremdenfeindlichen Hintergrund von Straftaten vertuschen.

Als Merkel später das bis dahin rot-grüne Thema »Integration« zögerlich auch für ihre CDU entdeckt, ist es Erdoğan wieder nicht recht. Er reist nach Köln, um vor 20 000 begeisterten Deutsch-

Türken auszurufen: »Niemand kann von Ihnen erwarten, dass Sie sich Assimilation unterwerfen. Assimilation ist ein Verbrechen gegen die Menschlichkeit!« Erdoğan lässt die türkischen Wahlgesetze ändern, jetzt können ihn auch die in Deutschland geborenen Türken der zweiten und dritten Generation wählen. Er sieht sich als ihr eigentlicher Repräsentant und geht damit auf Gegenkurs zu Merkel, die betont, sie sei »auch die Kanzlerin aller Türken in Deutschland«.

In der persönlichen Begegnung macht Erdoğan keinen Hehl aus seiner Kränkung. Als Merkel ihn 2010 in Ankara besucht, bringt sie eigens Ruprecht Polenz mit, den langjährigen Vorsitzenden des Auswärtigen Ausschusses der überzeugt ist, die Türkei gehöre zu Europa – und damit eine Minderheitenmeinung in seiner Partei vertritt. Merkel stellt ihn Erdoğan mit den mehrdeutigen Worten vor: »Das ist die CDU, die für den EU-Beitritt der Türkei ist«. Erdoğan antwortet nicht Merkel, sondern wendet sich direkt an Polenz: »Sie tun auch viel dafür.« Sie. Soll heißen: anders als Merkel.

Im vertraulichen Gespräch stoßen dann Welten aufeinander. Erdoğan stellt klar, dass alle Türken in Deutschland zuerst Türkisch lernen müssen. Und schon damals scheint er es zu genießen, wenn Merkel ihn braucht: Die Kanzlerin wirbt zu dieser Zeit um jede Stimme in der UN-Generalversammlung, weil die Bundesrepublik einen nichtständigen Sitz im Weltsicherheitsrat anstrebt. Die Türkei werde sich wahrscheinlich enthalten, sagt Erdoğan mit maliziösem Lächeln. In Gefahr und großer Not bringe der Mittelweg den Tod, versucht Merkel zu scherzen. Dann liege sie mit dem Konzept der privilegierten Partnerschaft ja richtig, kontert Erdoğan süffisant.

Ein als Zeichen der Versöhnung geplanter gemeinsamer Besuch von Erdoğan und Merkel beim Länderspiel Deutschland gegen Türkei in Berlin im gleichen Jahr misslingt. Da sich Bundespräsident Christian Wulff nach dem Spiel überraschend mit seiner jugendlichen Tochter auf den Weg in die Kabine der Nationalmannschaft aufmacht, zieht Merkel, um ihr Image als Deutschlands oberster Fußballfan besorgt, spontan nach. Das Wettrennen der beiden Staatsrepräsentanten um einen Platz in der Kabine endet mit einem Foto von Merkel und Mesut Özil, auf dem der türkischstämmige deutsche Nationalspieler nur mit einem Handtuch bekleidet zu sehen ist. Das vom Bundespresseamt offiziell verbreitete Bild gefällt weder dem bekennenden Muslim Özil noch dem Deutschen Fußballbund. Und schon gar nicht der türkischen Öffentlichkeit.

Zu dieser Zeit wächst nicht nur Erdoğans Zorn, sondern auch sein Selbstbewusstsein. Denn während die EU nach der Finanzkrise in eine selbst verursachte Schuldenkrise taumelt, die ihre Existenz bedroht, erlebt die Türkei Boomjahre: 2011 wächst das Bruttoinlandsprodukt der Türkei um neun Prozent, das Land erzielt Rekordwerte beim Rückgang der Arbeitslosigkeit und der Staatsverschuldung. Von »Europas China« spricht der britische »Economist« anerkennend. Mit besonderer Genugtuung betrachten die notorisch beleidigten Türken die Lage Griechenlands. Der christliche Nachbar hatte den EU-Beitritt mit gefälschten Statistiken ergaunert, der einer ehrlichen, aber islamischen Türkei ungerechterweise verwehrt blieb – nun müssen die Europäer mit Milliarden für die griechische Misswirtschaft haften, während die Türkei aus eigener Kraft wächst.

Merkel und Erdoğan finden nicht mehr zueinander. Als er die Einrichtung türkischer Gymnasien in Deutschland fordert und Merkel dies ablehnt, fragt er: »Warum dieser Hass gegen die Türkei?« Einmal noch versucht Merkel das Eis zu brechen: Als sie Erdoğan 2012 zu einem bilateralen Gespräch am Rande eines NATO-Gipfels in Chicago trifft, schenkt Merkel ihm eine DVD des Films »Almanya«, eine charmante Komödie über Deutschtürken. Erdoğan reagiert schroff: Wenn Merkel Probleme mit der Integration der Deutschtürken habe, brauche sie ihn nur anzurufen. Bei einem Berlin-Besuch im gleichen Jahr brüskiert er Merkel, indem er öffentlich aus internen Gesprächen berichtet: Die Kanzlerin habe ihm zugestimmt, dass die Aufnahme von »Süd-Zypern« in die EU ein Fehler gewesen sei. Das Verhältnis der beiden scheint endgültig zerrüttet.

Dann ändert der Syrienkrieg die Geschäftsgrundlage. Zunächst ist es Erdoğan, der Merkel braucht. Er liefert Waffen an islamistische Rebellen, denn er möchte den Diktator Baschar al-Assad, den er vor kurzem noch seinen »Bruder« nannte, jetzt stürzen. Doch dessen Armee führt den Bürgerkrieg mit brutaler Härte. Schon 2012 überqueren Hunderte Flüchtlinge die türkische Grenze. Die Europäer bieten Erdoğan logistische Hilfe sozialpolitisch für die Unterbringung und Verpflegung an. Aber dies lehnt er ab. Für Erdoğan ist es damals noch eine Frage der Ehre, dass die Türkei die Unterbringung allein organisiert, wie Merkel kopfschüttelnd gegenüber Vertrauten äußert.

Erdoğan will kein Geld, sondern Soldaten. Als Assads Truppen vereinzelt sogar Flüchtlinge beschossen haben, die bereits auf türkischem Boden waren, droht er damit, sich auf Artikel 5 des NATO-Vertrags zu berufen. Im Kanzleramt ist man genauso alarmiert wie in den anderen westlichen Regierungszentralen. Denn Artikel 5 ist die Beistandspflicht aller NATO-Bündnispartner. Selbstverständlich wollen sich weder Amerikaner noch Europäer in den Syrien-Krieg hineinziehen lassen. Aber um Erdoğan entgegenzukommen und ein Signal an Assad zu senden, verlegen Deutschland und die Niederlande tatsächlich Soldaten in die Türkei. Merkel schickt das Flugabwehrgeschwader I aus Mecklenburg ins südtürkische Kahramanmaraş, gut 120 Kilometer von der syrischen Grenze entfernt.

Merkel setzt also deutsche Soldaten ein, um Erdoğan einen politischen Gefallen zu tun. Das Risiko »menschlicher Verluste« gilt – zumindest in der westlichen Welt, am meisten im kriegsentwöhnten Deutschland – politisch als härtere Währung als Geld. Da Erdoğan dies weiß, böte sich nun eine gute Gelegenheit, die angeschlagenen Beziehungen zu reparieren. Doch Merkel schlägt diese Gelegenheit aus.

Als sie im Februar 2013 die deutschen Soldaten nahe der syrischen Grenze besucht, demonstriert sie, wie wenig ihr Erdoğans Vorstellungen von einem gelungenen Türkeibesuch bedeuten. Sie reist mit ihrem Mann, was sonst fast nie geschieht. Joachim Sauer, ein Chemieprofessor, tritt so wenig wie möglich in der traditionellen Rolle des Partners eines Regierungschefs auf. Er begleitet Merkel gewöhnlich nicht auf Auslandsreisen. Allerdings ist der Professor ein Liebhaber klassischer Bildungserlebnisse. Zuweilen gelingt es Merkels außenpolitischem Chefberater Christoph Heusgen, solche in das Reiseprogramm der Kanzlerin einzuflechten – und dann fliegt auch Sauer mit. Das hat durchaus auch einen praktischen Nutzen. Denn je länger Merkel Kanzlerin ist, desto kürzer werden ihre Auslandsreisen. Als fürchte die Kanzlerin, in jeder Minute ihrer Abwesenheit könnte in Berlin jemand Dummheiten machen, rast sie zu Staatsbesuchen ans andere Ende der Welt und nach wenigen Stunden wieder zurück. 2012 etwa dauerte ein Staatsbesuch in Indonesien insgesamt 58 Stunden, von denen Merkel 28 Stunden in der Luft verbracht hat. Die für Außenpolitik zuständige Abteilung II im Kanzleramt betrachtet dies mit Sorge, denn Stippvisiten gelten in anderen Teilen der Welt als Unhöflichkeit.

Für den Türkeibesuch 2013 sind immerhin zwei Tage vorgesehen. Allerdings interessiert sich Professor Sauer nicht für Paläste und Moscheen, sondern ausgerechnet für die vorislamische Geschichte der Türkei. Nachdem man in den Bundeswehrzelten mit den Soldaten eine Tomatensuppe gelöffelt hat, besichtigt das Ehepaar unterirdische Höhlenkirchen, die verfolgte Christen vor 1600 Jahren in den Tuffstein Kappadokiens geschlagen haben. Kein Programm, um bei einem Islamisten gut Wetter zu machen. Auf der Pressekonferenz am nächsten Tag dankt Erdoğan dann zwar für die Entsendung der deutschen Soldaten, aber im vertraulichen Gespräch mit Merkel hat er andere Themen. Etwa Deutschlands Umgang mit der verbotenen kurdischen Arbeiterpartei PKK. Erdoğan betrachtet nicht nur diese Organisation selbst als terroristisch, sondern drängt auch darauf, dass ihr gesamtes Umfeld von Deutschland so eingestuft wird. Er beschwert sich über die Polizeibehörden einzelner Bundesländer und überreicht Merkel sogar Broschüren aus Landesministerien, die kurdischen Extremismus angeblich verharmlosen.

Zum Eklat kommt es beim Thema Religion. Merkel plant ein Treffen mit Vertretern aller großen in der Türkei vertretenen Glaubensrichtungen. Eine Provokation für Erdoğan: Im Vorfeld des Besuchs gab es um jeden einzelnen Religionsführer ein wochenlanges diplomatisches Tauziehen. Merkel begegnet schließlich einem Rabbiner, einem sunnitischen Mufti und Christen dreier Konfessionen. Einen Aleviten – immerhin die größte muslimische Minderheit in der Türkei – hat sich Erdoğan allerdings verbeten. Dafür nimmt er selbst überraschend an dem Gespräch teil, bei dem keine Presse zugelassen ist. Es dauert zwei Stunden, doppelt so lange wie vorgesehen, denn der Präsident wird zunehmend unwirsch, als die Religionsführer auf eingeschränkte Freiheiten bei der Ausübung ihres Glaubens hinweisen: Auch christliche Kinder müssen den islamischen Religionsunterricht besuchen, es gibt keine Rechtsform für Kirchen. Brüsk antwortet Erdoğan, auch in Europa, etwa in Griechenland, könne man keine Moscheen errichten. Auf Merkels Einwand, in Deutschland könne jederzeit eine Moschee gebaut werden, widerspricht er ungehalten, er habe nicht Deutschland gemeint. Ein Streit bricht aus, als das Gespräch auf das orthodoxe Kloster Mor Gabriel im Südosten der Türkei kommt, das von Enteignungen bedroht wird. Als Merkel sogar Karten gereicht werden, die den Landraub belegen sollen, wird Erdoğan wütend. Merkel versucht die Situation zu retten und wird ihrerseits von einem der christlichen Patriarchen ermahnt: Sie müsse hier nicht schlichten.

Von diesem Tiefpunkt im Verhältnis von Erdoğan und Merkel erfährt die Öffentlichkeit nichts. Doch wenige Monate später wird das Zerwürfnis sichtbar. Merkel geht ausgerechnet in dem Moment auf Distanz zu Erdoğan, als dessen Macht zu wanken scheint. Im Sommer 2013 protestieren in Istanbul die Jungen, die Liberalen und die Aleviten öffentlich dagegen, dass die Bäume im historischen Gezi-Park für ein Einkaufszentrum im osmanischen Stil weichen sollen. Ein Symbol für die Mischung aus rücksichtslosem Kommerz und Islamismus, für die Erdoğans Funktionäre mittlerweile stehen. Die Demonstrationen entwickeln sich zum Aufstand gegen die Islamisierung der Türkei, gegen ein neues Alkoholverbot, gegen die Ankündigung schärferer Abtreibungsgesetze und den sich andeutenden Umbau des politischen Systems in ein auf Erdoğan zugeschnittenes Präsidialsystem. Die Proteste greifen aufs ganze Land über – und Erdoğan lässt sie gewaltsam niederschlagen. Die Gewalt der Polizisten, die mit Wasserwerfern, Tränengas und vereinzelt sogar scharfer Munition vorgehen, erschüttert Europa.

Niemand verurteilt sie schärfer als Angela Merkel: »Es gab schreckliche Bilder, auf denen man sehen konnte, dass hier doch viel zu hart aus meiner Sicht vorgegangen wurde«, sagt sie: »Das, was im Augenblick in der Türkei passiert, das entspricht aus meiner Sicht nicht unseren Vorstellungen von Freiheit der Demonstration, Freiheit der Meinungsäußerung. Ich bin jedenfalls erschrocken!«

Ein erstaunliches Statement. In der Sache unzweifelhaft richtig, klingen diese Sätze dennoch eher nach einer Menschenrechtsaktivistin als nach der Chefin einer ausländischen Regierung, die immer den Eindruck vermeiden muss, sich unzulässig in innere Angelegenheiten einzumischen. Doch Merkel macht deutlich, dass sie Erdoğan für rückständig hält und den Demonstranten die Daumen drückt. Meinungs- und Demonstrationsfreiheit zu achten, »gehört zu einer entwickelten Gesellschaft dazu«, erklärt sie: Erdoğans Gegner sollten »Raum bekommen in einer Türkei, die ins 21. Jahrhundert geht«.

Zuhause genießt Merkel den Applaus. Die Fernsehbilder von den Polizeiübergriffen haben bei den Bürgern Mitgefühl für die geprügelten Demonstranten geweckt, politisch bedient die Kanzlerin mit ihrer Erdoğan-Kritik alle Richtungen – von grünen Aktivisten wie Claudia Roth, die auf dem Taksim-Platz selbst ins Tränengas geriet, bis zu den konservativen Beitritts-Skeptikern in der Union. Und solch starken Worten müssen Taten folgen: In Brüssel lässt Merkel den deutschen EU-Botschafter die Eröffnung eines neuen Kapitels der Beitrittsverhandlungen blockieren.

Merkels Solidarisierung mit seinen innenpolitischen Gegnern ist für Erdoğan eine diplomatische Kriegserklärung: »Wenn Frau Merkel sich die Sache anschaut, wird sie sehen, dass diejenigen, die sich in die Angelegenheiten der Türkei einmischen, kein glückliches Ende nehmen«, lässt er seinen Europaminister Egemen Bağış drohen. Die Kanzlerin habe eine Woche Zeit, die Blockade der Kapiteleröffnung zu überdenken. Sonst werde es »Folgen« haben. In der Bundesregierung denkt man sogar darüber nach, die EU-Beitrittsverhandlungen mit der Türkei jetzt auch offiziell zu blockieren. Der Rigorismus, mit dem sich Merkel damals Erdoğan vorknöpft, geht sogar manchem ihrer Parteifreunde zu weit. EU-Energiekommissar Günther Oettinger prophezeit schon 2013: Die EU werde die Türkei bald so dringend brauchen, dass ein Kanzler »auf Knien nach Ankara rutschen« werde. Oettinger sollte Recht behalten.

Ausgerechnet zu Beginn der Flüchtlingskrise sind die Beziehungen zwischen Deutschland und der Türkei also auf einem historischen Tiefpunkt angekommen. Und das ist vor allem Merkels Werk: Sie hat Erdoğan aus innerparteilichen, machttaktischen und persönlichen Gründen die europäische Perspektive verbaut, als dieser noch ein demokratischer Reformer war.

Er verfolgt längst ein politisches Projekt, das allem widerspricht, woran die Kanzlerin glaubt: Während es ihr erklärtes Ziel ist, die Euro-Zone wettbewerbsfähig zu machen, damit Europa sich gegenüber den aufstrebenden Mächten China, Indien, aber auch Brasilien und Indonesien behaupten kann, versucht Erdoğan, eine schwache parlamentarische Demokratie rückzubauen in ein System, das einen starken Mann, einen »Sultan« hat, eine dominierende Partei, seine AKP, und eine Ideologie, den Islamismus. Das erinnert an Wladimir Putin mit dessen »Vertikalen der Macht« und der orthodoxen Renaissance in Russland. Aber Putin wird von Merkel wenigstens respektiert. Als Chef einer ehemaligen Supermacht, eines Mitglieds im UN-Sicherheitsrat und einer Atommacht ist er ein in jedem Fall ernst zu nehmender Gegner. Erdoğan ist für sie nur ein Westentaschen-Putin, der ein hysterisches Land regiert, das ständig versucht, außenpolitisch oberhalb seiner eigentlichen Gewichtsklasse zu boxen.

Deshalb zögert Merkel so lange, dem Rat Schäubles zu folgen und in der Flüchtlingskrise auf die Lösung Erdoğan zu setzen. Ihr ist bewusst, dass dies für sie einen Canossa-Gang bedeutet. Er läuft ihrer bisherigen Türkeipolitik nicht nur massiv zuwider, sondern setzt sie geradezu ins historische Unrecht. Wenn Europa Erdoğan jetzt braucht, war es in jedem Fall falsch, ihn so lange auf Distanz zu halten. Diese Politik droht zudem eines der effektivsten Instrumente der EU in Osteuropa und auf dem Balkan zu entwerten: die Perspektive auf die Mitgliedschaft als Motivation für Reformen. Ein gefährlicher Präzedenzfall. Die Türkei wäre das erste autoritäre Regime, das sich den Zugang zur EU in einer strategisch günstigen Situation erzwingen kann – und zwar zu seinen Bedingungen.

13
Unterwerfung

Am 16. September ruft Merkel zum ersten Mal bei Recep Tayyip Erdoğan an, um den türkischen Präsidenten persönlich um Hilfe zu bitten. Was er antwortet, hat sie nie erzählt. Die neue Flüchtlingspolitik wird von Angela Merkel ganz allein entschieden – eine Debatte im Bundestag wird es vor dieser Entscheidung nicht geben. Und ein Koalitionsausschuss mit den Vorsitzenden von SPD und CSU wird erst am 5. November beschließen, man strebe eine »Beschleunigung des Inkrafttretens der Rückführung von Drittstaatsangehörigen aus der EU in die Türkei und parallel dazu Beschleunigung der Verhandlungen zur Visumsfreiheit« an. Aber weder Horst Seehofer noch Sigmar Gabriel begreifen zu diesem Zeitpunkt, dass dies viel mehr ist als nur der Versuch, kurzfristig für Entlastung zu sorgen. Es ist die kopernikanische Wende der deutschen Türkeipolitik.

Allerdings setzt Merkel den EU-Ratspräsidenten Donald Tusk in Kenntnis, bevor sie Erdoğan anruft. Offiziell soll es ja die EU sein, die in Verhandlungen mit der Türkei tritt. Im Rat sitzen die Staats- und Regierungschefs, die sich noch vor kurzem in dramatischen Nachtsitzungen von Merkels Euro-Rettungspolitik überzeugen ließen. In der Flüchtlingspolitik wird das nicht gelingen: denn die übrigen Staats- und Regierungschefs stehen nicht unter dem gleichen Druck. Neben Deutschland sind nur Österreich und Schweden Ziel der Masseneinwanderung – die Merkel nach Meinung der meisten ihrer Amtskollegen zumindest mitverursacht hat.

Statt auf die gewählten Regierungschefs muss Merkel deshalb auf die Bürokraten setzten. Wie schon bei dem vergeblichen Versuch, eine europäische Flüchtlingsquote durchzusetzen, wird die EU-Kommission unter ihrem Präsidenten Jean-Claude Juncker und dessen selbstbewusstem Kabinettschef Martin Selmayr in den kommenden Monaten zu Merkels wichtigsten Helfern für den Deal mit Erdoğan. Dazu gehört auch Martin Schulz. Doch der Sozialdemokrat fährt eine Doppelstrategie: Im Europaparlament organisiert er die Mehrheit für das Abkommen, aber verbal übt er – anders als Merkel – scharfe Kritik an der Einschränkung der Bürgerrechte in der Türkei.

Zuerst versuchen Juncker und Merkel Erdoğan auf plumpe Weise auszutricksen. Der für die Verhandlungen zur EU-Erweiterung zuständige österreichische EU-Kommissar Johannes Hahn bietet dem türkischen EU-Vertreter Selim Yenel an, Gelder aus den sogenannten IPA-Fonds, mit denen Strukturen in den potenziellen Beitrittsländern der EU angepasst werden, für die Eindämmung des Flüchtlingsstroms auszuzahlen. Die Europäer wollen die Türken also mit Geld kaufen, das ihnen ohnehin zusteht. Yenel lehnt ab.

Als klar ist, dass die Türken sich nicht hereinlegen lassen, bietet Juncker erstmals zusätzliche Milliarden an, auch die mögliche legale Übernahme von Flüchtlingen wird angesprochen und sogar schon eine Eröffnung von Kapiteln für den EU-Beitritt in Aussicht gestellt. Aber Erdoğan will noch gar nicht auf der Sachebene verhandeln – er will erst einmal Genugtuung für erlittene Schmach. Die Europäer sollen sich vor ihm demonstrativ in den Staub werfen. Erst die Brüsseler Chefs, dann aber vor allem Merkel selbst.

Zudem hat Erdoğan ein wichtiges politisches Motiv. Am 1. November wird in der Türkei gewählt. Erdoğan lässt erneut abstimmen, weil ihm das Ergebnis der regulären Wahl im Juni nicht gefiel – seine AKP verlor die absolute Mehrheit. Doch Erdoğan will keine Koalition mit einer linken Kurdenpartei oder den Kemalisten bilden, stattdessen setzt er auf eine Polarisierung der türkischen Gesellschaft, um die Alleinherrschaft zurückzuerobern. Er bricht den Versöhnungsprozess mit den Kurden ab und schickt das Militär in den Südosten der Türkei, wo in manchen Städten ein Bürgerkrieg ausbricht.

Wenn ihn Brüssel, so Erdoğans Kalkül, ausgerechnet in dieser Lage aufwertet, legitimieren die Europäer damit auch seine undemokratische Strategie der Konfrontation mit dem innenpolitischen

Gegner. Genau so kommt es. Die EU verschiebt sogar die Veröffentlichung eines »Fortschrittsberichts« über die Beitrittsverhandlungen,
in dem Menschenrechtsverletzungen, Einschränkungen der Pressefreiheit und Vetternwirtschaft in der Türkei dokumentiert sind.

Erdoğan will persönlich in Brüssel hofiert werden. Er, der seit
seiner Wahl zum Präsidenten vor über einem Jahr demonstrativ
keine Einladung erhielt, der seit einem Jahrzehnt nicht mehr als
Gast an den Sitzungen des EU-Rates teilnehmen darf – ihm wird
jetzt der rote Teppich ausgerollt. Am 5. Oktober ist es so weit. Am
Morgen wird Erdoğan vom belgischen Königspaar empfangen, am
Nachmittag sind die Chefs der EU-Institutionen an der Reihe.

Juncker und Tusk führen Erdoğan an einen festlich gedeckten
Tisch im achten Stock des Justus-Lipsius-Gebäudes in Brüssel, also
genau dorthin, wo sonst bei EU-Gipfeln nur Merkel und die anderen Staats- und Regierungschefs Zugang haben. Dort erhöhen sie
das Angebot. Eine Milliarde Euro und regelmäßige EU-Ratstreffen
mit der Türkei bieten Juncker und Tusk. Damit geht der Poker erst
richtig los. In den folgenden Tagen nennen die Türken ihre Forderungen. Fünf Kapitel der stockenden Beitrittsverhandlungen sollen
eröffnet werden, drei Milliarden Euro soll Europa zahlen und die
seit Jahren verhandelte Visaliberalisierung für türkische Bürger soll
auf den Oktober 2016 vorgezogen werden. Dafür wäre Erdoğan zu
einem gemeinsamen Aktionsplan mit der EU bereit. Außerdem
macht er klar, dass er nicht in Vorleistung gehen will. Der Strom der
Migranten von der türkischen Küste würde erst eingedämmt, wenn
die EU ihrerseits geliefert hätte. Doch Erdoğan weiß genau: die
Geldforderung wie auch die Kapiteleröffnung und die Visaliberalisierung sind mehr, als Juncker und Tusk liefern können.

Die Kanzlerin muss zu ihm nach Istanbul reisen. Erdoğan empfängt sie im Yildiz-Palast, einem Prachtbau aus dem 19. Jahrhundert an den Hängen des Bosporus. Dort stellt er Merkel wie ein
Beutestück aus. Auf handgeknüpftem Teppich, hinter einem Mar-
mortisch, vor Vorhängen aus Brokat muss die Kanzlerin auf einem
goldenen Armsessel mit Halbmond Platz nehmen. Zwei türkische
Fahnen sind im Raum, die nach diplomatischen Regeln vorgeschrie-

bene deutsche Fahne fehlt. Merkel, die sich sichtbar unwohl fühlt, wird nicht nur fotografiert, sondern auch gefilmt, wie sie auf dem absurden Möbelstück unsicher hin und her rutscht. Ein »Kniefall Europas«, bejubelt Erdoğans Regierungspresse die Inszenierung. (Seitdem haben Merkels Mitarbeiter immer ein kleines, aufklappbares Deutschland-Fähnchen in der Tasche, wenn sich die Kanzlerin mit Erdoğan trifft. Sie stellen es schnell auf den Tisch, wenn Erdoğan – wie etwa im Sommer 2016 am Rande des G-20-Gipfels in China – Merkel empfängt und wieder einmal die große Deutschlandfahne fehlt.)

Merkel hat anders als bei früheren Türkeireisen diesmal keine Reporter mitgenommen. Ihre Presseleute hoffen, dass dem deutschen Publikum so der Sinn der Inszenierung entgeht. Doch die in Istanbul aufgewachsene Feuilletonistin Karen Krüger beschreibt in der »Frankfurter Allgemeinen Sonntagszeitung« auch für die deutsche Leserschaft, was ihre Kanzlerin hier mit sich anstellen lässt: »Da ist Magie, da ist Zauber, ja, da ist sogar ein wenig Zärtlichkeit. Merkel ist die neue Lieblingsfrau am Hofe, anders ist der goldene Thron nicht zu erklären. Ihre Körperhaltung verrät uns zwar, dass ihr die Goldrahmung nicht ganz geheuer ist. Aber gerade diese Scheu ist es doch, die einen Mann wie Erdoğan entzückt: Ihre zarte Unsicherheit verleiht ihm Größe. Sein Blick, der auf ihr ruht, ist jedenfalls äußerst liebevoll, und das will etwas heißen, bei einem Mann, der lieber poltert als spricht, lieber die Faust ballt, als sie zum Handschlag auszustrecken, und von dem gerade 68 Prozent der Türken in einer Umfrage des Gezici-Instituts gesagt haben, er mache ihnen Angst.«

Die Unterwerfung ist total. Den Versuch des Kanzleramts, erneut ein Treffen mit Oppositionspolitikern, Vertretern der Zivilgesellschaft oder von religiösen Minderheiten abzuhalten, wischt die türkische Seite diesmal beiseite. Schon die Terminierung von Merkels Besuch – zwei Wochen vor der türkischen Parlamentswahl – ist ein Bruch mit allen Regeln. Staatsbesuche und Visiten von Regierungschefs finden gewöhnlich in zeitlichem Abstand zu Wahlen statt, damit sie nicht zu Wahlkampfzwecken instrumentalisiert werden.

Selbst für türkische Verhältnisse ist dies kein gewöhnlicher Wahlkampf: Kundgebungen der pro-kurdischen HDP, mit der Erdoğan partout keine Koalitionsverhandlungen führen möchte, werden fortan nicht mehr nur von Polizei und Gegendemonstranten gestört, sondern sogar zum Ziel terroristischer Anschläge. Nur eine Woche bevor sich Merkel neben Erdoğans Thron niederlässt, explodieren in Ankara zwei Bomben während einer regierungskritischen Friedensdemonstration, 95 Menschen sterben, fast zweihundert werden verletzt. Die Regierung macht offiziell den »Islamischen Staat« für den Massenmord verantwortlich, doch auch die Opfer werden verfolgt: Mit Tränengas treibt die Polizei die überlebenden Demonstranten auseinander, die »Mörder, Mörder« skandieren.

Erdoğans Strategie der innertürkischen Konfrontation hat die Atmosphäre vergiftet, und der Hass seiner Anhänger auf Andersdenkende endet noch nicht einmal mit deren Tod. Dies erlebt die ganze Welt wenige Tage vor Merkels Besuch beim live übertragenen EM-Qualifikationsspiel Türkei gegen Island, das im zentralanatolischen Konya stattfindet, einer Hochburg der AKP. Während der Schweigeminute für die Opfer von Ankara schallt es »Allahu-akbar« von den Rängen – »Gott ist groß«: nicht nur die tägliche Gebetsformel der Muslime, sondern auch der Ausruf islamistischer Terroristen, während sie ihre Gewalttaten verüben. Später skandiert das ganze Stadion »Glücklich wer sagen kann: Ich bin Türke«. Die Opfer des Anschlags waren überwiegend Kurden.

In Berlin wird daraufhin erwogen, den Besuch abzusagen. Aber Merkel steht innenpolitisch unter hohem Druck. Da ihr Plan einer europaweiten Verteilung von Flüchtlingen nicht vorankommt, braucht sie Erdoğan jetzt umso dringender.

Im Kanzleramt redet man sich die Lage mit dem Argument schön, Erdoğans Inszenierung als allgewaltiger Potentat sei nur ein letztes Aufbäumen eines politisch Geschlagenen. Merkels Berater rechnen zu diesem Zeitpunkt fest damit, dass die AKP bei den Wahlen erneut die absolute Mehrheit verfehlen werde und sich dann mit einem laizistischen Koalitionspartner einigen müsse. Damit würde nicht nur der Umbau der türkischen Demokratie zur Präsidialdiktatur gestoppt – auch die Verhandlungen über eine gemeinsame Politik in der Flüchtlingskrise wären dann einfacher. Doch es kommt anders: Zum Entsetzen von Merkels Fachleuten erobert die AKP die absolute Mehrheit zurück. Erdoğans Strategie der Eskalation funktioniert. Sein Wahlkampf, in den Merkel sich hat einspannen lassen, war erfolgreich. Erdoğan konnte diesmal auch der sonst AKP-kritischen Mittelschicht ein reizvolles Angebot machen: visafreies Reisen in die EU. Darüber verhandelt er ja gerade mit Brüssel.

Im November trifft man sich schon wieder auf dem G-20-Gipfel – dieses Treffen der führenden westlichen Politiker mit den Chefs der aufstrebenden Schwellenländer richtet in diesem Jahr ausgerechnet die Türkei im Badeort Antalya aus. In einem noblen Golfhotel, das die Türken zum Tagungszentrum umfunktioniert haben, trifft die Kanzlerin erst Ministerpräsident Ahmet Davutoğlu und dann zu einem kurzfristig angesetzten Gespräch unter vier Augen Erdoğan selbst. Nach ihr werden Tusk und Juncker, die Chefs der EU-Institutionen, zu ihm gebeten.

Dass zu dieser Zeit so viele Flüchtlinge wie nie zuvor von der Türkei auf die griechischen Inseln übersetzen, halten die Deutschen kaum für Zufall: Wie ein Erpresser zeige Erdoğan, wozu er imstande sei, wenn man seine Forderungen nicht erfülle. Einen Eindruck davon, wie Erdoğan in dieser Zeit seine europäischen Gesprächspartnern behandelt, gibt ein Protokoll, das Monate nach dem G-20-Gipfel von einem Insider gezielt an die Öffentlichkeit gebracht wird. Dort ist präzise festgehalten, in welchem Ton Erdoğan in Antalya mit Juncker und Tusk geredet hat.

Als Erstes beklagt sich Erdoğan bei den beiden, dass seit seinem Besuch in Brüssel einen Monat zuvor noch keine Beitrittskapitel eröffnet worden seien, und nennt die Kernkapitel Energie, Wirtschaft, Justiz, aber auch eine gemeinsame Sicherheitspolitik. Vom »Ankara-Protokoll«, also der Anerkennung des EU-Staates Zypern, auf der Merkel all die Jahre beharrte, ist keine Rede mehr. Lediglich »irgendeine gute Geste« in Richtung Zypern fordern die Europäer noch.

Bei den Verhandlungen ums Finanzielle bittet Erdoğan seinen Außenminister Mevlüt Çavuşoğlu dazu. Der türkische Chefdiplomat präsentiert dem verdutzten Juncker ein internes Papier aus seiner EU-Kommission. Werden die Türken aus dem EU-Apparat mit Interna versorgt? Oder etwa von den Deutschen, die sich eng mit Juncker abstimmen? Als der Kommissionpräsident zögert, im Rahmen des Aktionsplans mehr als drei Milliarden Euro Hilfe festzuschreiben, verliert Erdoğan die Geduld. Griechenland habe in der Eurokrise immerhin 400 Milliarden erhalten, und beim Angebot von drei Milliarden sei das Gespräch zu Ende: »Wir können jederzeit die Türen nach Griechenland und Bulgarien öffnen und die Flüchtlinge in Busse setzen«, droht er.

Tusk fleht: »Wenn wir nicht bald einen Deal kriegen, können die Dinge dramatisch werden. Wir möchten diesen Deal wirklich mit Ihnen machen.« Erdoğan scheint seine Verhandlungsposition zu genießen: »Was wollen Sie tun, wenn Sie den Deal nicht bekommen? Die Flüchtlinge erschießen?« Europa würde dann mit »mehr als einem toten Jungen an der Küste der Türkei konfrontiert«, droht Erdoğan: »Davon wird es 10 000 geben oder 15 000«. Junckers Argumente werden zunehmend verzweifelt: Wenn die Schengen-Zone, in der die Europäer visafrei reisen, nicht mehr existiere, könne die Türkei doch auch keine Visafreiheit für die EU erhalten.

Erdoğan offenbart, wie sehr ihn die Zurückweisung durch die EU in der Vergangenheit gekränkt hat: »Wir warten seit 53 Jahren. Ihr habt uns verspottet!« Als Juncker einwendet, in dieser Zeit sei die Türkei nicht durchgehend eine Demokratie gewesen, bügelt Erdoğan ihn ab: Er habe als langjähriger Ministerpräsident doch nur ein kleines EU-Land regiert: »Luxemburg ist nur wie eine türkische Stadt.« Am Schluss des Protokolls stellt Juncker fest, die EU brauche den Deal, und klingt fast unterwürfig: »Wir arbeiten hart dafür, und wir haben Sie in Brüssel wie einen Prinzen behandelt.« Die EU, die niemals einen Gipfel aller 28 Mitgliedsstaaten nur für einen einzigen Gast ausrichte, würde für die Türkei eine Ausnahme machen.

Am Ende beschließt die EU den Aktionsplan Ende November 2015. Erdoğan bekommt seinen EU-Türkei-Gipfel. Die EU verspricht, mehr als die bisher zugesagten 4,2 Milliarden Euro zu zahlen und künftig zwei Mal im Jahr Gipfeltreffen mit der Türkei abzuhalten. Die will ihrerseits härter gegen Schlepper und Schleuser vorgehen. Für Merkel bedeutet das eine Atempause.

Doch dann kommen die Übergriffe von Köln und das Ende der Willkommenskultur – eine denkbar schlechte Voraussetzung für die entscheidende Phase der Verhandlungen. Merkel braucht jetzt schnell eine Lösung und Erdoğan weiß das. Vor den deutsch-türkischen Regierungskonsultationen benennt ein Regierungsmitglied auf einer nichtöffentlichen Tagung das Dilemma: »Wenn wir einen Zeitplan nennen, können wir gleich eine Milliarde mehr überweisen.«

Tatsächlich macht Berlin fortan ein Zugeständnis nach dem anderen. Als am 12. Januar bei einem Terroranschlag in Istanbul zwölf Bundesbürger sterben, eilt Innenminister Thomas de Maizière zum Tatort und beeilt sich zu erklären, es gebe keine Hinweise, dass Deutsche gezielt angegriffen worden seien. Das Statement wird zuvor mit seinem türkischen Amtskollegen Wort für Wort abgestimmt. Mit dieser – beim damaligen Erkenntnisstand sehr mutigen – Aussage rettet die Bundesregierung eine der wichtigsten Einnahmequellen der Türkei: den Tourismus. Die türkische Tourismusindustrie kämpft ums Überleben, seit die russischen Gäste ausbleiben, weil Erdoğan im Dezember ein Kampfflugzeug Putins abschießen ließ. Ohne die Reiselust der Deutschen wäre der Tourismus völlig zusammengebrochen.

Doch Merkel verlässt sich nicht nur auf de Maizière, sie schickt jetzt ihren besten Mann. Flüchtlingskoordinator Peter Altmaier bricht im Januar 2016 überraschend zu einer Ankara-Reise auf, nicht einmal das Auswärtige Amt ist vorab von diesem ungewöhnlichen Trip unterrichtet worden. Altmaier geht klug vor, indem er die Nähe zu Erdoğan und dessen Präsidialverwaltung meidet und stattdessen mit den Fachministern in Kontakt tritt. Mit dem Innenminister spricht Altmaier darüber, wie die Polizei die Schlepper effektiver jagen könnte. Er trifft den Außenminister, dessen Behörde vor einer Woche die Visapflicht für Personen eingeführt hat, die aus dem Libanon, Jordanien, Ägypten oder dem Nordirak kommen – darum hatte Berlin die Türken gebeten. Mit dem Wirtschaftsminister berät Altmaier, wie sich syrische Flüchtlinge in türkischen Unternehmen nützlich machen können. Erst eine Woche zuvor lockerte das türkische Kabinett das Arbeitsverbot für Syrer, ebenfalls auf Wunsch Berlins.

Altmaiers pragmatischer Ansatz gefällt dem Premierminister Davutoğlu. Der 57-jährige ehemalige Hochschullehrer, dessen Frau zwar Kopftuch trägt, aber als Ärztin arbeitet, ist weniger konservativ als Erdoğan. Vor allem aber hat er ein anderes Deutschlandbild. Er hat sein Abitur auf einem deutschsprachigen Gymnasium in Istanbul gemacht und spricht noch heute passabel deutsch. Einer seiner Söhne ist gerade erst vom Studium in Berlin in die Türkei zurückgekehrt. Davutoğlu erkennt, dass er von Deutschland mehr bekommen kann als nur viel Geld und symbolische Gesten. Die Außenpolitik der Türkei steckt mit dem Syrienkrieg und dem Streit mit Russland gerade in einer Krise, deshalb ist die Zeit günstig, etwas Neues zu probieren: Davutoğlu will eine strategische Achse Ankara–Berlin aufbauen.

Dafür nimmt er sich stundenlang Zeit für Kanzleramtschef Altmaier, obwohl dieser protokollarisch eine ganze Ebene unter einem Ministerpräsident angesiedelt ist. Der historisch gebildete Altmaier nimmt Davutoğlus Idee einer Achse Berlin–Ankara sofort auf, er stellt sie sogar in einen größeren historischen Kontext: Schließlich hatten die Generäle des deutschen Kaiserreichs Colmar von der Goltz und Liman von Sanders schon vor dem Ersten Weltkrieg dazu beigetragen, die Armee des osmanischen Reiches zu modernisieren.

Wie alles in der Flüchtlingspolitik Merkels verteidigt Altmaier nun auch den neuen Verbündeten mit großer Leidenschaft. Die Türkei habe sich »europäischer verhalten als viele Europäer«. Eine Äußerung, die dem Kanzleramtsminister ein Jahr später, nach Putsch und Massenverhaftungen, immer wieder vorgehalten wird. Davutoğlu allerdings ist begeistert. Er bittet Altmaier sogar spontan zum Jahrestreffen der türkischen Botschafter in Ankara und stellt den Deutschen dort als neuen Hauptverbündeten der Türkei vor.

Und die Türkei wird in Berlin jetzt entsprechend behandelt. Am 22. Januar reist das Kabinett Davutoğlu zur »Ersten Deutsch-Türkischen Regierungskonsultation« nach Berlin. Regierungskonsultationen – das ist eine spezielle Eigenart der Außenpolitik Merkels, die in dieser Form nur in Deutschland existiert. Nicht nur die Regierungschefs, sondern gleich größere Kabinettsrunden besuchen sich im jährlichen Wechsel. Dies soll eine besonders enge Zusammenarbeit fördern, indem die Fachminister gemeinsame Projekte beschließen und regelmäßig evaluieren. Das Format ist eigentlich engsten Verbündeten wie Frankreich oder Israel und Großmächten wie China vorbehalten – in der Flüchtlingskrise wird die Türkei in denselben Rang erhoben.

Die Türken schicken die Kernmannschaft ihrer Regierung nach Berlin: Außenminister, Verteidigungs- und Innenminister, Wirtschaftsminister und – mit Blick aufs Finanzielle – den Minister für Entwicklungshilfe. Was sie mit ihren deutschen Pendants beschließen und in zahlreichen »MoUs« (Memorandum of Understanding) und »LoIs« (Letter of Intent) vereinbaren, bedeutet nicht weniger als einen kompletten Neustart der deutsch-türkischen Beziehungen. Allerdings zu Ankaras Bedingungen.

Kanzleramtschef Altmaier und Innenminister de Maizière konzipieren schon den Ablauf der Regierungskonsultationen in solcher Weise, dass die Vereinbarungen zu den Bereichen Migration, Grenzpolizei und Terror gleichzeitig unterschriftsreif verhandelt werden. Damit können »Pakete geschnürt werden«, wie im politischen Berlin sachfremde Kompromisse genannt werden. Die Bundesregierung geht sogar so weit, ihre interne Organisationsstruktur umzubauen und sie türkischen Wünschen anzupassen. Es wird ein »neuer gemeinsamer Mechanismus in der Bekämpfung des Terrorismus« vereinbart. Dabei haben Deutschland und die Türkei in den vergangenen Jahrzehnten über kaum ein anderes Thema so gestritten wie über die Definition von »Terrorismus«. Die Bundesregierung will vor allem den »Islamischen Staat« in Syrien und im Irak bekämpfen, der seine Selbstmörder bis nach Paris und Brüssel schickt.

Erdoğan spricht von der terroristischen Bedrohung durch den IS jedoch stets im gleichen Atemzug wie von kurdischem Terrorismus. Während Deutschland gemeinsam mit seinen westlichen Partnern sogar Kurdenmilizen der Volksverteidigungseinheiten (YPG) im Irak mit Waffen beliefert und ausbildet, bleibt für die türkische Armee die Schwesterorganisation der YPG, die PKK, der Hauptfeind. Die PKK ist auch in Deutschland als terroristische Vereinigung eingestuft, doch der türkische Staat beklagt seit vielen Jahren, dass Deutschland nicht auch das gesamte Umfeld der radikalen Kurden wie Terroristen behandelt und in den Austausch von Geheimdienstdaten mit der Türkei einbezieht.

In diesem Spannungsfeld wird der »neue gemeinsame Mechanismus zur Terrorbekämpfung« auf den deutsch-türkischen Regierungskonsultationen vereinbart. Die deutsche Presse berichtet darüber nur am Rande. Und die Bundesregierung meidet die Schlagzeilen aus gutem Grund. Sie kommt türkischen Vorstellungen zumindest auf der konzeptionellen Ebene sehr weit entgegen. Denn das Bundesinnenministerium ernennt Sinan Selen, einen türkischstämmigen Referatsleiter aus dem Bundesinnenministerium, zum neuen Ansprechpartner für Ankara, ja macht ihn sogar offiziell zum »Sherpa«, so heißen in der internationalen Diplomatie die mit Prokura ausgestatteten Verhandlungsführer vor Gipfeln, die direkt den Regierungschefs zuarbeiten. Selen ist ein erfahrener Beamter, aber dass für ihn ein solch exponierter Posten geschaffen wird, hat nur einen Sinn: Die Türken sollen zumindest glauben, künftig mit einem der Ihren zu sprechen, wenn sie mit Deutschland über Terrorbekämpfung verhandeln.

Erdoğan erhebt auch eine Forderung an das deutsche Parlament: Es soll die Verbrechen des Osmanischen Reichs an den Armeniern nicht als Völkermord bezeichnen. Diese Gräueltaten, bei denen über eine Million Christen deportiert, erschossen, erhängt oder zum Verhungern in die Wüste getrieben wurden, geschahen in der Zeit der ersten deutsch-türkischen Achse. Damals hat das durch Diplomaten und Militärs informierte Deutsche Reich weggesehen, weil die Türkei im Ersten Weltkrieg als unverzichtbarer

Verbündeter galt. So wurde der erste Genozid des 20. Jahrhunderts möglich.

Ausgerechnet jetzt jährt sich der Beginn der Verbrechen von 1915 zum einhundertsten Mal. Peinlicherweise liegt schon ein gemeinsamer Antrag aller Bundestagsfraktionen vor: Die »planmäßige Vertreibung und Vernichtung von über einer Million Armeniern« stehe »beispielhaft für die Geschichte der Massenvernichtungen, der ethnischen Säuberungen, der Vertreibungen, ja der Völkermorde, von denen das 20. Jahrhundert auf so schreckliche Weise gezeichnet ist«, haben die Abgeordneten klar formuliert.

Doch Merkel übt jetzt Druck aus. Der Antrag soll nicht auf die Tagesordnung des Bundestages. In der Fraktionssitzung der Union gibt es eine lange Debatte. Als immer mehr Abgeordnete zu erkennen geben, dass sie nicht bereit sind, sich auch in dieser Frage Erdoğan zu unterwerfen, ergreift Finanzminister Wolfgang Schäuble das Wort. Er sagt den Abgeordneten, was er Merkel schon vor Monaten unter vier Augen erklärte: Man brauche den Deal mit der Türkei – »whatever it takes«. Um jeden Preis. Dennoch erfährt er Widerspruch. Der Vorsitzende des Auswärtigen Ausschusses, Norbert Röttgen, wendet ein, schon mit Blick auf Erdoğans Umgang mit den Kurden könne er »um jeden Preis« nicht mittragen. Dem stimmt auch Fraktionschef Kauder zu. Als die Grünen bekannt geben, dass sie den gemeinsamen Antrag aller Fraktionen dann eben allein in den Bundestag einbringen, liegt eine Blamage der Regierung in der Luft. Werden CDU, CSU und SPD tatsächlich Erdoğan zuliebe gegen ihre eigenen Worte stimmen?

Zahlreiche Unionsabgeordnete schämen sich so sehr, dass sie der Abstimmung lieber fernbleiben wollen. Erst in der Bundestagsdebatte am 27. Februar wird der Eklat abgebogen. Redner von CDU und SPD machen den Grünen spontan das Angebot, die Armenier-Resolution zu verschieben, auf die Zeit nach dem entscheidenden EU-Gipfel mit Erdoğan. Der grüne Fraktionsvorsitzende Cem Özdemir schlägt ein. Im Wortsinne – denn er geht zur ersten Reihe der Unionsfraktion, wo Kauder ihn mit ausgestreckter Hand erwartet. Sogar das Kanzleramt wurde von dieser Entwicklung überrascht:

Aufgeschoben statt aufgehoben – damit rettet eine schwarz-grüne Koalition die Ehre des Bundestages.

Den Deutschen wird erst im April 2016 richtig bewusst, wie sehr sich ihre Kanzlerin in die Abhängigkeit eines Autokraten begeben hat. Erdoğan hatte kurz zuvor den deutschen Botschafter in Ankara einbestellen lassen, wegen eines türkeikritischen Beitrags der NDR-Satiresendung »extra3«. Merkel reagiert auf diesen versuchten Eingriff in die Pressefreiheit erst nach Tagen, auf Drängen, und sehr halbherzig durch ihre stellvertretende Regierungssprecherin. Der Satiriker Jan Böhmermann erklärt Erdoğan darauf die Grenzen zwischen zulässiger Satire und unzulässiger Schmähung in einer offenen Gesellschaft auf die harte Tour – indem er ein Schmähgedicht über Erdoğan in seiner Sendung vorliest.

Das ZDF löscht den Beitrag schon am nächsten Morgen aus seiner Mediathek, doch Erdoğan sinnt auf Vergeltung. Am Samstag geht im Auswärtigen Amt eine Verbalnote ein. Der türkische Präsident will nach Paragraph 103 Strafgesetzbuch vorgehen, der das Beleidigen von Vertretern ausländischer Staaten verbietet. Ein geschickter Schachzug, denn in diesem Fall muss die Bundesregierung die Ermittlungen genehmigen. Der türkische Präsident ließ nach Angaben des britischen Schriftstellerverbandes PEN allein im Jahr 2015 dreißig Journalisten ins Gefängnis werfen und einhundert festnehmen, über eintausend Publikationen verbieten und den Zugang zu 42 000 Websites sperren. In der Türkei überzieht er kritische Journalisten, Autoren und Künstler mit Beleidigungsklagen. Jetzt glaubt er, einen Weg gefunden zu haben, die Kanzlerin auf seinem Rachefeldzug gegen die Meinungsfreiheit auf seine Seite ziehen zu können.

Im Kanzleramt sucht man derweil fieberhaft nach einem Ausweg und setzt wieder auf Ahmet Davutoğlu. Am Sonntagabend telefoniert Merkel mit ihm, tags darauf berichtet ihr Regierungssprecher ungefragt über das Telefonat: »Die Bundeskanzlerin und der Ministerpräsident stimmten überein, dass es sich um einen bewusst ehrverletzenden Text handele.« Es ist ein Kompromiss: Merkel gibt damit dem Autokraten ein bisschen Recht, der verzichtet im

Gegenzug darauf, sie juristisch zu zwingen, sich zwischen der Verteidigung, der Kunstfreiheit und dem Flüchtlingsdeal entscheiden zu müssen. Souverän wirkt das kaum, denn Seiberts Satz klingt wie eine halbe Entschuldigung. Umso entsetzter ist man im Kanzleramt, als am nächsten Tag eine Verbalnote aus Ankara eingeht und parallel dazu eine Strafanzeige in Mainz. Der türkische Präsident fühlt sich an den Kompromiss, den Merkel persönlich mit seinem Ministerpräsidenten ausgehandelt hat, nicht gebunden. Obwohl Merkel schon auf Distanz zu Böhmermann gegangen ist, will er noch das offizielle Plazet der Bundesregierung für Ermittlungen.

Die Affäre Böhmermann, in der die heikle Abhängigkeit von der Türkei so anschaulich sichtbar wird, ist auch ein Beispiel für den Strukturwandel der deutschen Öffentlichkeit: Die Nachrichtenmedien hatten zuvor wochenlang ausführlich über den EU-Türkei-Deal berichtet, auch die Abhängigkeit beschrieben, in die sich die Bundesregierung damit begeben hat. Die Mehrheit der Bürger nahm dies aber erst mit Schrecken zur Kenntnis, nachdem eine Figur aus der Unterhaltungsbranche betroffen war.

Die vorher nur langsam bröckelnden Zustimmungswerte zum Deal fallen sofort. Nach Erhebung des »ARD-Deutschlandtrend« wird er im April nur noch von 39 Prozent der Bevölkerung befürwortet. Eine EU-Mitgliedschaft der Türkei lehnen 68 Prozent der Befragten ab, ein Wert, wie seit Jahren nicht mehr. Nur noch 17 Prozent der Deutschen geben an, dass man dem Schlüsselland von Merkels Flüchtlingspolitik als Verhandlungspartner vertrauen könne. Bei Böhmermann hört für die Deutschen der Spaß auf.

14
Wettlauf mit dem Wunderwuzzi

Angela Merkel hat es immer für möglich gehalten, von Wien verraten zu werden. Aber sie belauert lange den falschen Mann – nicht Sebastian Kurz, den jungen konservativen Außenminister, der am Ende gegen ihren Willen die Balkanroute schließen wird, sondern dessen Chef, den sozialdemokratischen Bundeskanzler Werner Faymann, der mit ihr gemeinsam die Grenze öffnete. Andersherum gilt das Gleiche: Der österreichische Kanzler und die deutsche Kanzlerin, die im September spontan die Willkommenskultur zu ihrem gemeinsamen Programm erheben, fürchten von Anfang an, vom jeweils anderen im Stich gelassen zu werden.

Der Sozialdemokrat Werner Faymann war ursprünglich ein im Filz der öffentlichen Wohnungswirtschaft der Stadt Wien verwurzelter Lokalpolitiker, der seinen Aufstieg ins Kanzleramt vor allem einer fast symbiotischen Verbindung mit dem Boulevardblatt »Krone« verdankt. Faymann redete noch als Kanzler dessen Verleger Hans Dichand mit »Onkel Hans« an. Seit Faymann die traditionell proeuropäische Politik der SPÖ zu Beginn seiner Amtszeit nach einer Kampagne der »Krone« ausgerechnet in Form eines Leserbriefes an das Blatt revidiert hat, halten ihn die anderen europäischen Regierungschefs für einen Opportunisten. Obwohl die SPÖ der linken Parteienfamilie in Europa angehört, unterstützt Faymann in der Eurokrise die Austeritätspolitik, die Berlin dem Kontinent aufzwingt. »Er geht mit keiner Meinung rein und kommt mit meiner Meinung raus«, soll Angela Merkel über ihren Kollegen aus dem Nachbarland gesagt haben.

Doch in der Flüchtlingskrise übernimmt zunächst Faymann die Initiative. Nachdem er Merkel in der Nacht zum 5. September in die gemeinsame Grenzöffnung manövriert hat, lobt er sie eineinhalb

Wochen später in Berlin überschwänglich: »Angela, ich bin dir
dankbar, dass du nicht zögerlich warst.« Über Faymanns Bekenntnis
zur Willkommenskultur staunen die Österreicher fast noch mehr als
die Deutschen über Merkels Haltung – solche Überzeugungen hätten sie ihrem für seine Flexibilität bekannten Kanzler gar nicht
zugetraut. Auch Merkel lobt Faymann: Die beiden Länder seien
»vereint, im Geist der Freundschaft«.

Manchmal jedoch sind auch Überzeugungen opportun. Faymann hat mit der von ihm forcierten Grenzöffnung aus österreichi-
scher Sicht für ein paar Wochen eine Ideallösung gefunden. Das
sonst oft für seinen starken Rechtspopulismus gescholtene Land
kann sich jetzt wie Deutschland in einer Willkommenskultur son-
nen: Am Wiener Hauptbahnhof entstehen Bilder, die denen aus
München sehr ähneln. Die Flüchtlinge in Wien bekommen Applaus,
Bananen und Mineralwasser. Doch sie reisen anschließend weiter,
Österreich muss sie nicht unterbringen. Lediglich zwanzig Asylanträge meldet Wien am Wochenende der Grenzöffnung. Faymann
kann sein Glück kaum fassen. In den Tagen danach ruft er beinahe
täglich im Berliner Kanzleramt an und fragt ungläubig, ob man dort
auch ganz sicher die Grenze nicht wieder schließen wolle.

Am 13. September, als in der entscheidenden Sitzung im Innenministerium niemand in Berlin die Verantwortung für die bereits
vereinbarte Grenzschließung übernehmen will, lässt sich Faymann
erneut mit Merkel verbinden. Er will nach Berlin kommen und vor
der Weltpresse, auf Augenhöhe mit der deutschen Kanzlerin, die
Willkommenskultur verteidigen. Merkel gewährt ihm den Auftritt.
Bei der gemeinsamen Pressekonferenz zwei Tage später im Berliner
Kanzleramt wirkt Faymann gelassen und souverän, während Merkel
sichtbar mitgenommen wirkt. Es kommen immer mehr Flüchtlinge,
eine Woche zuvor sind die berühmten Selfies entstanden, die Kanzlerin muss sich nun erstmals rechtfertigen, dass diese Bilder auf der
ganzen Welt als Einladung verstanden werden. Unter diesem Druck
entschlüpft ihr dabei ein Satz, den sie später bereut, weil ihn auch
gemäßigte Skeptiker ihrer Flüchtlingspolitik als Drohung verstehen:
»Ich muss ganz ehrlich sagen: Wenn wir jetzt anfangen, uns noch

entschuldigen zu müssen dafür, dass wir in Notsituationen ein freundliches Gesicht zeigen, dann ist das nicht mein Land.«

Aus interner Kommunikation zwischen den Kanzlerämtern in Wien und Berlin ist in dieser Frühzeit der Flüchtlingskrise die ständige Angst der Österreicher herauszulesen, Merkel könne doch noch umfallen, Deutschland könne einseitig die Grenzen schließen und die Alpenrepublik mit den Flüchtlingen allein lassen. Faymann ist so sehr bemüht, Merkel bloß keinen Anlass für einseitige Maßnahmen zu bieten, dass er ihre Entscheidungen daheim in Wien über Wochen gleichsam kopiert. So zieht, als Deutschland Grenzkontrollen ankündigt, Österreich am Tag darauf nach, obwohl Faymann genau dies nur wenige Stunden zuvor ausgeschlossen hat. Als Merkel das Grenzregime ihrem renitenten Innenminister de Maizière abnimmt und in die Verantwortung ihres Kanzleramtsministers übergibt, entmachtet auch Faymann seine Innenministerin, damit sein Kanzleramtsminister Josef Ostermayer mit Altmaier auf Augenhöhe verhandeln kann.

Faymann setzt in dieser Phase auf eine Institutionalisierung des Durchwinkens der Flüchtlinge von Griechenland bis nach Deutschland. Ende Oktober beginnt die EU-Kommission damit, die staatliche Schleusung auf dem Balkan mit Mitteln aus dem EU-Katastrophenschutzverfahren finanziell zu unterstützen. Sie etabliert auch eine wöchentliche Telefonkonferenz der europapolitischen Berater aller beteiligten Regierungschefs, um Probleme bei der Übergabe der Migranten an den Grenzen auf dem kurzen Dienstweg lösen zu können. Als Merkels europapolitischer Chefberater Uwe Corsepius nach wenigen Wochen das Interesse daran verliert und nur noch seinen Stellvertreter in die Gespräche schickt, erkennt man darin in Wien ein klares Signal: Merkel beginne zu begreifen, dass der Ausbau der Balkan-Route zur staatlich geförderten Massen-Reiseroute doch nicht in deutschem Interesse liegt.

Altmaier setzt nun durch, dass nur noch an bestimmten Grenzübergängen eine festgelegte Anzahl von Asylbewerbern nach Deutschland einreisen kann. Damit verhindert er, dass das System des Durchwinkens zusammenbricht. Genau auf diesen Zusammenbruch hatten in den deutschen Sicherheitsbehörden, im Innenministerium und in der CDU/CSU einige spekuliert, ja regelrecht gehofft. Altmaier erinnert die Österreicher hinter den Kulissen aber zugleich daran, dass sie ihren Anteil an Flüchtlingen ebenfalls aufnehmen müssen.

Die Zahl der Flüchtlinge, die nicht weiterziehen, sondern in Österreich Asyl beantragen, steigt danach von fünf auf zehn Prozent. Aus deutscher Perspektive ist das nicht viel, aber die Kostenlos-Willkommenskultur Faymanns geht damit zu Ende. »Wir waren solidarisch im Weiterwinken nach Deutschland«, spottet Außenminister Kurz und Wiens Bürgermeister Michael Häupl bringt es auf den Punkt: »Es ist ein Unterschied, ob wir Jausenstation für Durchreisende sind oder Dauergäste aufnehmen.«

Insgesamt werden es 90 000 Asylbewerber im Jahr 2015 und 25 000 im ersten Halbjahr 2016. Die österreichische Behauptung, gemessen an der Bevölkerungsgröße nehme das Land mehr Flüchtlinge auf als Deutschland, ist dabei mit Vorsicht zu betrachten: zum einen ist die Anerkennungsquote etwa für Syrer in Österreich deutlich niedriger als in Deutschland, zum anderen warten im Krisenjahr in Deutschland Hunderttausende Flüchtlinge in den Erstaufnahmeeinrichtungen darauf, überhaupt erst einen Asylantrag stellen zu dürfen.

Dennoch ist die Stimmung in Österreich von Beginn an nervöser als beim großen Nachbarn. Während etwa das deutsche Boulevardblatt »Bild« wohlwollend über Flüchtlinge berichtet, begleitet die »Krone« das Thema Migration sofort äußerst kritisch. Faymanns väterlicher Freund Dichand ist schon einige Jahre tot, und in demselben Maße, wie sich der Kanzler mit seiner Flüchtlingspolitik vom Boulevard emanzipiert, geben seine alten Freunde aus der Redaktion ihre Loyalität auf. Auch politisch und wirtschaftlich ist die Ausgangslage schwieriger: Anders als Deutschland steckt die Alpenrepublik wegen verschleppter Reformen in einer Wirtschaftskrise und leidet unter hoher Arbeitslosigkeit. Der Ausländeranteil liegt deutlich höher, im ärmeren Ostösterreich konkurrieren Einheimische mit EU-Ausländern um allzu wenige Jobs.

Zudem sitzt Faymann mit der FPÖ eine etablierte rechtspopulistische Konkurrenz im Nacken. Nach der Grenzöffnung gewinnt
sie eine Landtagswahl nach der anderen. Der wahre starke Mann der
österreichischen Sozialdemokratie ist nicht Faymann, sondern der
Wiener Landeshauptmann Michael Häupl. Ihm gelingt es Mitte
Oktober mit einem Wahlsieg in der Hauptstadt, seinem Kanzler
noch einmal Luft zu verschaffen. Häupl verteidigt die Willkommenskultur offensiv und weist gerade mit dieser Strategie die Rechten in
die Schranken.

So kann Faymann vorerst in Merkels Windschatten segeln und
die Rolle als wichtiger Partner Berlins genießen. Normalerweise bereitet die deutsche Kanzlerin gemeinsam mit dem französischen Präsidenten große Entscheidungen in der EU vor, die kleinen Länder
werden später einbezogen. Doch jetzt telefoniert der österreichische
Kanzler mehrmals in der Woche mit Merkel, seit Oktober hat sein
Kanzleramtschef Josef Ostermayer einen ähnlich engen Draht zu
Altmaier. Vor den Ratsversammlungen in Brüssel, wo Faymann über
Jahre wie ein Autogrammjäger zwischen Spitzenpolitikern wirkte, ist
er plötzlich bei Journalisten aus aller Welt gefragt. Und ausgerechnet
im deutschen Nachrichtenmagazin »Spiegel« versteigt sich der österreichische Bundeskanzler zu einem Nazi-Vergleich: Die Flüchtlingspolitik des ungarischen Premierministers Viktor Orbán erinnere ihn
»an dunkelste Zeiten«. Die Polemik gegen den ungarischen Grenzzaun rächt sich allerdings, als Faymann selbst schon Ende Oktober
zum Handeln gezwungen ist: Am österreichisch-slowenischen Grenzort Spielfeld lässt er einen Zaun errichten, besteht aber darauf, dass
es sich nicht um einen solchen handele, sondern um »technische
Sicherungen« im Rahmen einer »besonderen bauliche Maßnahme«.
Faymann nennt das »ein Türl mit Seitenteilen«.

Diesen Moment nutzt Faymanns Außenminister Sebastian Kurz, um
seinem Kanzler – und damit auch Merkel – zum ersten Mal prinzipiell zu widersprechen. Die Behauptung, Zäune würden nicht funktionieren, sei »schlicht und einfach falsch«. Zwischen Bulgarien und
der Türkei gebe es einen Zaun, und der Migrationsdruck auf Spanien

habe nach der Errichtung von Zäunen ebenfalls nachgelassen: »Die Frage ist, will man es tun oder nicht«, stellt Kurz das Narrativ der Alternativlosigkeit in Frage.

Der junge Außenminister war als Kontrahent in Berlin nicht auf dem Zettel. Zum ersten Mal wahrgenommen hatte man ihn erst bei seinem Antrittsbesuch in Deutschland ein Jahr zuvor. Ein 27-Jähriger ohne abgeschlossenes Hochschulstudium und mit begrenzter politischer Erfahrung an der Spitze des diplomatischen Dienstes, der Champions League des Staatsdiensts? Jugend sei ein Problem, das von alleine vergehe, hatte ihm Frank-Walter Steinmeier spöttisch zur Begrüßung zugerufen. Deutsche Journalisten schrieben Schmunzelstücke über den »Wunderwuzzi auf der Weltbühne«. Diesen Begriff, dessen Bedeutung zwischen Aufschneider, Tausendsassa und Universalgenie changiert, gibt es in Deutschland nicht – und ebenso wenig eine solch steile Politikerkarriere. Als Vorsitzender der ÖVP-Jugend hatte Kurz mit dem Slogan »Schwarz macht geil« für Aufsehen gesorgt. Im »Geil-o-Mobil«, einem politisch völlig inkorrekten amerikanischen Hummer-Geländewagen, samt leichtbekleideten Parteifreundinnen, hatte er den Wahlkampf aufgemischt. Ein frühreifer, vor Ehrgeiz bebender Karrierist, der stets ohne Krawatte, aber in teuren, eng geschnittenen Anzügen und mit gegelten Haaren auftrat. Eine »Verarschung für alle, die in diesem Bereich tätig sind«, kommentierte der »Wiener Standard«, als Kurz mit nur 24 Jahren Staatssekretär für Integration wurde.

Dabei konnte er trotz seiner Jugend bald schon auf eine Reihe politischer Erfolge verweisen. Er überraschte mit pragmatischen Vorschlägen wie einem zweiten verpflichtenden Kitajahr für Migrantenkinder mit Sprachdefiziten und einem neuen Staatsbürgerschaftsrecht mit Erleichterungen für gut integrierte Zuwanderer. Unter dem Schlagwort »Integration durch Leistung« versuchte er, den Diskurs von plumper Islamkritik hin zu einem selbstbewussten Werte-Patriotismus zu verschieben. Als er 2013 Außenminister wurde, sprach er sich für einen EU-Beitritt sämtlicher Balkanländer aus. Als Gastgeber der internationalen Verhandlungen über das Atomprogramm des Iran und später über einen Frieden in Syrien kann er sogar an die große Tradition der österreichischen Diplomatie als neutraler Makler auf der Weltbühne anknüpfen.

Im Sommer 2015 gilt Kurz in Österreich schon lange nicht mehr als Lachnummer, sondern als außergewöhnliches Talent. Ein liberaler Konservativer, der von einer Koalition seiner ÖVP mit den Grünen und der bürgerlichen Protestpartei Neos träumt – dann, wenn seine Generation an die Macht gelangt. Als seine politischen Vorbilder nennt er Nelson Mandela und – Angela Merkel. Obwohl er ihre Politik der offenen Grenzen für falsch hält.

Vielleicht auch aus einem persönlichen Erlebnis heraus, am 23. August 2015, an der griechisch-mazedonischen Grenze. Einen Tag zuvor hat das deutsche Bundesamt für Migration und Flüchtlinge in einer internen Sitzung entschieden, keinen Syrer mehr zurückzuschicken, der aus einem sicheren Drittstaat kommt. Die Nachricht beginnt sich zwar erst allmählich unter den Migranten herumzusprechen, erst zwei Tage später wird das BAMF sie per Twitter bekannt machen. Trotzdem hat der Zug nach Deutschland bereits eine Urgewalt erreicht. Gemeinsam mit dem mazedonischen Außenminister Nikola Poposki lässt sich Kurz zur Grenze fahren. Ihr Wagen passiert eine lange Kolonne von wartenden Taxis, Privatwagen und Bussen. Der Mazedonier schildert seinem Amtskollegen detailliert die Preise (Taxi 20 Euro pro Person, Zug 7 Euro), die für den Weitertransport an die serbische Grenze verlangt werden.

Mazedonien ist kein EU-Land und daher nicht verpflichtet, Flüchtlinge zu registrieren, die nach Deutschland weiterreisen wollen. Das kleine Land ist dennoch mit der großen Zahl der Reisenden überfordert. Die Regierung in Skopje hat vor vier Tagen den Notstand ausgerufen und ihre Grenze geschlossen. Um Struktur in die Wanderungsbewegung zu bringen, heißt es offiziell. In Wirklichkeit geht es darum, die Grenzschließung zu erproben. Die Probe misslingt. Kurz und Poposki besichtigen den Grenzort Gevgelija. Hier hängen noch Schuhe und Fetzen von Kleidungsstücken im Stacheldraht, den Tausende Migranten durchbrachen, obwohl die dahinterstehende Polizei Tränengas, Blendgranaten und Knüppel einsetzte.

Jetzt winken die Mazedonier die Flüchtlinge durch, die aus dem EU-Land Griechenland kommen und über die EU-Länder Ungarn sowie Österreich weiter wollen nach Deutschland. Von den der Türkei vorgelagerten griechischen Inseln werden sie mit Fähren nach Thessaloniki gebracht, in die Nähe der mazedonischen Grenze. Sechs Monate später wird die Balkanroute an genau dieser Stelle, die Kurz damals besuchte, blockiert. Aber nicht mehr mit improvisierten Absperrungen und durch überforderte lokale Polizeieinheiten, sondern gut organisiert und finanziert von einem Staatenbündnis innerhalb der EU, das Kurz zusammengebracht hat.

Der junge Mann liefert sich ein Wettrennen mit der erfahrensten Politikerin Europas um die Lösung der Flüchtlingskrise: Merkel arbeitet am EU-Türkei-Abkommen, Kurz an der Schließung der Balkanroute.

Dabei legt er vor. Nach der Distanzierung im Oktober bekennt er sich im November nun öffentlich zur »Obergrenze«, also zum Konzept der Merkel-Gegner. Den eigenen Kanzler muss er schon nicht mehr überzeugen, zu diesem Zeitpunkt hat Faymann seinen Beratern im Kanzleramt längst angekündigt, er werde im neuen Jahr beidrehen, wenn »bis Weihnachten« die von Merkel versprochene europäische Lösung nicht »stehe«. »Wenn ein Kapitän einen Eisberg vor seinem Schiff hat, bringt es wenig, den Kurs zu halten«, wird er später seinen 180-Grad-Schwenk erklären. Plötzlich sind die Rollen vertauscht: Lag im September Faymann Merkel beinahe täglich in den Ohren, weil er eine deutsche Grenzschließung fürchtete, so ruft jetzt Merkel mehrmals in der Woche in Wien an, um Faymann bei der Stange zu halten. Bis Neujahr klappt das.

Doch die Silvesterereignisse in Köln ändern die Lage. Auch in Österreich kippt die Stimmung, Faymann steht unter Beschuss seines Koalitionspartners, der ÖVP, einer christsozialen europäischen Schwesterpartei von Merkels CDU. Anfang Januar folgt ein kurioses Spiel über Bande: Politiker von CSU und CDU, die immer noch auf einen Kurswechsel Merkels in der Flüchtlingspolitik hoffen, drängen ihre Freunde von der ÖVP, den Druck auf deren sozialdemokratischen Kanzler zu erhöhen, damit dieser umfällt und im Fallen

gleichsam die CDU-Kanzlerin in Berlin mit sich reißt. Auf sich allein
gestellt, so hoffen sie, werde Merkel die Politik der offenen Grenzen
nicht durchhalten.

Mitte Januar 2016 ist es soweit. Der ÖVP-Klubobmann – so
heißen im Wiener Parlament die Fraktionsvorsitzenden – Reinhold
Lopotka bestellt seinen Freunden aus der CSU und der CSU vertraulich: »Wir haben ihn weichgekocht!« Faymann sei endlich bereit, eine
Obergrenze einzuführen. Doch die Merkel-Kritiker in der CDU sind
von der Nachricht des bevorstehenden Verrats an ihrer Kanzlerin
und Parteivorsitzenden so beglückt, dass sie unvorsichtig werden und
zu viele einweihen. Einer, der noch etwas werden will, gibt dem Kanzleramt einen Wink. Dort entscheidet Merkel, Faymann nicht sofort
zu konfrontieren, sondern erst auf der Arbeitsebene diskret die Lage
zu sondieren. So muss Ministerialdirigent Franz Neueder, stellver-
tretender Leiter der europapolitischen Abteilung, in Wien anrufen.
Er bekommt die ausweichende Antwort: »Wir arbeiten an etwas.«

Faymanns Leute stehen vor einer scheinbar unlösbaren Aufgabe.
Einerseits hat ihr Chef dem Koalitionspartner Anfang Januar versprochen, ein Konzept für eine Obergrenze zu entwickeln. Andererseits steht Faymann bei Merkel im Wort, keine Obergrenze einzuführen. Außerdem hat er den österreichischen Bürgern – genau wie
Merkel den Deutschen – monatelang erklärt, schon die Verfassung
verbiete jede Form der Begrenzung.

Kanzleramtschef Ostermayer, der engste Vertraute Faymanns,
hat eine rettende Idee. Sie stammt kurioserweise aus dem österreichischen Mietrecht. Ostermayer hatte wie Faymann vor seinem
Eintritt in die Politik Karriere in der staatlichen Wohnungswirtschaft gemacht. Er überträgt seine Erfahrungen nun auf die europäische Migrationskrise: Statt einer Obergrenze soll ein »Richtwert«
beschlossen werden – so wird in Österreich der Betrag genannt, der
vom Vermieter pro Quadratmeter im Monat für eine Wohnung verlangt werden darf. Die Richtwerte werden für jedes Bundesland vom
jeweiligen Justizminister festgesetzt, sind also flexibel und richten
sich nach dem Wohnumfeld und der finanziellen Leistungsfähigkeit
der Bevölkerung. Analog dazu wird nun die Aufnahmekapazität

Österreichs mit 1,5 Prozent der Bevölkerung veranschlagt – bis zum Jahr 2019 sollen das höchstens 127500 Flüchtlinge sein. In einer Art umgekehrter Staffelmiete sinkt bis dahin die Anzahl der Aufzunehmenden: 2016 sollen es 37500 sein, 2017 dann 35000, 2018 nur noch 30000 und schließlich 25000 Personen. Für die in der Obergrenzen-Diskussion entscheidende Frage, was geschehe, wenn sie überschritten sei, findet Mietrechtsexperte Ostermayer eine äußerst kreative Lösung: Das werde durch zwei Rechtsgutachten geklärt, die erst noch erstellt werden müssen.

Tatsächlich setzen Faymann und Ostermayer diesen Plan bei einem Asylgipfel mit der ÖVP und allen Landeshauptmännern am 19. Januar durch. Immerhin lässt sich Faymann vorher noch telefonisch mit Merkel verbinden und erklärt ihr, der Druck seines konservativen Koalitionspartners und die Stimmung im Land ließen ihm in seiner Entscheidung keine Wahl. Merkel versucht vergeblich, ihn umzustimmen. Faymann verspricht ihr, das Wort »Obergrenze« werde weder im offiziellen Papier seiner Regierung auftauchen, noch werde er es persönlich in den Mund nehmen.

Doch dieses Versprechen ist nichts wert. Am gleichen Abend gibt Außenminister Kurz ein Interview im »heute journal« und erklärt den Deutschen zur besten Sendezeit, dass ihr Nachbarland einführe, was die eigene Bundeskanzlerin ständig für unmöglich erklärt: eine Obergrenze. Kurz wird nicht von Wien aus zugeschaltet, sondern aus Wildbad Kreuth. Er war Gast auf der Tagung der CSU-Landtagsfraktion, die am nächsten Tag Angela Merkel mit wüsten Angriffen zusetzen wird.

Kurz kommt jetzt aus der Deckung, der junge Konservative übernimmt die Führung der Internationale der Merkel-Gegner. Diese wächst täglich – der ehemalige Paria Viktor Orbán zählt dazu, andere Osteuropäer, die Balkan-Staaten, die CSU, aber auch einige Westeuropäer.

Merkel sei so geschwächt, dass sie eine Schließung der Balkanroute nicht mehr verhindern könne, glaubt man im österreichischen Außenministerium. Kurz macht erst jetzt publik, woran er schon seit November arbeitet. Er hat im Wochenrhythmus sämtliche Länder

der Balkanroute besucht und mit deren führenden Politikern sondiert, wie eine Grenzschließung aussehen könnte. Sein Plan? Ein
kalkulierter Dominoeffekt. Slowenien, Kroatien und Serbien sollen
ihre Grenzen schließen, Ungarns Grenze ist schon geschlossen, zuletzt soll Mazedonien folgen. Dort wird schon seit Ende November
ein drei Meter hoher Grenzzaun nach ungarischem Vorbild gebaut, Viktor Orbán lässt diskret Material liefern, Berater aus Ungarn,
später auch aus anderen osteuropäischen Ländern, sind vor Ort.

Die Balkandiplomatie des jungen Österreichers folgt der Weis-
heit eines sehr erfahrenen Außenpolitikers: »Lächele immer und
habe einen großen Knüppel dabei«, hatte Henry Kissinger einst erklärt. Im Lächeln ist der telegene Kurz Weltspitze. Und über Waffen
verfügt das kleine Österreich, anders als sonst, dieses Mal auch. Der
Plan einer koordinierten Grenzschließung bedeutet eine Drohung
für jeden, der nicht mitmacht: Im letzten offenen Land würden sich
alle Flüchtlinge stauen.

Kurz spiele regionale Großmacht, kritisiert Robert Misik, der
intellektuelle Kopf des linken Österreichs, den Plan des Außen-
ministers. Wien wende sich damit nicht nur von Merkel, sondern
vom Westen insgesamt ab. Es knüpfe an die vordemokratische
Außenpolitik an, die den Weltkrieg verursacht habe: »Ein sehr junger
Politiker, der eine ganz, ganz alte Politik macht«, so Misik. Aber auf
der konservativen Seite des Spektrums gewinnt Kurz täglich neue
Fans, gerade in Deutschland.

Ein paar Wochen lang ringen österreichische und deutsche Diplomaten auf dem Balkan miteinander. Auch die Deutschen verfolgen dort eine aktive Politik. Erst im Sommer hat Merkel Albanien,
Bosnien-Herzegowina und Serbien besucht. Serbiens Ministerpräsident, der zum EU-Aspiranten gewandelte Nationalist Aleksandar
Vučić, fiel Merkels außenpolitischem Chefberater Christoph Heusgen schon auf dem Rollfeld zur Begrüßung regelrecht um den Hals.
Auch andere Balkanländer haben die Rolle Deutschlands als wohl-
wollende Führungsmacht so sehr verinnerlicht, dass ihre Staatschefs
in dringenden Fällen direkt bei Heusgen anrufen und fragen: Was
sollen wir tun? In der Flüchtlingskrise lautete die Antwort stets:

weiter durchleiten. Auf keinen Fall die Grenzen schließen. Mit dem Argument, ein Flüchtlingsstau auf dem Balkan gefährde die Stabilität der jungen Demokratien dort, warb Merkel seit September für ihre Flüchtlingspolitik, im November stellte sie gar die Gefahr eines Krieges in den Raum: »Es wird zu Verwerfungen kommen«, drohte sie Kritikern auf einer CDU-Veranstaltung: »Ich will nicht, dass dort wieder militärische Auseinandersetzungen notwendig werden.«

Kurz stellt in Wien derweil die Gegenthese auf: Der nicht enden wollende Flüchtlingstreck destabilisiere den Balkan auf Dauer. Ihn zu beenden, liege im gemeinsamen Interesse aller Beteiligten, würde also statt Zwietracht sogar Zusammenhalt bringen. Kurz scheint Recht zu behalten, bei seiner Pendeldiplomatie auf dem Balkan erklären ihm alle Gesprächspartner: Unser Problem sind nicht unsere Nachbarn, sondern die Deutschen. Wir würden gerne die Grenze schließen, aber Merkel erlaubt es nicht.

Die große europäische Schwester spannt sogar den großen transatlantischen Bruder ein, um Druck auszuüben. Nachdem Merkel am 21. Januar mit Barack Obama telefoniert hat, lassen amerikanische Diplomaten überall auf dem Balkan durchblicken, dass sie eine Grenzschließung kritisch betrachten. Wie schon Merkels Kriegswarnung ist diese Haltung geostrategisch begründet: Wenn die Balkanroute zwischen Mazedonien und Griechenland gesperrt wird, stauen sich die Flüchtlinge in der Hellenischen Republik. Die aber ist ein wichtiger NATO-Partner im Mittelmeer, einem Raum, der für die USA strategische Bedeutung hat.

Das Horrorszenario für die Strategen im Weißen Haus: ein Griechenland, das wegen der Euro-Krise oder einer unkontrollierten Flüchtlingssituation aus der EU taumelt und in den Armen Russlands landet. Schon jetzt regiert in Athen eine Koalition aus Links- und Rechtspopulisten, die eine ideologische Affinität zu Putin haben. Stärker als der Druck der Deutschen und Amerikaner wirkt in den Balkanländern die Angst, vollends die Kontrolle zu verlieren, wenn im Frühjahr bei besserem Wetter die Flüchtlingszahlen wieder steigen. Deshalb folgen sie Sebastian Kurz – nicht Merkel und Obama.

Einige Wochen lang dauert der kuriose Wettkampf darum, wer seine Lösung der Flüchtlingskrise als Erster präsentieren kann: die angeblich mächtigste Frau Europas ihren Türkei-Deal oder der österreichische Wunderwuzzi seinen Plan zur Schließung der Balkanroute. Kurz' offensives Handeln hat für Merkels Pläne aber auch einen unverhofften Nebeneffekt: Die Türken zeigen sich zunehmend kooperativ. Zumindest Davutoğlu erkennt, dass ihm eine erfolgreiche Schließung der Balkanroute sofort die Trumpfkarte aus der Hand nehmen würde. Wenn die Flüchtlinge auch ohne die Türkei gestoppt werden können, wird Merkel weder die Milliarden für Ankara zusammenbekommen noch die weitreichenden Zugeständnisse für eine Wiederaufnahme der EU-Beitrittsverhandlungen durchsetzen können.

Etwas später fällt der Groschen auch in Athen. Erst Mitte/Ende Januar versteht Ministerpräsident Tsipras, dass ausgerechnet sein ideologischer Hauptfeind, die Merkel-Schäuble-Regierung, in der Flüchtlingsfrage sein letzter Freund in Europa ist. Plötzlich kommt der lange verschleppte Ausbau der Hotspots in Gang, mehr Flüchtlinge werden in Griechenland registriert und das Land gibt seinen Widerstand gegen eine gemeinsame Überwachung der Ägäis auf. Im Februar bricht der »2. Ständige Marineverband« der NATO auf, um Migranten zu stoppen. Dabei hat der medienwirksame Einsatz von Soldaten und Matrosen vor allem einen Zweck: zu demonstrieren, dass die Alternativen zur Schließung der Balkanroute vorankommen. Eine Woche später will Merkel einen ersten Erfolg feiern. Dazu hat sie einen Teilrückzug beschlossen. Der ursprüngliche Plan, Flüchtlinge nach einer Quote in ganz Europa zu verteilen, wird nun vorerst aufgegeben. Statt auf Zwang setzt die Bundesregierung auf Freiwilligkeit. Eine »Koalition der Willigen« soll sich einen Tag vor dem Gipfel mit Davutoğlu treffen und der Türkei zusichern, ihr auf legalem Wege Flüchtlinge abzunehmen, wenn im Gegenzug die illegale Migration über die Ägäis gestoppt wird.

Im Kanzleramt zählt man insgesamt zehn Willige, aber der Wille ist unterschiedlich ausgeprägt. Da sind das kleine Portugal und die noch kleineren Länder Luxemburg und Slowenien, außerdem Schweden und Griechenland, die beide eigentlich jetzt schon zu viele Flüchtlinge beherbergen. Als überzeugte Merkel-Verbündete kann man mit den Niederländern und den Belgiern rechnen. Noch ein weiteres Land zählt offiziell zur Merkel-Koalition: Österreich. Das Treffen der Willigen soll sogar in der EU-Botschaft der Alpenrepublik in Brüssel stattfinden, weil man den Anschein deutscher Dominanz vermeiden möchte.

Doch der vermeintliche Hauptverbündete Österreich sucht eine Möglichkeit, geräuschlos von der Fahne zu gehen. Unmittelbar vor dem Treffen bietet sich Faymann und Kurz ein trauriger Anlass. In Ankara wird ein Terroranschlag verübt, 29 Soldaten sterben. Davutoğlu sagt daraufhin seine Teilnahme am EU-Flüchtlingsgipfel und dem zuvor angesetzten Treffen der Willigen ab. Sofort lädt Faymann auch alle anderen Teilnehmer aus – gegen den Willen Merkels. Damit dieser Schritt von der Weltöffentlichkeit auch richtig verstanden wird, erklärt der österreichische Vizekanzler Reinhold Mittenlehner: »Es kann jeder ableiten, dass die Koalition der Willigen in der Form offensichtlich nicht mehr besteht.« Die Österreicher sind auf die andere Seite übergelaufen.

Noch am gleichen Tag legen sie fest, ab sofort nur noch 80 Asylanträge pro Tag anzunehmen. Da die Zahl vorher bei durchschnittlich 200 Asylanträgen pro Tag lag, wirkt sich dieses Tageskontingent wie eine Art Obergrenze aus. Gleichzeitig erhöht sich der Druck auf Deutschland. Wer kein Asyl mehr in Österreich beantragen kann, zieht in der Regel nach Norden weiter. Aber auch das wird jetzt reguliert: Nur noch 3200 Menschen pro Tag dürfen durch Österreich Richtung Deutschland ziehen. Es ist ein erster Test für die Absprachen, die Kurz auf seiner Balkantournee getroffen hat. Alle betroffenen Länder sollen nachziehen. Die Balkanroute soll auf diese Weise etwas weniger durchlässig gemacht werden.

Faymann hat Merkel ausgetrickst. Deren Spitzenbeamte hatten für den EU-Rat mit aller diplomatischer Finesse einen Beschluss gegen die Schließung der Balkanroute vorbereitet. Doch die Mehrheit der Staats- und Regierungschefs ist inzwischen nicht mehr bereit, diese Option prinzipiell zu verwerfen. Auf deutschen Vorschlag wird zwar noch beschlossen, die europäisch-türkische Lösung weiterhin »prioritär« zu verfolgen. Aber die bereits in Gang gesetzte De-facto-Schließung der Balkanroute stehe dazu nicht im Widerspruch, argumentiert Wien. Die Tageskontingente seien ja schon einen Tag *vor* dem Beschluss eingeführt worden.

In Berlin ist die Wut so groß, dass Innenminister de Maizière offen droht: »Falls einige Länder versuchen sollten, das gemeinsame Problem einseitig und zusätzlich auf den Rücken Deutschlands zu verlagern, so wäre das inakzeptabel und würde von uns auf Dauer nicht ohne Folgen hingenommen.« Es bleibt jedoch unklar, womit genau die Bundesregierung droht. Mit einer Grenzschließung ja wohl kaum, sonst könnte Österreich den Dominoeffekt auslösen, den es auf der Balkan-Route ja ohnehin anstrebt.

Der Wiener Kanzleramtschef Ostermayer hält dagegen: »Das Thema Kontingente ist keine Erfindung von Österreich. Deutschland hatte lange vor uns Quoten. Das ist die Realität. Das kann man nicht leugnen. Derzeit werden an drei Grenzübergängen je 50 Menschen pro Stunde übernommen. Das entspricht einem Tageskontingent von 3600.« Es stimmt, dies ist der alte, von Flüchtlingskoordinator Altmaier erdachte Plan. Ziel war allerdings ein kontrollierter Fluss des Flüchtlingsstroms, nicht dessen Stau. Faymann erteilt dem großen Nachbarn einen Ratschlag: Deutschland solle »eine Tagesquote festlegen – und nach dieser Flüchtlinge direkt von Griechenland, der Türkei oder Jordanien nach Deutschland bringen«.

Die Bundesregierung reagiert auf die österreichischen Wendungen mit scharfer Ablehnung. Aber die CSU möchte am liebsten sofort nachziehen und in Deutschland ein Tageskontingent einführen. 300 Asylanträge pro Tag ergäben genau die Obergrenze von 200 000, die seine Partei immer forderte, rechnet der bayerische Innenminister Joachim Herrmann vor. Ein »Vorbild« nennt Julia Klöckner, die stellvertretende Vorsitzende der CDU, die österreichischen Tageskontingente: »Das müssen wir jetzt auch in Deutschland entschlossen umsetzen«. Merkel aber widersetzt sich. Beim EU-Rat in Brüssel muss sie zur Kenntnis nehmen, wie sich die Staats- und Regierungschefs wieder einmal über die Flüchtlingspolitik streiten. Die Griechen beschimpfen die Österreicher, sie wollten sie aussperren. Die Osteuropäer kritisieren die Griechen, weil diese ihre Grenzen nicht schützten. Und die Italiener halten den Osteuropäern vor, sie müssten mehr Flüchtlinge aufnehmen.

Die Kanzlerin setzt ein erneutes Treffen durch. In vierzehn Tagen sollen die Staats- und Regierungschefs mit Ahmet Davutoğlu über das EU-Türkei-Abkommen beraten. Merkel weiß: Jetzt kommt im Wettlauf mit Sebastian Kurz der entscheidende Schlussspurt. Schließt Mazedonien zuerst seine Grenze zu Griechenland – oder sperren die Türken zuvor den Weg über die Ägäis?

Merkel verschafft sich geschickt noch einen Startvorteil. Die Staats- und Regierungschefs einigen sich, bis zu ihrem nächsten Treffen keine Grenzschließungen durchzuführen. Doch Kurz will das Rennen für sich entscheiden. Er schert sich nicht mehr um den Beschluss der 28 mächtigsten Frauen und Männer Europas. Für den 24. Februar lädt er die Außen- und Innenminister aller auf der Flüchtlingsroute liegenden Länder zur Westbalkan-Konferenz nach Wien ein. Drei Akteure fehlen dabei: Griechenland als erster betroffener europäischer Staat, das Zielland Deutschland und die Vertreter der EU.

Eine gezielte Provokation. Während die Konferenz tagt, spricht Ministerpräsident Tsipras in Athen von einer »Schande«. Er kündigt an, Griechenland werde jeden EU-Beschluss durch Veto verhindern, bis die schon lange beschlossene, europaweite Verteilung der Flüchtlinge funktioniere. Es ist eine leere Drohung, denn seine eigene Regierung hat es versäumt, die Voraussetzungen für die Verteilung zu schaffen: funktionierende Hotspot-Lager und eine lückenlose Registrierung aller Flüchtlinge. Ironischerweise hat ausgerechnet Tsipras, der seinen Wählern in der Euro-Krise versprach, die Macht Angela Merkels in Europa zu brechen, diese Macht überschätzt: Die Kanzlerin schafft es nicht, Kurz zu stoppen.

Im Frühjahr 2016 nimmt der österreichische Außenminister der deutschen Kanzlerin die Macht in Europa einfach aus den Händen. Damit untergräbt er Merkels Autorität als heimliche Herrscherin des Kontinents. Doch so paradox es auch erscheinen mag: Zugleich rettet er Merkels Kanzlerschaft. Denn in der Folge sinkt die Zahl der Flüchtlinge beträchtlich.

Vor dem entscheidenden Wochenende hat Kurz eine weitere Überraschung für Merkel parat. Er reist nach Deutschland. Offizielle Termine bei der Kanzlerin oder ihrem Außenminister erhält er nicht, dafür sendet er ihr eine deutliche Botschaft: Österreich sei bereit, weiter mit Berlin zu kooperieren, äußert er im Interview mit der »Bild«-Zeitung, »daher erwarten wir, dass Deutschland sagt, ob es noch bereit ist, Flüchtlinge aufzunehmen und wie viele – oder ob es nicht mehr dazu bereit ist.« Ein 29-jähriger Jurastudent ohne Abschluss erklärt der am längsten amtierenden Regierungschefin der EU, die drei Monate zuvor vom »Time«-Magazin zur »Person of the Year« gewählt wurde, was er von ihr erwartet. Ein starkes Stück! Aber Kurz weiß, dass seine Position in Deutschland zurzeit populärer ist als die der Kanzlerin, vor allem bei den Anhängern der Unionsparteien. Er reist weiter nach Mainz, wo er gemeinsam mit der Kandidatin Klöckner auftritt. Die CDU macht in dieser Zeit lieber mit Kurz Wahlkampf als mit Merkel.

Der junge Mann aus Wien steht nicht nur außenpolitisch für einen Gegenentwurf zur Politik der Kanzlerin. Merkel hat die CDU, die traditionell in der bundesdeutschen Geschichte als einzige Partei das rechte Spektrum besetzt hielt, so weit in die Mitte verschoben, dass viele Konservative und Wirtschaftsliberale im parlamentarischen Spektrum keine Heimat mehr finden. Sie konnten sich viele Jahre nur ins Nichtwählen verabschieden, Merkel hat trotzdem Wahlerfolg um Wahlerfolg errungen. Sie lief der SPD in der Mitte den Rang ab und machte ihre CDU mit allen Parteien außer der Linken koalitionsfähig. So bedroht nicht einmal das Aufkommen der AfD ihre Kanzlerschaft. In einem möglichen Sechs-Parteien-Parlament bliebe die CDU selbst bei großen Verlusten stärkste Kraft und könnte mit SPD, Grünen oder gar beiden regieren. Laut einer

Umfrage wird die CDU in der Flüchtlingskrise von den Bürgern zum ersten Mal als eine Partei der linken Mitte wahrgenommen. Merkel will die Mitte auf keinen Fall preisgeben – und nimmt dafür das weitere Erstarken der AfD in Kauf.

Kurz wiederum verfolgt in Österreich einen anderen Weg. Dort hat die rechtspopulistische FPÖ in den Umfragen sowohl die Sozialdemokraten als auch die Konservativen bereits überholt. Ihre gesellschaftliche Stigmatisierung ist gescheitert. Kurz glaubt – anders als Merkel – die Mitte nur halten und verbreitern zu können, indem die ÖVP mit der FPÖ um Lösungen in der Flüchtlingskrise streitet. Das mache die FPÖ nicht stärker, sondern treibe sie im Gegenteil wieder weiter nach rechts, wo sie sich am Rand des politischen Spektrums marginalisiert. Nicht wenige in der CDU sehen in Österreichs Gegenwart die deutsche Zukunft: eine immer schwächer werdende Große Koalition, deren Partner aneinander gekettet sind. Sie wollen nicht warten, bis die AfD so groß geworden ist wie die FPÖ und halten die Kurz-Strategie auch in Deutschland für erfolgversprechend. Er wird nicht nur als einziger ausländischer Politiker zu CDU-Landtagswahlkämpfen eingeladen, sondern tritt in Berlin auch vor dem Parlamentskreis Mittelstand auf, der größten Gruppe innerhalb der Unionsfraktion. Auch in der Jungen Union ist Kurz populär. Mit Jens Spahn, als Finanzstaatssekretär das jüngste deutsche Regierungsmitglied und gleichzeitig der erste CDU-Spitzenpolitiker, der Merkels Flüchtlingspolitik kritisierte, verbindet Kurz ein Vertrauensverhältnis.

Andere in der Union sehen Kurz kritisch. Sie halten ihn für einen prinzipienlosen Opportunisten. Als Integrationsstaatssekretär habe er für moderne bürgerliche Positionen geworben, auch als Außenminister habe er sich zunächst in der Mitte positioniert. Erst als in der Flüchtlingskrise die Stimmung gekippt sei, habe Kurz sein Fähnchen in den Wind gehalten und seine Forderungen radikalisiert. Der fesche Außenminister forderte erst einen Zaun, dann eine Obergrenze, organisiert die Schließung der Balkanroute und findet im Sommer 2016 schließlich zum australischen Modell: Nach dem Vorbild des fünften Kontinents will er Migranten auf Europa vorgelager-

ten Inseln festhalten und von dort ihre Rückführung in die Heimat-
länder oder sichere Drittstaaten organisieren. Kurz strebe nicht die
Marginalisierung der FPÖ an, sagen seine Kritiker, sondern eine
Koalition mit dieser Partei – und ihm selbst als Bundeskanzler.

Eine Antwort auf die andauernden Provokationen von Kurz
gibt Kanzleramtschef Peter Altmaier in einem Zeitungsinterview: Er
warnt vor der Schließung der Balkanroute und einer Überforderung
Griechenlands. Als er gefragt wird, ob im Kanzleramt auch über ein
»Vorgehen wie in Österreich« nachgedacht werde, verneint er nicht
etwa, sondern antwortet: »Im Bundeskanzleramt sind wir immer
bestrebt, einen umfassenden Blick auf alle Möglichkeiten und Alternativen zu haben, die sich bieten. Das ist unsere Aufgabe. Nur dann
können wir vernünftige Entscheidungen treffen. Trotzdem gibt es
Wege, die besser sind und eher zum Ziel führen.« Das ist eine
Abkehr vom alten Diskurs der Alternativlosigkeit, ein Signal, dass
Berlin nicht mehr in jedem Fall seine Grenzen offen halten will.
Adressat ist die Türkei, und das Signal kommt an. Nach der Westbalkan-Konferenz nimmt der seit Monaten verhandelte Deal plötzlich innerhalb von Tagen Gestalt an.

Auch die Österreicher fühlen sich ermutigt. Tun sie Deutschland nicht einen Gefallen, indem sie seine Abriegelung für Flüchtlinge organisieren, ohne dass sich die Bundesregierung selbst die
Finger schmutzig machen muss? Bis heute hält sich in den Haupt-
städten des Balkans die Theorie, Berlin habe in Wirklichkeit gar
keine Einwände gehabt. Auch im Bundesinnenministerium waren
schon Monate vorher Karten zu sehen, worauf die zwei mazedonischen Grenzübergänge markiert waren, die am Ende das Nadelöhr
bildeten, das geschlossen wurde. Die Karten waren zwar nur der
Ausdruck theoretischer Überlegungen – diese waren allerdings weit
gediehen. Eine Abriegelung des Schengen-Raumes durch Schließung der slowenisch-kroatischen Grenze wurde in Berlin um die
Jahreswende von führenden Beamten ebenfalls offen diskutiert.
Doch Merkel hielt stur an ihrem Türkei-Plan fest.

So wird die Westbalkan-Konferenz am 24. Februar 2016 die
große Show des Sebastian Kurz. Vier Stunden lang tagen die Außen-

und Innenminister in Wien, bevor sie ausführlich Interviews geben.
Dabei stand vorher schon fest, was sie entscheiden werden, sogar
die technischen Abläufe der Grenzschließung waren bereits eine
Woche zuvor von den Polizeichefs Österreichs. Sloweniens, Kroa-
tiens, Serbiens und Mazedoniens in Zagreb vereinbart worden.
Seitdem wurden in Mazedonien nur noch Syrer und Iraker durch-
gelassen – und Afghanen, die nachweisen können, dass sie aus
einem echten Kriegsgebiet kommen. Die Tür hat sich wieder ein
Stück weiter geschlossen.

Am 9. März, unmittelbar nach dem EU-Ratsgipfel, wird sie
ganz zufallen. Merkel weiß jetzt: Nur wenn sie bis zu diesem Datum
auch den EU-Türkei-Deal unter Dach und Fach hat, kann sie im
Wettlauf um die Lösung der Flüchtlingskrise wenigstens noch ein
Unentschieden erreichen.

Merkels Seestreitmacht

Am 8. Februar 2016 erhält Flottenadmiral Jörg Klein, der den »Zweiten ständigen NATO-Marineverband« kommandiert, den ungewöhnlichsten Befehl seines Soldatenlebens. Seine Schiffe trainieren im Mittelmeer den Kampf gegen U-Boote und steuern gerade von Kreta aus in Richtung Westen, als der Befehl zum Umkehren eintrifft: neues Ziel ist die Ägäis. Kleins Marineverband soll dort Schlepper und Flüchtlinge von einer Reise über das Meer abschrecken. Merkel kämpft um ihr politisches Überleben. Zur Rettung ihrer Flüchtlingspolitik mobilisiert die Kanzlerin das mächtigste Militärbündnis der Erde.

Eine ziemlich verwegene Idee, denn die NATO ist eine Verteidigungsallianz, gerichtet gegen einen äußeren Aggressor: potenziell die Russen, vielleicht noch islamistische Terroristen, aber sicher nicht Schlauchboote voller verzweifelter Menschen, die nach Europa flüchten wollen.

Die Idee ist im Kanzleramt entstanden, in der Abteilung 2, die für Außen- und Verteidigungspolitik zuständig ist. Die zuständigen Ministerien wurden erst nach der Entscheidung eingebunden. Verteidigungsministerin Ursula von der Leyen ist überrascht, zumal die deutsche Marine schon über ihre Belastungsgrenze hinaus in Missionen in aller Welt engagiert ist. Außenminister Frank-Walter Steinmeier ist entsetzt: Sich in den jahrzehntealten Konflikt zwischen Griechenland und der Türkei in der Ägäis einzumischen – und dann auch noch militärisch –, hält der vorsichtige Oberdiplomat für viel zu riskant. Aber Merkel schiebt alle Bedenken beiseite: Denn die NATO-Idee ist der letzte Versuch, einen Plan zu retten, den sie unbemerkt von der Öffentlichkeit schon zu Beginn der Flüchtlingskrise verfolgte – und der damals zunächst scheiterte.

Bereits im September, als die Schließung der deutschen Grenze
unterblieb, kam bei der hektischen Suche nach Alternativen im
Kanzleramt die Vorstellung auf, die Balkanroute am anderen Ende
»auszutrocknen«, indem man die Ägäis »dicht macht«. Merkels erster Gedanke ist naheliegend. Sie will, dass die Küstenwachen der
Anrainerstaaten zusammenarbeiten: Griechenland und die Türkei.
Zwei Länder, die seit Jahrzehnten miteinander verfeindet sind.

Während die Türken Merkels Vorschläge interessiert zur Kenntnis nehmen, sind die Griechen sofort äußerst skeptisch – der EU-
Partner wird nämlich von einer Koalition aus Links- und Rechtspopulisten regiert, deren Feindbild vor allem Angela Merkel ist.
Mit wütender Propaganda gegen die Deutsche haben die Athener
Regierenden einen historischen Sieg bei einer Parlamentswahl erzielt und später noch eine Volksabstimmung gegen Merkels Spar-
diktat gewonnen. Und für die griechische Kriegsmarine, die mit
fast 100 Schiffen und über 20 000 Seeleuten zu den größten Flotten
Europas zählt, ist ausgerechnet der deutschfeindlichste der vielen
Anti-Deutschen-Politiker in Athen zuständig: Panos Kammenos,
der im Wahlkampf Merkel und Schäuble als Ungeziefer darstellte
und seine Partei als Schädlingsbekämpfungsmittel empfahl.

Warum also soll die griechische Regierung Angela Merkel helfen, Flüchtlinge zurückzuhalten? Die arabischen, afghanischen und
nordafrikanischen Migranten, die nach Deutschland wollen, kommen den Griechen äußerst gelegen – als ein Druckmittel im Kampf
gegen die Reform- und Sparauflagen der Euro-Retter. Kammenos
verknüpft die Flüchtlingsfrage offen mit neuen, bedingungslosen
Krediten für sein Land: »Wenn sie Griechenland einen Schlag versetzen, dann sollten sie wissen, dass die Migranten Papiere bekommen
und nach Berlin gehen werden.«

Merkel versucht in vielen Telefonaten doch noch eine Lösung für
die Kontrolle der Ägäis zu erreichen. Ihre Mitarbeiter haben heraus-
gefunden, dass die griechische Küstenwache formal weder der Polizei
und damit dem Innenministerium unterstellt ist, noch der Marine
und damit dem Verteidigungsministerium. Aus unerfindlichen
Gründen ist für die Küstenwache das griechische Ministerium für

Tourismus zuständig. Dessen Chef könnte kooperieren. Doch Verteidigungsminister Kammenos lässt sich nicht austricksen und legt sein Veto als Koalitionspartner ein. Die Griechen sind also nicht bereit, Flüchtlinge und Migranten auf der Ägäis zu stoppen. Auch die Einrichtung von EU-Hotspots in Griechenland wird sabotiert. In diesen Lagern sollten sich Flüchtlinge registrieren lassen und die Bearbeitung ihres Asylantrages abwarten, im Erfolgsfall sollten sie von dort direkt in ein anderes europäisches Land geflogen werden. Aber lokale Behörden auf den Inseln hintertreiben den Bau der Hotspots, weil sie wollen, dass die Flüchtlinge schnell weiterziehen. Sie bringen sie sofort nach ihrer Ankunft auf Fähren ans Festland, wo mittlerweile Busse warten, um sie direkt an die mazedonische Grenze zu befördern. Auf die Balkanroute mit dem Ziel Deutschland.

Im Oktober gibt Merkel ihren bisherigen Plan auf – und rettet sich in die Arme Erdoğans. Was Griechenland nicht will, soll jetzt die Türkei schaffen: die Flüchtlinge stoppen. Doch die Türken haben es nicht eilig und treiben den Preis immer höher. Monate vergehen und die Mehrheit der Europäer beginnt, an Merkel vorbei die Schließung der Balkanroute ohne Deutschland zu organisieren. Jetzt muss die Kanzlerin ein Signal senden, dass sie noch im Spiel ist. Kriegsschiffe sind ein ziemlich starkes Signal.

Die NATO hat einen entscheidenden Vorteil, den sich Merkel im Februar zunutze machen will: Das Verteidigungsbündnis ist die einzige internationale Organisation, in der Griechen und Türken trotz ihrer Feindschaft schon seit Jahren zusammenarbeiten. Im Brüsseler Hauptquartier der Allianz ist man zunächst überhaupt nicht begeistert von der Idee. Die amerikanischen Generäle wollen sich nicht in die europäische Flüchtlingskrise hineinziehen zu lassen. Allerdings hat Merkel sich ihren Plan von allerhöchster Stelle absegnen lassen: US-Präsident Barack Obama ist einverstanden.

Schwieriger ist es, die beiden unmittelbar betroffenen NATO-Partner zu überzeugen. Um die Türken zu gewinnen, startet die Kanzlerin einen ihrer immer häufigeren Besuche in der Türkei. Am 8. Februar fliegt sie nach Ankara. Sie spricht mit Davutoğlu und mit

Erdoğan. Im Gegensatz zur Pokerpartie um das EU-Türkei-Abkommen wenig später, die Merkel mit Davutoğlu allein spielt, ist Erdoğan beim NATO-Einsatz noch eingebunden. Der türkische Präsident stimmt zu.

Noch aus der Türkei ruft Merkel Alexis Tsipras an. Wie schon im September bittet sie Griechenland um Hilfe bei der Kontrolle der Ägäis. Damals lehnte Tsipras ab, weil ihm sein rechtspopulistischer Koalitionspartner gedroht hatte, die Regierung platzen zu lassen. Jetzt, im Februar, willigt er ein. Denn er weiß: Wenn er Merkel nicht hilft, verliert sie das europäische Rennen um die Lösung der Flüchtlingskrise. Und dann werden die Flüchtlinge nicht in der Ägäis, sondern an einer anderen Stelle gestoppt – an der mazedonischen Grenze zu Griechenland. Die Migranten könnten von dort nicht mehr weiterziehen und blieben alle in der Hellenischen Republik.

Unmittelbar nach Tsipras' Zusage informiert Merkel ihren Außenminister telefonisch. Steinmeier ist immer noch sehr skeptisch. Dennoch gibt die Kanzlerin in einem dritten Telefonat aus Ankara das Zeichen zum Start – Admiral Klein lässt sein Flaggschiff sofort den Kurs ändern.

Es ist der deutsche Einsatzgruppenversorger »Bonn«, ein schwimmender Koloss, der nicht nur über 200 Mann Besatzung, zwei Helikopter und Geschütze verfügt, sondern auch ein komplettes Krankenhaus an Bord hat. Von der »Bonn« aus werden bis zu neun Schiffe aus unterschiedlichen NATO-Nationen befehligt: Patrouillenboote, Korvetten und Fregatten, ja sogar Landungsboote. Zur Luftunterstützung stehen Flugzeuge bereit – eine kleine Seestreitmacht nimmt Kurs auf die Ägäis. In der Küstenlandschaft zwischen den griechischen Inseln und dem türkischen Festland wirken die kanonenbewehrten grauen Riesen besonders martialisch. Sie sind gleich von beiden Ländern aus mit bloßem Auge zu erkennen.

Doch in Wahrheit ist Merkels Seestreitmacht machtlos. Als Admiral Klein in die Ägäis einfährt, gibt es weder einen Einsatzbefehl noch einen Operationsplan. Klar ist lediglich, was die Soldaten nicht dürfen: Keine Schlepperboote aufbringen, ja noch nicht einmal abdrängen; gekenterte Flüchtlinge dürfen nur gerettet werden, wenn kein anderes Schiff in der Nähe ist.

Die »Bonn« darf nicht einmal jene Gewässer befahren, wo sich das Flüchtlingsdrama abspielt. Man wartet vierzehn Tage in internationalen Gewässern vor Lesbos. Damit es nicht so auffällt, halten die übrigen Schiffe ihres Verbandes im Mittelmeer Manöver ab. Was in den Fernsehnachrichten wie Kanonenbootpolitik aussieht, ist in Wirklichkeit ein Schauspiel für die deutschen Zuschauer, das zeigen soll: Die Regierung wird endlich aktiv, um den Flüchtlingsstrom einzudämmen.

Doch nicht nur Admiral Klein tritt in Aktion, sondern auch seine oberste Befehlshaberin in Friedenszeiten: Ursula von der Leyen. Die Verteidigungsministerin zeichnet sich durch eine Entschlossenheit aus, die im politischen Berlin legendär ist. Jetzt lernt auch Brüssel sie kennen. Obwohl der Plan, die NATO in die Ägäis zu bringen, nicht von ihr stammt, erkämpft sie nun seine Umsetzung. Dabei geht von der Leyen strategisch vor. Statt eine Pendeldiplomatie zwischen Ankara und Athen zu beginnen, bittet sie den türkischen und griechischen Verteidigungsminister nach Brüssel, nicht in die deutsche Botschaft, sondern ins NATO-Hauptquartier. Das erwünschte Signal: Hier verhandeln NATO-Verbündete, Kameraden, von gleich zu gleich.

Am 10. Februar 2016 empfängt von der Leyen im kleinen deutschen Büro im NATO-Hauptquartier zuerst den griechischen Verteidigungsminister Panos Kammenos, also den Mann, der sich seit Monaten kategorisch weigert, mit Türken zusammenzuarbeiten. Dann kommt İsmet Yılmaz, der türkische Verteidigungsminister. Auch ein schwieriger Verhandlungspartner, denn er muss vorsichtig zwischen Davutoğlu und Erdoğan manövrieren und sich außerdem noch ständig mit dem traditionell selbstbewussten türkischen Generalstab rückkoppeln.

Nach mehreren Stunden, in denen von der Leyen immer abwechselnd erst den einen, dann wieder den anderen zu sich gebeten hat, kommt es zum ersten Durchbruch: Der türkische und der griechische Verteidigungsminister sind jetzt bereit, direkt miteinander zu verhandeln. Der historische Handschlag findet im schmucklos eingerichteten deutschen Delegationsbüro im NATO-Hauptquartier statt. Aber die Nachricht davon wird am nächsten Tag in Griechenland wie auch in der Türkei von der fortschrittlichen Presse als Sensation gefeiert und von Konservativen als Verrat gebrandmarkt.

Von der Leyen will das fragile Vertrauensverhältnis weiter stärken und schlägt vor, dass die drei Verteidigungsminister doch ihre persönlichen Handynummern austauschen. So entstünde ein direkter Draht zwischen den Verhandlungsführern unter Umgehung der skeptischen Bürokratien. Doch so weit gehen Kammenos und Yılmaz nicht. Sie tauschen ihre Nummer jeweils nur mit von der Leyen – nicht aber untereinander.

Die eigentliche Arbeit beginnt erst jetzt. Von der Leyen hat ein DIN-A4-Blatt vorbereitet, auf dem die Mission der Schiffe in der Ägäis skizziert ist. Zuerst sind es nur fünf Sätze in englischer Sprache. Der Kompromiss, den NATO-Generalsekretär Jens Stoltenberg später allen Verbündeten vorstellen wird, enthält immerhin acht Punkte und einen Anhang. Aber dazwischen liegen noch viele Stunden Verhandlungen. Immer wieder verlassen der griechische und der türkische Minister die deutsche Delegation, um sich in Telefonaten mit ihren Regierungen abzustimmen.

Das Problem: Es sind immer noch verfeindete Nachbarn, die die eigentliche Arbeit in der Ägäis leisten sollen. Die schwer bewaffneten NATO-Schiffe sollen nur Informationen beschaffen – ein »Lagebild erstellen«, wie es im Jargon der Allianz heißt. Die mit modernsten nachrichtentechnischen Mitteln ausgerüstete »Bonn« soll die türkische und griechische Küste sowie die dazwischenliegenden Gewässer beobachten. Wenn an einem türkischen Strand ein Schlepperboot ins Wasser gelassen wird, informiert die »Bonn« die türkische Küstenwache, die idealerweise schon die Abfahrt verhindert. Gelingt dies nicht, bringen die Türken das Boot mit den Flüchtlingen noch in ihren Gewässern auf. Scheitert auch dies, wartet bereits ein griechisches Schiff, um jene Migranten aufzunehmen, die griechische

Gewässer erreicht haben. Die Griechen bringen sie aber nicht – wie bisher – auf eine griechische Insel und damit an den Ausgangspunkt der Balkanroute nach Deutschland, sondern übergeben sie der türkischen Küstenwache, die sie zurück in die Türkei befördert. »In case of rescue of persons coming via Turkey, these will be taken back to Turkey«, lautet Punkt 4 des bis heute als geheim klassifizierten NATO-Dokuments PO(2016)0091. Wer aus der Türkei kommt, wird dorthin zurückgebracht – das wird drei Wochen später auch der entscheidende Durchbruch beim EU-Türkei-Deal. Zuerst erstritten hat ihn von der Leyen.

Die NATO-Schiffe verharren also die ganze Zeit in einer reinen Beobachterrolle. Sogar bei der Rettung von Schiffbrüchigen dürfen sie nur tätig werden, wenn weder ein griechisches noch ein türkisches Schiff in der Nähe ist.

Ein schwer bewaffneter NATO-Verband nur für die Erstellung von »Lagebildern«? Dahinter steckt weniger ein militärisches als vielmehr ein pädagogisches Kalkül. Denn diese Lagebilder werden täglich an alle 28 Verbündeten geschickt – das ist NATO-Routine. Alle westlichen Armeen können also künftig verfolgen, ob es den Türken gelingt, Schlepper an ihren Küsten zu bekämpfen. Von der Leyen setzt darauf, dass es den Türken unangenehm ist, sollte auf diese Weise dokumentiert werden, wie sie ihre Küste kontrollieren – oder eben bewusst nicht kontrollieren: Denn es ist bekannt, dass die Schlepper mit lokalen und regionalen türkischen Behörden kooperieren, Polizei und Politiker bestechen, den Flüchtlingen vor Ort hergestellte Schwimmwesten verkaufen, die nutzlose Imitate sind, und sie bis zur Abfahrt in eigenen Hotels unterbringen.

Eine Militärallianz, um einen etwas flegelhaften Verbündeten zu überwachen? Viele NATO-Mitglieder finden die deutsche Idee grotesk. Zwar ist der amerikanische NATO-Oberbefehlshaber Philip M. Breedlove einverstanden – Merkel hatte ja persönlich Präsident Obama überzeugt –, aber für den Beschluss eines NATO-Einsatzes wird die Zustimmung von allen 28 Mitgliedern benötigt. Und wieder einmal zeigt sich von der Leyen sehr kreativ.

Die Überwachung der Ägäis wird in den Dokumenten nicht als »mission«, also Einsatz, bezeichnet, sondern als »activity«. Diesen Begriff gab es im Sprachgebrauch der NATO in diesem Zusammenhang bisher nicht – entsprechend existieren für diesen Fall auch noch keine Regeln. Aber niemand stellt sich quer, denn skeptische Verbündete können ihre Schiffe einfach aus dem »Zweiten maritimen Verband« abziehen. Einen »Einsatzbefehl« gibt es auch nicht, lediglich eine »Weisung«. Schöner Nebeneffekt: Verfassungsrechtlich liegt kein Einsatz, sondern nur eine »Verwendung« der Bundeswehr vor. Diese muss nicht vom Bundestag beschlossen werden.

Der Durchbruch, den von der Leyen in Brüssel erzielt, ist aber noch kein vollständiger Erfolg. Vor dem Start der »activity« wird ein umfangreicher Konsultationsprozess angestoßen – der obliegt aber nicht mehr der Ministerin, sondern dem obersten beteiligten Soldaten: Flottenadmiral Klein. Dies ist so gewollt. Die türkisch-griechischen Gegensätze sollen nicht von Politikern verhandelt werden, sondern innerhalb der NATO, gleichsam unter Kameraden.

Also fliegt der Admiral, während sein Flaggschiff noch vor Lesbos dümpelt, nach Brüssel und spricht dort mit der griechischen und türkischen Delegation. Gemeinsam wird eine Videokonferenz mit dem Strategie-Hauptquartier der NATO abgehalten. Während das Dokument, das die Verteidigungsminister beschlossen haben, nur wenige Zeilen umfasst, schreibt Klein ein mehrere Seiten langes Papier mit seinem konkreten Einsatzplan. Jeder Satz davon muss sowohl von den Griechen als auch von den Türken abgenickt werden. Klein ist ein ruhiger, geduldiger Mann und hat als Führer multinationaler Stäbe einige Erfahrung mit unterschiedlichen Mentalitäten im Mittelmeerraum gemacht. Die Vorbereitung dieser Mission allerdings ist auch für ihn eine neue Herausforderung.

Mitten in den Verhandlungen entzieht der türkische Generalstab seiner eigenen NATO-Delegation das Mandat. Alles bereits Ausgehandelte steht wieder unter Vorbehalt. Admiral Klein muss für die Mission kämpfen, er fliegt am 1. März nach Ankara und trägt dort persönlich die Pläne vor dem türkischen Generalstab vor. Auf griechischer Seite löst dies Unmut aus, also muss der deutsche Offizier

am 4. März auch noch in Athen vor dem griechischen Generalstab
Rede und Antwort stehen. Schließlich wird ein Verfahren verabredet,
das komplizierter nicht sein könnte: Wenn die NATO-Schiffe in der
Ägäis das Gebiet zwischen griechischen Inseln und türkischem Festland erreicht haben, darf Kleins Stab einen Befehl schreiben, muss
diesen aber zwei Verbindungsoffizieren vorlegen: einem Türken und
einem Griechen, die eigens an Bord der »Bonn« Quartier beziehen.
Diese beiden Offiziere haben nicht nur ein Vetorecht, sondern müssen ihrerseits den Befehl an ihre jeweiligen Vorgesetzten in Ankara
und Athen zur Abstimmung übermitteln.

Immerhin erreicht Klein, dass ihm hochrangige Kontaktleute auf
beiden Seiten genannt werden. So kann er in Ankara einen Admiral
und in Athen einen Kommodore anrufen und versuchen, sie von
einem bereits abgelehnten Befehl doch noch zu überzeugen. Während der türkische und der griechische Offizier an Bord der »Bonn«,
die in einem Großraumbüro gemeinsam mit Kleins Stab arbeiten,
tatsächlich eine Art Kameradschaft entwickeln, bleiben die überge-
ordneten Apparate extrem misstrauisch. So wird jede Anfrage von
Klein prinzipiell abgelehnt, wenn einer der beiden Partner nur Minuten vor dem anderen gefragt wurde. Das bedeutet konkret, dass
die »Bonn«, wenn sie eine Flüchtlingsbewegung registriert, immer
gleichzeitig die türkische Marine und die türkische Küstenwache, die
griechische Marine und die griechische Küstenwache sowie den in
der Ägäis patrouillierenden, aus unterschiedlichen Nationen zusam-
mengesetzten europäischen Grenzschutz Frontex verständigen muss.

Da der konkrete Verlauf der Seegrenzen umstritten ist und auch einige kleine Inseln von beiden Ländern beansprucht werden, achten
sowohl Griechen wie Türken peinlich genau darauf, dass sich die
NATO während ihrer Flüchtlingsmission nicht einmal implizit eine
Perspektive zu eigen macht. Für alles im Einsatzgebiet gibt es türkische und griechische Namen, aber für manches fehlt der englische
Begriff. Und wenn doch, müssen diese unzweifelhaft neutral klingen. Statt »aegean waters« oder »territorial waters« darf etwa nur von
»waters« gesprochen werden. In der Planungsphase wurde sogar

zeitweise erwogen, auf die alten venezianischen Namen zurückzugreifen, die auf historischen Karten verzeichnet sind.

Schließlich wählt Admiral Klein die Radikallösung: Die Computer, die auf der »Bonn« die Karten zeigen, werden so eingestellt, dass auf ihren Bildschirmen überhaupt keine Namen mehr auftauchen, sondern nur noch Koordinaten. Klein lässt auf den Karten auch die Markierungen der Territorialgewässer wegklicken. Diese pädagogische Maßnahme für die beiden Verbindungsoffiziere an Bord bleibt aber ergebnislos. Peinlich genau achten alle Beteiligten darauf, dass das griechische Schiff von Kleins NATO-Verband auf der griechischen Seite, das türkische auf der türkischen Seite bleibt. Das ist nicht einfach zu bewerkstelligen, da auch der konkrete Verlauf der Seegrenze auf unterschiedliche Weise berechnet werden kann.

Zum Zweck der deutschen Flüchtlingspolitik dient die NATO also als Agentur für Kultursensibilität. Doch das braucht seine Zeit: Bis Klein seinen komplizierten Konsultationsprozess ausgearbeitet und von allen Seiten genehmigt hat, vergehen Wochen, in denen die »Bonn« untätig wartet. Kostbare Zeit für Merkel, die das Wettrennen um die Lösung der Flüchtlingskrise zu verlieren droht, falls der österreichische Außenminister Kurz mit der Schließung der Balkanroute ihr zuvorkommt.

Eines aber läuft jetzt schon in Merkels Sinn: Während Admiral Klein noch verhandelt, beginnt an der türkischen Küste eine große Säuberungsaktion. Endlich verhaftet die Polizei Schlepper und schließt die großen Flüchtlingshotels, in denen Tausende Migranten auf ihre Überfahrt warten. Auch in Istanbul und anderen Städten wird jetzt die Mafia verfolgt, die den Migrantenstrom organisierte. Es kommt so, wie von der Leyen vorhergesagt hatte: Aus Furcht, dabei erwischt zu werden, wie sie Menschenhandel dulden oder gar selbst organisieren, räumen die Türken lieber auf.

Als die »Bonn« und die anderen NATO-Schiffe am 7. März endlich in einen Teil der Ägäis einfahren dürfen, gibt es nicht mehr viel zu überwachen. Und als zwei Tage später die Balkanroute endgültig geschlossen wird, versuchen ohnehin immer weniger Flüchtlinge die Ägäis zu überqueren. Konkrete Zahlen, wie viele Flüchtlingsbewegungen er beobachtet und an die türkische und griechische Küstenwache weitergegeben hat, darf Admiral Klein nicht preisgeben – die Ausbeute ist jedenfalls äußerst gering.

Merkels Seestreitmacht agiert derweil auf sehr engem Raum. Die NATO hat die Ostägäis für die Mission in vier »Boxen« eingeteilt, Quadrate auf der Landkarte, aber die Türken haben lediglich die Einfahrt in die erste Box, das Gebiet bei Lesbos, genehmigt. Am 21. März, dem Tag, nachdem das EU-Türkei-Abkommen in Kraft tritt, darf Admiral Klein immerhin den Befehl geben, die zweite Box anzusteuern, das Gebiet um Chios. Doch trotz großen diplomatischen Drucks darf die NATO bis heute nicht weiter südlich vordringen. Sowohl in die dritte Box, um Samos, als auch in die vierte Box, das Gebiet südlich davon, ist noch kein Schiff eingelaufen. Von der Leyen hatte anfangs befürchtet, was sie den »Wasserbett-Effekt« nannte: Wer sich in ein Wasserbett legt, sinkt ein, zugleich hebt das verdrängte Wasser anderswo die Kissen hoch. Bestand nicht die Gefahr, dass die NATO die Schlepper aus der ersten Box im Norden einfach nur in die südlicher gelegenen Boxen vertreiben würde?

Diese Befürchtung erwies sich als unbegründet. Es war am Ende nicht Merkels martialische Seestreitmacht, die dem Menschenhandel über die Ägäis ein Ende setzte, sondern Erdoğans Polizei, die den Befehl erhielt, die Schlepper zu verhaften.

16
Idomeni

Das schwere Eisentor ist mit Stacheldraht gesichert, doch in ihrer Verzweiflung werfen sich die Flüchtlinge mit voller Wucht dagegen, das Tor springt auf; unter großer Mühe heben Menschen den Zaun daneben an, um ihre Kinder durchzuschieben; ein Polizist im Kampfanzug schießt Tränengas in eine unbewaffnete Menge. Das sind die Bilder in den ARD-»Tagesthemen«. Internationale Fernsehsender zeigen die gleiche Szene aus einem anderen Blickwinkel: Da schwingen zornige junge Männer eine schwere Stange wie einen mittelalterlichen Rammbock gegen den Zaun und bewerfen dahinter postierte Polizisten mit Steinen. Auf Facebook verbreiten Flüchtlingsfeinde das Material mit einer Bearbeitung – ein roter Kreis markiert hier einen Bolzenschneider in der Hand eines Flüchtlings, zum Beweis, dass dies eine gut vorbereitete Attacke gewesen sei.

Ganz unterschiedliche Perspektiven auf ein und dasselbe Ereignis: Am 29. Februar 2016 kommt es in der Nähe der griechischen Stadt Idomeni zum Versuch, die mazedonische Grenze zu stürmen. Sie ist seit zwei Tagen für alle Migranten gesperrt, die sich nicht als Syrer oder Iraker ausweisen können. Schon 7000 Männer, Frauen und Kinder sitzen deshalb hier fest und campieren in einem provisorischen Lager unter erbärmlichen Umständen.

Es sind die Bilder, die Angela Merkel unbedingt vermeiden wollte. Die Lage ähnelt der Nacht der Grenzöffnung sechs Monate zuvor in Ungarn, wie damals wollen die Flüchtlinge die Hilfe vor Ort nicht in Anspruch nehmen, sondern weiter nach Deutschland ziehen. Doch diesmal entscheidet die Kanzlerin nicht, die Grenze zu öffnen und die Flüchtlinge zu holen. Sie tritt einen Tag später in Berlin vor die Presse und erklärt: »Es gibt Übernachtungsmöglichkeiten und Aufenthaltsmöglichkeiten auch in Griechenland.« Zwar strebe sie noch immer die europäische Verteilung der Flüchtlinge an, »aber es gibt eben nicht das Recht, dass ein Flüchtling sagen kann, ich will in einem bestimmten Land der Europäischen Union Asyl bekommen«.

Der Satz klingt wie eine Selbstverständlichkeit. Doch damit setzt Merkel die Dublin-Verordnung, die Deutschland ein halbes Jahr zuvor de facto erst für die syrischen und dann für alle Flüchtlinge ausgesetzt hat, einfach wieder in Kraft. Jetzt soll wieder Griechenland zuständig sein für jeden Migranten, der seine Grenze passiert – egal, ob er ein politisch Verfolgter, ein Kriegsflüchtling oder jemand ist, der schlicht ein besseres Leben sucht.

Der 4. September 2015 wiederholt sich also nicht. Angela Merkel argumentiert bis heute, die Situation in Idomeni sei nicht mit jener in Budapest vergleichbar gewesen. Die Ungarn hätten die Flüchtlinge in ihren Lagern nicht anständig behandelt – die Griechen hingegen seien von der EU in die Lage versetzt worden, genau dies zu tun.

Merkels Schlussfolgerung, in Idomeni habe deshalb keine vergleichbare Notlage geherrscht wie damals in Budapest, klingt allerdings wie Hohn. Während im September am Budapester Bahnhof Keleti höchstens zweitausend Flüchtlinge – vor allem junge Männer – gestrandet waren, warten im Lager in Idomeni bald weit über zehntausend Menschen, darunter auffällig viele Mütter mit Kindern und alte Leute. Viele erzählen, ihre Väter, Männer oder Söhne seien schon in Deutschland. Da das Nachholen von Angehörigen schwieriger sei als gedacht, hätten sie sich ebenfalls auf den Weg gemacht.

In Idomeni kommt es zu zwei versuchten Selbstverbrennungen von Flüchtlingen und zu Gewaltakten gegen die Polizei. Das Lager wird von der organisierten Kriminalität kontrolliert, es gibt Elendsprostitution in provisorischen Bordellen und einen florierenden Drogenhandel. Nachdem sich internationale Hilfsorganisationen wegen der Gefahr für ihre Mitarbeiter zurückgezogen haben, kommen zeitweise die Essensausgabe und die medizinische Versorgung zum Erliegen. Keine vergleichbare Notlage?

Die Flüchtlinge weigern sich auch deshalb, Idomeni zu verlassen, weil sie immer noch hoffen, dass Merkel es schafft, die Balkanroute wieder zu öffnen. Schon beim Versuch des Grenzdurchbruchs am 29. Februar haben einige »Merkel, wo bist Du?« gerufen und »Merkel, hilf uns!« Es kursieren Gerüchte, die Bundeskanzlerin werde die Grenzöffnung erzwingen oder die in Idomeni Gestrandeten mit Flugzeugen und Sonderzügen direkt von dort abholen lassen und nach Deutschland bringen.

Nicht nur die Menschen in Idomeni sind überzeugt, dies sei das Ziel der deutschen Politik, sondern auch so mancher in Deutschland. Der in Berlin lebende chinesische Dissident Ai Weiwei fliegt nach Idomeni. Er gibt Interviews, in denen er Merkel als leuchtende Ausnahme in einer düsteren Welt lobt, und platziert einen weißen Konzertflügel in dem Schlamm. An ihm spielt die syrische Pianistin Nur Alchsam, deren Mann in Deutschland auf sie wartet. An Merkels zweite Grenzöffnung glaubt sogar Norbert Blüm – der langjährige Arbeitsminister im Kabinett Kohl schlägt Anfang März ein kleines Zelt in Idomeni auf. Blüms Reise wird von dem Fernsehmagazin »Stern TV« exklusiv vermarktet. Der Ex-Minister liefert bewegende O-Töne, er beschimpft die osteuropäischen Regierungen und fordert zur Grenzöffnung auf: »Der Vater ist in Deutschland und das Baby und die Mutter sind hier! Also wer nicht ein Herz aus Stein hat, der muss den Aufstand wagen – gegen eine Politik, die so viel Unmenschlichkeit verbreitet.« Auch am folgenden Tag, als Blüm sich – wieder von seinem Kamerateam begleitet – aus Schlafsack und Zelt schält, fordert er die Öffnung der Grenze: »Was ich eine Nacht kaum aushalte, das halten die hier zum Teil schon seit Wochen aus. Immer in der Hoffnung, dass sich die Tore hier öffnen werden.«

In Idomeni weckt die Nachricht, ein hoher Politiker aus Angela Merkels Partei habe sich unter die Wartenden gemischt, neue Hoffnung. Flugblätter in arabischer Sprache werden verteilt, auf denen zu lesen ist: »Wer es schafft, illegal in einen anderen Staat Mittel- oder Osteuropas zu reisen, wird bleiben können. Deutschland akzeptiert noch Flüchtlinge.« Angefügt ist eine Karte, die eine noch nicht von einem Zaun gesicherte Furt im Grenzfluss Suva Reka zeigt. »Wenn Sie (…) zu Tausenden versuchen, gleichzeitig über die Grenze zu kommen, wird die Polizei Sie nicht stoppen können. Lasst uns alle um 14 Uhr im Camp treffen!« Unterzeichnet ist das Flugblatt mit »Kommando Norbert Blüm«.

Der Minister a.D. hat mit der Aktion nichts zu tun. Er ist wieder zurück in Deutschland, gerade rechtzeitig zum Erscheinen seines neuen Buches »Aufschrei! Wider die erbarmungslose Gesellschaft«. Aber in Idomeni folgen rund tausend Migranten dem Aufruf durch das Flugblatt. Da die griechische Polizei nicht eingreift, beginnt eine gefährliche Flussüberquerung, zu diesem Zweck haben europäische Aktivisten ein Seil gespannt. Doch am anderen Ufer scheitert auch dieser Versuch des Grenzdurchbruchs, die mazedonische Polizei ist vorbereitet. Sie bringt alle Migranten nach Idomeni zurück. Dutzende den Zug begleitende Fotojournalisten haben auf spektakuläre Bilder gehofft – diesmal vergeblich.

Und auch die Aktivisten müssen die Fakten akzeptieren, die mit der Schließung der Balkanroute geschaffen werden. Genau wie Merkel. Zur Erinnerung: Merkels Behauptung, ihre Flüchtlingspolitik sei alternativlos, gipfelte in ihrem ersten Fernsehinterview mit Anne Will im Oktober 2015 in der kategorischen Feststellung: »Sie können die Grenzen nicht schließen!« Doch vier Monate später, in Idomeni, wird vor aller Welt das Gegenteil bewiesen.

Am 28. Februar, als sich die Lage in Idomeni schon dramatisch zuspitzte, hat sie sich erneut von Anne Will interviewen lassen. Jetzt argumentierte sie moralisch: »Wenn der eine seine Grenze definiert, muss der andere leiden, das ist nicht mehr mein Europa!« Und zum Ende des Gesprächs, auf die Menschen angesprochen, die in Idomeni vor der geschlossenen Grenze warten, entfuhr es Merkel spontan: »Vielleicht bringen diese Bilder ja doch noch einen gewissen Effekt!«

Hier genau liegt der Grundwiderspruch von Merkels Politik in dieser Phase der Flüchtlingskrise. Sie warnt im hohen Ton vor der Schließung der Balkanroute – doch zugleich ist diese eine notwendige Bedingung für den Erfolg ihres eigenen Plans mit der Türkei. Nur die Angst, die Flüchtlinge nicht mehr weiterleiten zu können, hat die bis dahin so störrischen Griechen doch noch dazu bewegt, bei der Kontrolle der Ägäis endlich zu kooperieren. Und nur die Angst, bei erfolgreicher europäischer Grenzsperrung nicht mehr gebraucht zu werden, relativiert das türkische Erpressungspotenzial so weit, dass ein vernünftiger Kompromiss überhaupt erst möglich wird. Was Merkel den Deutschen als moralisch überlegene Alternative verkauft, ist in Wahrheit nur ein Teil der Gesamtlösung. So kann die Kanzlerin die Schließung der Balkanroute zwar beklagen. Aber sie muss zugleich hoffen, dass sie funktioniert.

Einen Monat später wird sie in einer Sitzung mit Unionspolitikern gefragt, was sie eigentlich für den Fall plane, dass die Migranten statt über die Balkanroute künftig über Italien nach Deutschland zögen. »Dann macht Österreich den Brenner dicht«, erwidert die Kanzlerin.

Derweil hat sie nicht mehr viel Zeit, um die Flüchtlingskrise nach ihren Vorstellungen, nämlich mit dem EU-Türkei-Abkommen, zu bewältigen. In der Woche vor dem entscheidenden EU-Ratsgipfel führt sie zwei Telefonate mit Davutoğlu. Das Kanzleramt bestätigt diese Gespräche nicht, aber die türkische Journalistin Duygu Güvenç, die für die Tageszeitung »Cumhuriyet« schreibt, hat den Gesprächsinhalt recherchiert. Demnach hat Merkel vorgeschlagen, was bisher kein offizielles Verhandlungsziel der EU war: Die Türkei soll nicht nur den Zug der Migranten bremsen, sondern ausnahmslos alle Flüchtlinge zurücknehmen, die in Griechenland eintreffen. Merkel will die große Lösung, den »Game Changer«, wie es im Kanzleramt heißt.

Das erste der beiden entscheidenden Telefonate führen Merkel und Davutoğlu am 28. Februar, unmittelbar bevor der EU-Ratspräsident Donald Tusk als offizieller Verhandlungsführer für das Abkommen nach Ankara reist. Nach seiner Rückkehr telefonieren Merkel und Davutoğlu erneut. Merkel verfolgt eine Nebendiplomatie mit den Türken, und das mit gutem Grund: Der Pole verhandelt nur pro forma, denn er will zwar ein Abkommen, aber keinen großen Deal, keinen Game Changer. Tusk arbeitet gegen Merkels große Lösung.

Der ehemalige polnische Ministerpräsident, ein früherer Aktivist der antikommunistischen Solidarność, zählte einst zu den besten politischen Freunden der deutschen Kanzlerin. Gemeinsam trotzten sie Putin, indem sie der Ukraine halfen, sich dem Westen anzunähern. Als Tusk 2010 den Internationalen Karlspreis der Stadt Aachen für Verdienste um die europäische Einigung entgegennahm, hielt Merkel die Laudatio. Die deutsch-polnischen Beziehungen waren niemals so gut wie in ihrer gemeinsamen Regierungszeit. 2014 unterstützte die Kanzlerin schließlich Tusks Wahl zum EU-Ratspräsidenten.

Doch in der Flüchtlingskrise ist diese Freundschaft zerbrochen. Nach der Grenzöffnung hat Merkel die polnische Regierung dazu gebracht, der europäischen Zwangsquote zuzustimmen. Tusk wird in der Heimat als Büttel der Deutschen diffamiert und seine Bürgerplattform verliert vier Wochen danach die Wahlen in Polen. Er sieht sein Lebenswerk, ein modernes, pro-westliches Polen, gefährdet – und macht Merkel dafür mitverantwortlich.

Fortan stellt Tusk sich gegen ihre Flüchtlingspolitik, die er als »Politik der offenen Türen und Fenster« verspottet. In der Woche vor dem entscheidenden EU-Gipfel fährt Tusk die komplette Balkanroute ab und bei seinem Stopp in Athen gibt er das Signal, das sich viele in Europa von Merkel erhoffen: »Ich appelliere an alle potenziellen illegalen Wirtschaftsflüchtlinge – wo immer Sie herkommen: Kommen Sie nicht nach Europa. Glauben Sie nicht den Schleusern. Riskieren Sie nicht Ihr Leben und Ihr Geld. Es ist sinnlos!«

Tusk reist noch weiter, nach Ankara und Istanbul, schließlich ist er als EU-Ratspräsident für Verhandlungen zum EU-Türkei-Abkommen zuständig. Dort erreicht der Pole nur ein vages Versprechen, Wirtschaftsflüchtlinge, die über die Türkei nach Griechenland gekommen sind, zurückzunehmen. Dafür existiert schon ein Abkommen, das allerdings nicht angewandt wird. Es ist ein Mini-Erfolg, also genau, was Tusk wollte. Kein Game-Changer.

Was Tusk nicht weiß: Hohe Kommissionsbeamte aus seiner Besuchsdelegation bleiben nach seiner Abreise noch in Ankara. Und sie reden nun ganz anders. Sie bieten an, dass die Türkei Flüchtlinge künftig direkt nach Europa schicken darf – im Flugzeug, auf legale Weise. Als Gegenleistung dafür, dass die Türkei illegale Migranten zurücknimmt.

Als »Schlüsselelemente« eines humanitären Aufnahme-Plans mit der Türkei« werden diese Überlegungen sogar in einem Dokument für den internen Gebrauch festgehalten. Das Papier enthält viele eckige Klammern, die in der Welt der Diplomatie noch nicht ausverhandelte Passagen anzeigen, und Leerstellen ausgerechnet dort, wo es wichtig wird: Welche Staaten sollen denn im Gegenzug freiwillige Kontingente an Flüchtlingen aufnehmen? Und wie viele? Genannt wird die Zahl 900: das wären also drei Flugzeuge mit Flüchtlingen, die von Istanbul nach Berlin, Köln, Amsterdam, Wien oder in eine andere europäische Stadt fliegen würden – täglich.

Die nach Ankara gereisten Kommissionsbeamten haben eigentlich kein Mandat, um für die Mitgliedsländer solche Absprachen vorzubereiten, zumal Verhandlungsführer Tusk schon abgereist ist. Aber sie haben mächtige politische Rückendeckung: EU-Kommissionspräsident Juncker stimmt sich nicht mit Tusk ab, sondern mit Merkel. Und die deutsche Bundeskanzlerin will den Deal um jeden Preis. Was aber, so rätseln alle, werden die Türken im Gegenzug fordern?

Am Freitag, den 4. März, kommt es zu einer für den Erfolg von Merkels Flüchtlingspolitik entscheidenden Besprechung führender türkischer Politiker mit hohen türkischen Diplomaten und Beamten. Sie findet im Çankaya Köşkü in Ankara statt. Diese auf einem Weinberg über der Hauptstadt gelegene Villa hat einst Atatürk nach der türkischen Staatsgründung bezogen. Erdoğan hat sie seinem Ministerpräsidenten überlassen. Wie auch die Vorbereitung und die Verhandlungen zum Türkei-Deal.

Ahmet Davutoğlu hat im Januar mit Kanzleramtschef Altmaier ein freundschaftlich-kollegiales Verhältnis aufgebaut, mit Merkel kommuniziert er vertrauensvoll per SMS. Der türkische Minister-präsident ist zudem nicht nur seiner islamistischen AKP verpflichtet, er ist Teil der immer noch überwiegend säkular geprägten außenpolitischen Community der Türkei. Und die begrüßt den EU-Türkei-Deal – nicht zuletzt, weil er das Land enorm aufwertet. Genauso wie die Türkei im Kalten Krieg vom Westen als NATO-Frontstaat an der Grenze zur sowjetischen Machtsphäre gehätschelt wurde, soll sie jetzt als neuer Frontstaat der EU gegen die Flüchtlinge unentbehrlich werden.

Es geht den Außenpolitikern, Diplomaten und weltoffenen Intellektuellen in der Türkei aber auch darum, der deutschen Kanzlerin zu helfen. »Ankara hat ein massives, wenn auch selten diskutiertes Interesse daran, dass Merkels liberales Europa die Oberhand behält gegen die extreme Rechte Europas«, schreibt Kemal Kirişci, der international angesehene Türkei-Experte der »Brookings Institution«, des renommierten Thinktanks in Washington, zwei Wochen vor der Sitzung in der Atatürk-Villa. In seinem Papier, das in Davutoğlus Umfeld kursiert, argumentiert Kirişci pragmatisch: Merkels Gegner wie Viktor Orbán oder Marine Le Pen hätten enge Beziehungen zu Wladimir Putin – ein Scheitern von Merkels Flüchtlingspolitik würde daher »die Türkei noch stärkerem russischen Druck aussetzten«. Falls Merkel sich in der EU nicht durchsetzt, schreibt Kirişci, müsse die Türkei sogar »bilateral kooperieren«, also den Deal allein mit Deutschland machen.

Die Ähnlichkeiten mit den Ideen von Gerald Knaus und dessen ESI-Thinktank sind verblüffend. Der umtriebige Österreicher hat nirgendwo so viel Einfluss wie in Ankara – während ihm der direkte Zugang zur Kanzlerin oder ihren Beratern in Berlin verwehrt bleibt, sind in der Atatürk-Villa gleich mehrere einflussreiche Diplomaten versammelt, die Knaus seit Jahren persönlich verbunden sind.

An jenem 4. März hört sich Davutoğlu die Einschätzungen seiner Experten an. Er selbst legt sich nicht fest, aber die Teilnehmer der Sitzung glauben, dass er über Wege nachsinnt, den Deal doch noch zu ermöglichen, bevor ihn die Schließung der Balkanroute obsolet macht. Er richtet eine offene Frage an die Runde: Was können uns Merkel und die anderen Europäer dafür geben? Davutoğlus Experten erstellen einen Forderungskatalog, bei dem die europäischen Beamten in normalen Zeiten entweder empört aufgestanden oder vor Lachen vom Stuhl gefallen wären. In jedem Fall hätte es keine weiteren Verhandlungen gegeben. Die Verdoppelung der finanziellen Mittel ist dabei noch die bescheidenste Forderung der Türken: Die EU soll nun sechs Milliarden statt der ursprünglich vereinbarten drei Milliarden Euro für die Flüchtlingshilfe in der Türkei bereitstellen. Schwieriger ist der Wunsch, dass die Visaerleichterungen für türkische Staatsbürger, die in die EU reisen wollen, schon ab Sommer gelten sollen.

Es wäre ein riesiger innenpolitischer Triumph für Davutoğlu, denn gerade die türkische Mittelschicht, die seiner islamistischen Regierungspartei immer noch skeptisch gegenübersteht, beklagt schon seit Jahrzehnten die quälend langen Prozeduren vor jedem Besuch von Verwandten oder Geschäftspartnern auf dem europäischen Kontinent. Aber die Reisefreiheit ist an die Erfüllung von 72 Kriterien gekoppelt, und das ist kein rein administratives Problem, denn es berührt den Kern der politischen Wertegemeinschaft EU. Zu den 72 Bedingungen gehört etwa, dass die Türkei ihre Terrorgesetzgebung ändert. Bisher können auch Oppositionspolitiker, Journalisten und Intellektuelle, die den Staatspräsidenten oder seine islamistische Partei kritisieren, als Terroristen abgeurteilt werden. Da die Türkei schon in relativ friedlichen Zeiten nicht bereit war, ihre Antiterrorgesetze einem rechtsstaatlichen Standard anzupassen, erscheint dies jetzt fast utopisch. Der Antiterrorkampf gegen die PKK ist seit einigen Monaten wieder voll entbrannt. Daher kann man den türkischen Vorschlag, die Visaerleichterung schon in wenigen Monaten zu beginnen, mit einigem Recht als Aufforderung an die EU interpretieren, im Gegenzug für den Stopp der Flüchtlinge beim Abbau des türkischen Rechtsstaats nicht so genau hinzuschauen.

Eine weitere Forderung, die Davutoğlus Experten auf dieser denkwürdigen Sitzung vorschlagen, kann die EU unter normalen Umständen niemals annehmen: die Wiederbelebung der Beitrittsverhandlungen mit der Türkei durch die Eröffnung von fünf neuen

Beitrittskapiteln. Es liegt in der Logik von EU-Beitrittsverhandlungen, dass zuallererst der beitrittswillige Staat die Voraussetzungen dafür schafft. Erst wenn grundlegende Standards garantiert sind, werden Kapitel eröffnet, und ein Prozess kommt in Gang, in dem das beitrittswillige Land langsam an die EU herangeführt wird.

Die Einforderung von Kapitel-Eröffnungen dreht diesen Prozess um: Die Türkei versucht, den Zugang zur EU zu erzwingen. Davutoğlus Berater sind sich dessen bewusst. Dafür spricht, dass zu den fünf Kapiteln, deren Eröffnung die Türkei durchsetzen will, ausgerechnet die beiden besonders sensiblen Kapitel »Grundrechte« und »Justiz, Freiheit und Sicherheit« zählen. Hinzu kommt, dass der Eröffnung neuer Beitrittskapitel jeweils alle EU-Länder zustimmen müssen, bisher blockiert aber das kleine Zypern, weil Ankara seinerseits Zypern nicht anerkennt, dessen nördlicher Teil seit seiner Besetzung von türkischen Truppen 1974 um seine Unabhängigkeit ringt. Ob Davutoğlu diese Maximalforderungen tatsächlich erheben wird, wissen die Berater am Ende der Sitzung noch nicht. Es wird sich aber bald herausstellen.

Auch Davutoğlus Chef, Präsident Erdoğan, sendet direkt vor dem EU-Gipfel ein Signal nach Brüssel – mit Wasserwerfern und Tränengas. Der türkische Präsident lässt die Zeitung »Zaman« unter staatliche »Treuhänderschaft« stellen: »Zaman« ist die größte Zeitung der Türkei, die eine konservative, aber regierungsunabhängige Berichterstattung betreibt. Als sich die Nachricht verbreitet, dass »Zaman« unter Zwangsverwaltung gerät, eilen Demonstranten zum Redaktionsgebäude, um die Unabhängigkeit der Presse zu verteidigen. Doch Erdoğan lässt die Redaktion von Spezialeinheiten der Polizei stürmen und vor laufenden Kameras Journalisten an ihren Arbeitsplätzen verhaften.

Es ist ein deutlicher Wink Richtung Europa. Erdoğan ist keinesfalls bereit, den autoritären Rückbau der Demokratie in der Türkei zugunsten einer Annäherung an die EU zu stoppen. Er will beweisen, dass er beides haben kann.

Der offensichtliche Zusammenhang zwischen der Schließung einer unabhängigen Zeitung und dem EU-Türkei-Deal bestätigt die schlimmsten Befürchtungen. Erdoğan nutzt seinen Machtzuwachs und sein Erpressungspotenzial gegenüber der EU dazu, die Demontage der jahrzehntelang gewachsenen Demokratie in der Türkei zu beschleunigen.

Ihr Tiefpunkt folgt wenige Monate später nach einem Putschversuch aus dem Militär gegen den Präsidenten. Danach erlebt die Türkei eine bis dahin unvorstellbare Säuberungswelle: Ein Drittel aller höheren Offiziere wird verhaftet, Tausende unabhängiger Richter werden abgesetzt, Journalisten und Hochschullehrer grundlos inhaftiert oder mit Ausreiseverbot belegt. Die Listen dieser angeblichen Regimegegner wurden offenkundig bereits vorher erstellt. Der Vorwurf gegen die Geschassten lautet Mitgliedschaft oder Sympathie für »Hizmet«, so heißt die mit Erdoğans AKP zerstrittene islamistische Bewegung des Geistlichen Fethullah Gülen. Der gleiche Vorwurf war der Zeitung »Zaman« vor der Stürmung der Redaktion am Vorabend des EU-Türkei-Deals gemacht worden. Hatte Erdoğan damals geprobt, wie weit ihn Europa bei der Gleichschaltung der Türkei gewähren lässt?

Das wäre der wohl teuerste Kollateralschaden der deutschen Flüchtlingspolitik. Im Schlussdokument des EU-Gipfels taucht drei Tage nach dem Sturm der größten türkischen Zeitung durch die Polizei nur der dürre Satz auf: »Die Staats- und Regierungschefs der Europäischen Union haben mit dem türkischen Ministerpräsidenten auch die Lage der Medien in der Türkei erörtert.«

Der erste Entwurf des Schlussdokuments, das auf dem Gipfel am Montag unterzeichnet werden soll, liegt schon am Freitag vor – ein durchaus übliches Verfahren: Die Staats- und Regierungschefs segnen auf dem Gipfel nur die Papiere ab, um die ihre führenden Mitarbeiter, die sogenannten Sherpas, schon wochenlang gerungen haben. Sie entscheiden normalerweise nur die allerletzten offenen Punkte selbst – dazu zählt Davutoğlus Angebot, Wirtschaftsflüchtlinge zurückzunehmen. Dafür hat es der letzte Satz in sich: »Der irreguläre Strom von Migranten auf der Westbalkanroute kommt zu Ende. Diese Route ist jetzt geschlossen.« Ein klarer Affront gegen Merkel. Wenn der EU-Rat dies auf dem Gipfel wirklich so beschließen sollte, würde er die Sperrung der mazedonischen Grenze als richtige Lösung beurkunden. Dann hätte Sebastian Kurz seinen Triumph schriftlich.

Der junge Österreicher reibt sich die Hände. Während Merkel schon am Vorabend des EU-Gipfels nach Brüssel fliegt, um Davutoğlu zu treffen, reist ihr Gegenspieler zur gleichen Zeit nach Berlin. Dort angekommen, fährt er ins Fernsehstudio. Seinen Sieg über Merkels Flüchtlingspolitik will Kurz ausgerechnet zur Prime Time im deutschen Fernsehen genießen.

Es scheine, als »hätte Deutschland mit seiner Haltung verloren und Österreich, wenn man so will, alles richtig gemacht«, stellt ihn die Moderatorin Anne Will dem Publikum schon als Gewinner vor. Kurz startet eine Generalabrechnung mit der Flüchtlingspolitik Merkel, er fragt, warum es »moralisch hochwertiger« sei, »Menschen in der Türkei zu stoppen, als sie in Mazedonien oder Griechenland zu stoppen«. Dann zitiert er aus der vertraulichen Vorlage für die Schlusserklärung des EU-Gipfels: »Wenn man sich die Papiere für morgen ansieht, da steht ganz klar drin, die Balkanroute wird geschlossen und die Flüchtlinge sollen in Griechenland versorgt werden. Deutschland wird dem genauso zustimmen wie Österreich und alle anderen Staaten auch.«

An diesen Satz wird ihn Merkel bald erinnern.

Für den Zuschauer sieht es jedoch nach einem klaren Auswärtssieg des Österreichers aus. Zum ersten Mal seit der Grenzöffnung wird eine merkelkritische Position in einer wichtigen Talkshow nicht ausgebuht, sondern im Gegenteil beklatscht. Sogar für die Grenzschließung in Idomeni erhält Kurz Applaus. Das sei zwar »furchtbar«. Aber: »Wir sollten nicht den Fehler machen zu glauben, dass es ohne solche Bilder gehen wird.«

17
Der Deal

Vor den wichtigsten Stunden ihrer Kanzlerschaft ist Angela Merkel allein. Die Kanzlerin sitzt im 5. Stock eines schlichten Bürohauses am Rande des Stadtzentrums von Brüssel. Es ist Sonntag, der 6. März 2016, kurz vor 21 Uhr. Ahmet Davutoğlu hat sie kurzfristig in die Vertretung der Türkei bei der EU bestellt, der türkische Ministerpräsident lässt aber auf sich warten, seit zwanzig Minuten. Angeblich kreist sein Flugzeug über Brüssel und kann wegen schlechten Wetters nicht landen.

Merkel wartet nicht gern. Der türkische EU-Vertreter Selim Yenel hat ihr sein eigenes Büro zur Verfügung gestellt, die Kanzlerin hat sich auf das schwarze Ledersofa für Besucher gesetzt. Ihre weinrote Handtasche steht neben ihr, auf den flachen Tisch davor hat sie eine Vorlagenmappe gelegt. Das Abkommen mit der Türkei ist ausverhandelt. Morgen soll es von den 28 Staats- und Regierungschefs der EU beschlossen werden. Merkel weiß nicht, was Davutoğlu von ihr an diesem Abend noch will. Warum hat er sie so kurzfristig nach Brüssel bestellt?

Sie steht auf und beginnt den Raum zu inspizieren. Hinter dem Schreibtisch hängt ein großes Porträt des türkischen Staatsgründers Kemal Atatürk. Davor stehen gekreuzt zwei große Flaggen: die rote mit dem weißen Halbmond neben der blauen mit dem goldenen Sternenkranz der Europäischen Union. Als wäre dies schon die Botschaft eines Mitgliedslandes und nicht das kleine Vertretungsbüro eines Staates, der seit über fünfzig Jahren vergeblich auf den Beitritt hofft.

Dominiert wird der Raum jedoch durch zwei große und fünf kleine Gemälde in wirr leuchtenden Farben, auf denen keine einzige gerade Linie zu finden ist. Merkel erkennt den österreichischen

Maler Friedensreich Hundertwasser. Der Vater der säkularen Türkei
und ein esoterischer Künstler – seltsame Zeugen für einen Deal, bei
dem das christliche Europa einen Islamisten dafür bezahlt, arabische
Flüchtlinge aufzuhalten.

Jemand betritt den Raum. Noch immer nicht ihr Gastgeber,
sondern Mark Rutte, der Ministerpräsident der Niederlande. Merkel lächelt. Davutoğlu hatte die Kanzlerin allein sprechen wollen,
aber sie akzeptierte die kurzfristige Einladung nur unter der Bedingung, dass auch der Holländer anwesend ist, der gerade die EU-
Ratspräsidentschaft innehat. Es ist zwar ein Merkel-Davutoğlu-
Deal, aber es soll nicht so aussehen.

Endlich erscheint Davutoğlu. Samt Fotografen und einem
Kamerateam, das exklusiv für das türkische Fernsehen filmt, wie er
lächelnd mit ausgebreiteten Armen auf Merkel und Rutte zuläuft
und ruft: »Meine Gäste!« Merkel grüßt knapp und lächelt verlegen.
Nachdem sich die drei gesetzt haben, erklärt die Kanzlerin, es habe
ihr nichts ausgemacht zu warten, und dankt für die Gastfreund-
schaft. »Mein Haus ist Ihr Haus«, antwortet Davutoğlu.

Dann müssen alle anderen den Raum verlassen und Davutoğlu
kommt zur Sache. Er drückt Merkel und Rutte je ein Blatt Papier in
die Hand. Der Text ist in englischer Sprache geschrieben, umfasst
nur eine einzige DIN-A4-Seite und enthält zwölf Punkte. Davutoğlu
hat sich erst im Flugzeug entschieden, wie weit er gehen will, noch
an Bord hat er die zwölf Punkte formuliert und das Dokument dreimal ausgedruckt. Wenn die Verhandlungen über das EU-Türkei-
Abkommen eine Pokerpartie sind, dann spielt Davutoğlu an diesem
Samstagabend »All In«: Er setzt alles ein, was er hat und zwingt seine
Mitspieler, es ihm gleichzutun.

Davutoğlu schlägt eine Radikallösung vor: Seine Türkei wäre bereit, all jene Flüchtlinge zurückzunehmen, die Griechenland über die
Ägäis erreichen. Ob mit oder ohne Schutzanspruch in Europa, ob
Kriegsflüchtling oder Glückssucher, ob Syrer, Iraker oder Afghane –
alle, ab sofort.

Aber für jeden Syrer, der in die Türkei zurückgebracht wird, soll
ein anderer Syrer aus der Türkei legal in die EU reisen dürfen. Was

wie ein sinnloser Kreislauf aussieht, ist die entscheidende Innovation des EU-Türkei-Abkommens. Denn der »Eins-zu-eins-Mechanismus« bringt für alle am Tisch große Vorteile. Merkel verrät zwar ihre humanitären Grundsätze, weil sie Kriegsflüchtlinge aus Europa in die Türkei abschiebt. Aber sie beruhigt ihr Gewissen, indem sie im Gegenzug die exakt gleiche Anzahl anderer Kriegsflüchtlinge aus der Türkei nach Europa holt. Davutoğlu bekommt von Merkel zwar Syrer geschickt, die er in der Türkei unterbringen muss, hat jedoch in der Summe keine zusätzliche Belastung, weil er ja im Gegenzug andere Syrer an Merkel abgeben darf.

Das Kalkül: Es soll sich unter den Flüchtlingen herumsprechen, dass man über die Ägäis nicht mehr nach Griechenland und von dort nach Deutschland gelangt, sondern in jedem Fall in die Türkei zurückgebracht wird. So riskiert bald niemand mehr die teure und gefährliche Überfahrt auf einem Schlauchboot, sondern wartet lieber in der Türkei darauf, Teil des Eins-zu-eins-Austausches zu werden. Ohne Abschiebungen aber wird auch niemand mehr im Gegenzug von den Behörden nach Europa gebracht. Die Flüchtlinge bleiben alle in der Türkei, die Kosten für ihre Versorgung übernimmt die EU: sechs Milliarden Euro. Eine Win-Win-Situation für Merkel und Davutoğlu. Inklusive Moralbonus: Immerhin kommt das kriminelle Schlepperunwesen zum Erliegen. Niemand ertrinkt mehr in der Ägäis.

So ist zumindest der Plan.

Merkel ist sofort einverstanden. Dabei liegt die Entscheidung eigentlich außerhalb ihrer Kompetenz. Der Kern des Eins-zu-eins-Mechanismus und des ganzen EU-Türkei-Abkommens ist die Abschiebedrohung für ausnahmslos alle Flüchtlinge – egal, ob sie verfolgt werden oder in ihrer Heimat Krieg herrscht. Damit diese Drohung glaubhaft wird, müssen zwei Bedingungen erfüllt werden. Die Türkei muss die Abgeschobenen zurücknehmen – das bietet Davutoğlu in dieser Nacht an. Zudem muss aber Griechenland auch bereit sein, die Flüchtlinge in die Türkei abzuschieben – dieses Versprechen kann eigentlich nur der griechische Ministerpräsident Alexis Tsipras geben. Aber er sitzt nicht mit am Tisch, niemand hat ihn eingeladen. So ist es die deutsche Kanzlerin, die diese entscheidende Zusage für Griechenland erteilt.

Wie konnte sie das tun? Darüber wird noch zu sprechen sein.

Der nächste Punkt auf Davutoğlus Liste ist nicht weniger radikal: Wenn die Schlauchboote nicht mehr ablegen, sollen die Flugzeuge starten. Der türkische Ministerpräsident will ein »Kontingent«, also eine feste Zahl von Flüchtlingen, die er jedes Jahr an Europa weiterreichen darf. Das ist aus seiner Sicht nur logisch: Wenn die Ägäis dicht ist, stauen sich die Flüchtlinge aus Syrien und Irak in der Türkei. Merkel weiß, dass sie hier liefern muss. Sie versucht seit Wochen die Öffentlichkeit sanft darauf vorzubereiten, indem sie davon spricht, sie wolle »illegale Migration« durch »legale Migration« ersetzen.

Aber Merkel wagt auch an diesem Abend nicht, den Deutschen die volle Wahrheit zuzumuten. Deshalb wird nirgendwo schriftlich fixiert, was nun vereinbart wird: Zwischen 150 000 und 250 000 Flüchtlinge sollen pro Jahr aus der Türkei nach Europa umgesiedelt werden. Merkel, Davutoğlu und Rutte haben sich an diesem Abend in der türkischen EU-Vertretung in Brüssel per Gentleman's Agreement darauf geeinigt. Das bestätigen mehrere Personen, die in die Verhandlungen involviert waren.

Die Abmachung mit Davutoğlu soll die deutsche Flüchtlingskrise beenden, die fast auf den Tag genau sechs Monate zuvor in der Nacht der Grenzöffnung begann. Wie damals trifft Merkel wieder eine einsame Entscheidung. Der Bundestag hat nie beschlossen, die Flüchtlinge von der ungarischen Autobahn nach Deutschland zu holen, und die Hunderttausenden, die ihnen folgten. Genauso hat das Parlament bis heute nicht über das Kontingent abgestimmt, das Merkel in der Brüsseler Nacht versprach. Und es gibt noch eine Parallele: Horst Seehofer war nicht in die Grenzöffnung eingeweiht – und Merkel hat ihn bis heute nicht über ihre nächtliche Abmachung mit Davutoğlu informiert.

Im offiziellen Text des von allen europäischen Staats- und Regierungschefs beschlossenen Abkommens wird es später bewusst vage heißen: »Sobald die irregulären Grenzüberquerungen zwischen der

Türkei und der EU enden oder zumindest ihre Zahl erheblich und nachhaltig zurückgegangen ist, wird eine Regelung für die freiwillige Aufnahme aus humanitären Gründen aktiviert. Die EU-Mitgliedstaaten werden einen freiwilligen Beitrag zu dieser Regelung leisten.«

Die Formulierung ist klug gewählt. Merkel hat aus ihrem Fehler vom Beginn der Flüchtlingskrise gelernt und es fortan unterlassen, andere Länder zur Aufnahme von Flüchtlingen zu zwingen. Ihre Zusage gilt nur für Deutschland und die von Rutte für die Niederlande. Gemeinsam wollen sie weitere Länder überzeugen – und innerhalb dieser »Koalition der Willigen« sollen die Flüchtlinge dann verteilt werden. Falls Merkel und Rutte keine Mitstreiter finden, müssen die Niederlande und Deutschland das ganze Kontingent unter sich aufteilen.

Nicht zufällig haben sich Merkel und Davutoğlu auf keine exakte Zahl, sondern eine Spanne verständigt. Europa soll seine Aufnahmebereitschaft an die Belastung der Türkei anpassen. Wenn ein Waffenstillstand in Syrien hält, der zum Zeitpunkt der Verhandlungen gerade neu vereinbart wurde, soll Europa der Türkei weniger Syrer abnehmen – bei neuen dramatischen Fluchtbewegungen infolge neuer Kämpfe sollen es wiederum mehr werden. Merkel glaubt, wenn die Deutschen den Fall der damals noch von den Truppen des Diktators Assad belagerten Stadt Aleppo im Fernsehen miterleben, sind sie eher bereit, neue Flüchtlinge aufzunehmen.

Weil der Bundestag sich nie mit Merkels Versprechen befasst hat, kursieren bis heute in Berlin völlig unterschiedliche Vorstellungen, wer als Teil eines möglichen Kontingentes nach Deutschland kommen würde. Innenpolitiker machen sich Hoffnung, den Familiennachzug der 2015 und 2016 in der Zeit der offenen Grenzen aufgenommenen Syrer in diesem Kontingent abwickeln zu können. In diesem Fall würden deutsche Beamte in die Türkei reisen, um dort die Anträge von Syrern zu prüfen, die einen Verwandten haben, der in Deutschland bereits als Flüchtling anerkannt ist. Auf diese Weise würde der Familiennachzug beschränkt – auf die Höhe des Kontingents nämlich. Horst Seehofer könnte das sogar als die von ihm geforderte Obergrenze loben.

Doch die Türkei hat andere Pläne. Zwischen Merkel und Davutoğlu fällt an diesem Abend in Brüssel keine Entscheidung, wer die
Flüchtlinge für das Kontingent aussucht. Aber die Europäer lassen
sich auf einen gefährlichen Präzedenzfall ein, als nachgeordnete Beamte später die Einzelheiten des Eins-zu-eins-Mechanismus vereinbaren: Die Syrer, die in diesem Rahmen nach Europa dürfen,
werden nämlich von Ankara ausgewählt.

Das türkische Innenministerium erstellt eine Liste mit den Namen von Flüchtlingen, die aus seiner Sicht in die EU weiterreisen
dürfen. Von dieser Liste wählt das UN-Flüchtlingswerk – also eine
neutrale Instanz – aus, wer tatsächlich fliegen darf. Akademiker oder
Facharbeiter sind auf der Liste allerdings nicht verzeichnet. Qualifizierte Flüchtlinge will die Türkei nämlich behalten. Sogar Gesundheit scheint ein Malus für den Platz im Flugzeug nach Europa: Die
Türken erlauben fast ausschließlich schwer verletzten oder trauma-
tisierten Flüchtlingen die Übersiedlung. Kriegsopfer zu versorgen ist
aller Ehren wert. Aber dieser kaum bekannte Teil des EU-Türkei-
Deals ist bedenklich: Zum ersten Mal entscheiden nicht deutsche
Beamte oder Richter, wer in Deutschland Schutz bekommt – sondern ein fremder Staat, der selbst Oppositionelle verfolgt.

Die Flüchtlinge sind dabei für Davutoğlu nicht der wichtigste
Punkt, auch nicht die Milliardenzahlungen. Vor allem geht es ihm
um die türkischen Staatsbürger, für die er Reisefreiheit in der EU
durchsetzen möchte – die Visaliberalisierung will er schon im Sommer, also in wenigen Monaten. Damit könnte der Ministerpräsident
seinen Wählern liefern, was viele türkische Führer vor ihm nicht
erreicht haben, auch Erdoğan nicht.

In der türkischen EU-Vertretung sagt Merkel Davutoğlu auch
das zu: Ab Juni 2016 sollen Türken problemlos in ganz Europa reisen können. Bis dahin müssen allerdings 72 von der EU schon vor
Jahren aufgestellte Bedingungen erfüllt sein, etwa die Einführung
von biometrischen Pässen mit Foto und Fingerabdrücken. Das ist
eigentlich nicht zu schaffen. Nicht nur der Zeitplan scheint unrea-
listisch, sondern auch der politische Wille fehlt gänzlich. Die Türkei
weigert sich seit Jahren, ihre Antiterrorgesetze an rechtsstaatliche

Standards anzupassen, obwohl das eine der Bedingungen für die Reisefreiheit ist.

Das Unmögliche möglich machen soll der deutsche Diplomat Hansjörg Haber. Der Name Haber fiel schon im Zusammenhang der Flüchtlingskrise: Seine Frau, Emily Haber, ist jene Vertraute der Kanzlerin, die als Staatssekretärin im Innenministerium und Leiterin des Krisenstabes das Merkel'sche Flüchtlingsmanagement umsetzt. Ihr Mann ist Anfang September auf deutsche Initiative von der EU nach Ankara entsandt worden.

In der türkischen EU-Vertretung wird in der Nacht noch ein Schlachtplan geschmiedet, um am nächsten Morgen die anderen europäischen Staats- und Regierungschefs zu überzeugen, die von dem nächtlichen Treffen Merkels mit Davutoğlu ja noch nichts ahnen. Der EU-Rat entscheidet nur im Konsens – das heißt, eine einzige Gegenstimme könnte den Plan noch verhindern. Vor allem die Osteuropäer fürchten, Merkel wolle ihnen neue Flüchtlinge aufzwingen.

Die Lösung kommt von Martin Selmayr. Während sein Chef, EU-Kommissionschef Juncker, an diesem Abend in Luxemburg ist, und der offizielle Verhandlungsführer, EU-Ratspräsident Donald Tusk, in seiner Brüsseler Wohnung schläft, findet der Deutsche in dieser entscheidenden Nacht den Weg in die türkische EU-Vertretung. Und er greift erneut in die Trickkiste. Seine Lösung ist simpel: Anstatt die Staats- und Regierungschefs über neue Verteilmechanismen abstimmen zu lassen, werden ihnen die bereits beschlossenen aus dem vergangenen Jahr noch einmal untergeschoben. Statt aus Griechenland, Italien oder Ungarn sollen jetzt eben Flüchtlinge aus der Türkei verteilt werden. Dafür ist kein neuer Beschluss nötig.

Die Regierungschefs haben ihre Verhandlungen zu dritt begonnen, aber bald ihre Berater hinzugezogen. Als die Kräfte zu schwinden beginnen, ergeht bei einem nahe gelegenen türkischen Restaurant spontan eine Großbestellung: Pide, das weiche türkische Fladenbrot, wird in die EU-Vertretung gebracht, dazu Hackfleisch und Käse. Als irgendwann, nach Mitternacht, der Durchbruch erzielt wird, stoßen Merkel, Rutte und Davutoğlu nicht mit Alkohol an, sondern mit Ayran, dem salzigen Joghurtgetränk. Die Detailarbeit geht jedoch noch weiter. Erst um drei Uhr morgens lässt sich Merkel ins Hotel Amigo am Brüsseler Marktplatz bringen, wo für sie stets eine Suite reserviert ist, falls sie in der belgischen Hauptstadt übernachtet. Ihre Mitarbeiter verhandeln weiter: Sie feilen mit Türken und Niederländern an den letzten Details des Deals. Erst um 4.30 Uhr verlassen sie die Botschaft. Geschlafen haben einige von ihnen gar nicht mehr. Nur schnell im Hotel geduscht und das Hemd gewechselt. Der eigentliche EU-Gipfel beginnt ja jetzt erst. Außer den Deutschen, den Türken und den Niederländern weiß noch niemand, dass Merkel ihre Lösung der Flüchtlingskrise mit enormen Zugeständnissen doch noch durchsetzen will.

Auch die Öffentlichkeit lässt sie darüber im Unklaren. Dabei warten am Samstagmorgen auf die Bundeskanzlerin schon Hunderte von Reportern aus der ganzen Welt im Erdgeschoss des Ratsgebäudes – der Teil des riesigen Hauses, in dem bei EU-Ratsgipfeln die Journalisten lagern. Die Meute wird hier die nächsten dreißig Stunden an langen Tischen und in schlechter Luft ausharren, um O-Töne der Politiker zu erhaschen oder Hintergrundinformationen ihrer Berater. Jahrelang gab es für die Berichterstatter bei den Gipfeln wenigstens »steak frites« gratis in der unterirdischen Kantine des Ratsgebäudes, doch in der Euro-Krise wurde dies gestrichen – als demonstrative Sparmaßnahme.

Die deutschen Kamerateams haben vorher einen Wink bekommen und warten schon an einem vereinbarten Treffpunkt auf die Kanzlerin. Merkel strebt sofort auf die ihr bekannten Gesichter zu, lacht und spricht den Satz: »Es kann nicht sein, dass irgendetwas geschlossen wird.« Merkel formuliert wie so oft undeutlich, aber jeder weiß, was mit »irgendetwas« gemeint ist: die Balkanroute. Es ist ein Gruß aus der Ferne an Österreichs Außenminister Kurz, der sich am Vorabend im deutschen Fernsehen für ihre Schließung hat feiern lassen.

So nicht, mein Junge, will die Kanzlerin damit sagen. Wann die Flüchtlingskrise beendet ist, bestimme noch immer ich. Und auch

auf welche Weise: mit dem EU-Türkei-Abkommen nämlich – nicht
mit der Schließung der Balkanroute. Da die Flüchtlingskrise für die
Deutschen mit der Behauptung begonnen hat, Grenzen könne man
heute gar nicht mehr schließen, darf sie nicht mit der Schließung
einer Grenze enden – und sei es die ferne Grenze zwischen Mazedonien und Griechenland.

In Brüssel reagieren die anderen Staats- und Regierungschefs
mit Empörung auf Merkels O-Ton. Sie wissen noch nichts von dem
nächtlichen Deal mit Davutoğlu und fürchten, Merkel wolle die
Balkanroute tatsächlich offen halten. Noch auf dem Weg in den
EU-Rat winkt Österreichs Bundeskanzler Werner Faymann einige
Kamerateams aus der Journalistenmeute herbei und spricht in ihre
Mikrophone: »Ich bin sehr dafür, mit klarer Sprache allen zu sagen:
Wir werden alle Routen schließen, die Balkanroute auch.« Frank-
reich, der klassische Partner Deutschlands in der Europapolitik, hat
ebenfalls kein Verständnis dafür: »Sie ist geschlossen«, stellt François
Hollande kategorisch fest.

Aber niemand reagiert mit größerem Entsetzen auf Merkels
Konfrontationskurs als die eigene Partei zu Hause. Es ist nur noch
eine Woche bis zu den Landtagswahlen in Baden-Württemberg, der
alten Hochburg der CDU, in Sachsen-Anhalt und in Rheinland-
Pfalz, wo Julia Klöckner, die Zukunftshoffnung der Partei, um die
Macht kämpft. Als am Samstagmittag Nachrichtenseiten melden:
»Merkel gegen die Schließung der Balkanroute«, weiß Klöckner,
dass sie keine Chance mehr hat, Ministerpräsidentin zu werden.

In Brüssel wird derweil hinter verschlossenen Türen ein bizarres
Schauspiel aufgeführt. Der EU-Türkei-Deal, den Merkel und Rutte
in der vergangenen Nacht mitformuliert haben, wird den anderen
Staats- und Regierungschefs jetzt als ein neuer, überraschender Vorschlag der Türkei präsentiert. Merkel muss sich massive Vorwürfe
gefallen lassen – sie habe Davutoğlu in Wahrheit den Stift geführt.
Sie leugnet.

Damit die Europäer allein beraten können, wird Davutoğlu vor
dem Beschluss hinausgebeten. Der türkische Ministerpräsident bekommt trotzdem jede Einzelheit der Verhandlungen der Regierungs-

chefs mit. Er hat eine Informantin im Ratsgebäude: Merkel versorgt ihn während der Sitzung mit mehreren SMS. Es sind vor allem gute Nachrichten.

Ein Regierungschef nach dem anderen läuft ins Merkel-Lager über. Sie verstehen, dass Merkel hier kein Gegenkonzept zur Schließung der Balkanroute durchdrücken will, sondern eine ergänzende Lösung. Wenn die Türkei weniger Flüchtlinge ausreisen lässt, sinkt auch der Druck auf die mazedonisch-griechische Grenze.

Um Mitternacht gibt es eine Verhandlungspause, in der Merkel den Ratspräsidenten Tusk in seinem Büro aufsucht. Sie drängt ihn, noch in dieser Nacht das Abkommen zu beschließen. Dazu ist der Pole nicht bereit – es wäre dann zu offensichtlich, dass man ihm die Regie entrissen hat. So bekommt er einen Aufschub. Die Staats- und Regierungschefs sollen erst auf dem nächsten Gipfel in vierzehn Tagen entscheiden. Im Gegenzug muss Tusk den Satz in der Abschlusserklärung streichen, auf den er und Österreichs Außenminister Kurz so stolz waren: »Der irreguläre Strom von Migranten auf der Westbalkanroute kommt zu Ende. Diese Route ist jetzt geschlossen.« Er wird jetzt durch die vage Formulierung ersetzt: »Bei den irregulären Migrationsströmen entlang der Westbalkan-Route ist nun das Ende erreicht«. Der neue Satz stellt das Gleiche fest wie der alte, verschleiert aber Ursachen und Urheber. Jetzt kann es am Türkei-Abkommen gelegen haben. Oder an der Schließung der Balkanroute. Oder an beidem. Merkel ist einverstanden und nickt zufrieden.

Die politische Erzählung der Bundeskanzlerin hat sich in den vergangenen Monaten mehrmals verändert. Nach dem »humanitären Imperativ« zu Beginn, mit dem sie die »Ehre Europas« aufrechterhielt, folgte die vermeintliche Alternativlosigkeit: Grenzen könne man heutzutage nicht mehr schließen. Später argumentierte Merkel strategisch: Deutschland müsse eine Zeitlang alle Flüchtlinge allein aufnehmen, um der allzu trägen EU die Zeit zu verschaffen, eine gemeinsame Lösung zu finden. Doch von dieser europäischen Lösung ist im März 2016 nichts mehr übrig geblieben – außer dem

Deal mit der Türkei. Deshalb durfte dieser in keinem Fall durch die Schließung der Balkanroute obsolet werden.

Merkel kämpfte in Brüssel im Kern nicht mehr um offene oder geschlossene Grenzen, sondern darum, ihr politisches Narrativ aufrechtzuerhalten. Einen Tag nach dem EU-Gipfel, am 9. März 2016, beschließen Slowenien, Kroatien, Serbien und Mazedonien, nur noch Flüchtlinge mit gültigen Reisepässen einreisen zu lassen, die in dem jeweiligen Land selbst Asyl beantragen wollen. Sechs Monate nach der Grenzöffnung ist die Balkanroute Richtung Deutschland geschlossen. Am 10. März meldet Österreich für den Grenzübergang Spielfeld: Null Flüchtlinge. Elf Tage später tritt das EU-Türkei-Abkommen in Kraft.

Der Flüchtlingsstrom ist vorerst zum Erliegen gekommen. Die Welle, die sich in der ersten Jahreshälfte 2015 langsam aufbaute und nach der Grenzöffnung und den Selfies so hoch auftürmte wie niemals zuvor, ist im März 2016 gebrochen. Lag es daran, dass die Menschen sahen, der Traum von Deutschland würde spätestens im Schlamm von Idomeni enden? Oder daran, dass die Versorgung in den Flüchtlingslagern des Nahen Ostens verbessert wurde – auch dank deutscher Milliarden? Oder daran, dass die türkische Polizei aus Angst vor der Blamage bei den NATO-Verbündeten endlich die Schlepper verhaftete? Wahrscheinlich hat all dies dazu beigetragen.

Das EU-Türkei-Abkommen allein war nicht die Ursache. Denn Merkels angebliche Lösung der Flüchtlingskrise ist nie Wirklichkeit geworden. Der Kern des Abkommens ist die Abschiebedrohung für alle Flüchtlinge, egal ob politische Verfolgte, Kriegsopfer oder Glückssucher. Doch diese Abschiebungen werden nie vollzogen. Über 50 000 Migranten werden nach Abschluss des EU-Türkei-Abkommens in Griechenland stranden, von ihnen werden in den ersten zwei Monaten des Deals nicht einmal 500 in die Türkei zurückgebracht, also weniger als ein Prozent. Und diese werden freiwillig gehen, nachdem sie erfahren haben, dass eine Weiterreise über die Balkanroute nicht mehr möglich ist.

Gerald Knaus, der mit seinem Thinktank von Berlin-Kreuzberg aus unermüdlich für das Abkommen geworben hat, wird mit Schrecken erkennen, dass sein Plan zwar von 29 Staaten beschlossen, aber nie umgesetzt wird. Zehn Wochen nach dem Inkrafttreten reist er nach Griechenland, um sich selbst ein Bild zu machen. Anschließend schickt er ein verzweifeltes »Memo« ins Kanzleramt: »Hauptproblem: Sabotage des Abkommens durch die griechische Asylbehörde«. Die von Athen versprochenen Entscheider würden niemals auf die griechischen Inseln entsandt, für die Umsetzung des EU-Türkei-Abkommens würde mindestens die zehnfache Zahl an Mitarbeitern gebraucht.

»Das Haupthindernis ist politisch« schlussfolgert Knaus in seinen Memo: Griechenland will das EU-Türkei-Abkommen gar nicht umsetzen. Seine Forderung: Deutschland müsse Tsipras zwingen, die Vereinbarungen einzuhalten. Doch die Bundeskanzlerin denkt gar nicht daran. Merkel rettet den angeblichen »Merkel-Plan« nicht.

Vielleicht war ihr immer klar, dass der Plan nicht funktionieren konnte. Im Namen von Alexis Tsipras hatte sie in der entscheidenden Nacht die Abschiebungen aus Griechenland versprochen. Aber hatte der griechische Ministerpräsident ihr dazu wirklich ein Mandat gegeben? Noch wenige Wochen zuvor hatte Tsipras Merkel klar gesagt, dass er die sehr liberale Flüchtlingspolitik seines Landes nicht ändern werde. Es sei ihm nicht möglich, da ihn andernfalls die linken Abgeordneten seiner Partei stürzen würden. So hat es Merkel jedenfalls anschließend Kabinettsmitgliedern erzählt.

Und genau so kommt es: Zwar erkennt Griechenland nach dem Abkommen die Türkei formal als sicheren Drittstaat an, aber die griechische Asylbehörde handelt nie danach. Die Leiterin der Behörde, Maria Stavropoulou, erklärt ganz unverblümt, dass sie das EU-Türkei-Abkommen ablehnt.

Tsipras hat sich nie öffentlich beklagt, dass Merkel in seinem Namen Zusagen gemacht hat. Die Kanzlerin wiederum hat sich nie beklagt, dass Tsipras nicht daran dachte, diese einzuhalten. Vielleicht war das der eigentliche »Deal« beim EU-Türkei-Abkommen:

In diesem Fall hätte Merkel in der entscheidenden Pokerpartie in Brüssel einen verwegenen Bluff gespielt.

Merkels Poker-Partner Davutoğlu kann den größten Erfolg seiner politischen Karriere nicht lange genießen. Präsident Erdoğan setzt ihn im Mai 2016 als Ministerpräsident ab. Davutoğlus Erfolg in Brüssel machte ihn verdächtig für Erdoğan, der keine populären Politiker neben sich duldet. Im Mai wird Erdoğan in einer Fernsehansprache ankündigen, die Terrorgesetze niemals ändern zu wollen, und Richtung Europa rufen: »Ihr geht euren Weg, wir gehen unseren!« Im EU-Parlament weigert sich dessen Präsident Martin Schulz daraufhin, die Visaliberalisierung auf die Tagesordnung zu setzen. Einen Monat später muss Verhandlungsführer Haber auf Druck Erdoğans die Türkei verlassen. Bis heute gibt es die versprochene Reisefreiheit für Türken in Europa nicht. Auch die versprochene Eröffnung von neuen Kapiteln für den EU-Beitritt bleibt aus. Nicht einmal das Geld fließt wirklich. Die EU habe lediglich »ein bis zwei Millionen« für syrische Flüchtlinge in der Türkei ausgegeben, klagt Erdoğan im Sommer. Die EU-Kommission präsentiert eine andere Rechnung: Sie will schon zu diesem Zeitpunkt 105 Millionen Euro ausgezahlt haben. Auch das wäre aber nur ein Bruchteil der vereinbarten sechs Milliarden, die bis 2018 überwiesen werden sollen.

Und Merkels nächtliche Abmachung, bis zu 250 000 syrische Flüchtlinge pro Jahr ganz legal mit dem Flugzeug nach Europa zu holen? Der Zeitpunkt für die Übernahme der Kontingente ist im EU-Türkei-Abkommen schriftlich festgehalten: »Sobald die irregulären Grenzüberquerungen (…) enden oder (…) erheblich und nachhaltig zurückgegangen sind.« Das ist längst der Fall. Und Assad hat Aleppo erobert und in eine Trümmerwüste verwandelt. Die Flüchtlingszahlen steigen – aber nur noch in der Türkei. Die Türken haben darauf reagiert. An der türkisch-syrischen Grenze steht jetzt ein Zaun.

Ein Jahr danach

»Eine Situation wie die des Spätsommers 2015 kann, soll und darf sich nicht wiederholen«, erklärte Angela Merkel im Dezember 2016, als sie sich auf dem CDU-Parteitag erneut um eine Kanzlerkandidatur bewarb. Fast im selben Atemzug fügte sie hinzu: »Dass diese besondere humanitäre Notlage dennoch so bewältigt werden konnte, wie sie bewältigt wurde, dass sie geordnet und gesteuert werden konnte, das wird für immer mit dem Jahr 2015 als herausragende Leistung unseres so starken Landes verbunden sein.«

Sigmar Gabriel sagte Anfang 2017 in einem Interview fast wortgleich: »Es bleibt eine große humanitäre Leistung, dass Deutschland im Herbst 2015 Kriegsflüchtlinge aus Syrien und anderen Ländern aufgenommen hat. Richtig ist aber auch: Eine solch unkontrollierte Grenzöffnung darf sich nicht wiederholen.«

Horst Seehofer schließlich lobt, sein Bayern habe in der Flüchtlingskrise »eine großartige Visitenkarte der Humanität abgegeben«. Aber dass dies nicht wieder vorkommt, will er sich schriftlich geben lassen: »Das wird zur Bedingung für einen Koalitionsvertrag, das ist der Beleg dafür, dass sich 2015 nicht wiederholen darf.«

Eine herausragende Leistung, die sich nie wiederholen darf. Dieses seltsame Versprechen ist die Grundlage von Merkels Kanzlerkandidatur 2017. Und sie hat gute Aussicht auf Erfolg. Die Grenzen für Flüchtlinge sind weiter offen. Aber es kommen keine mehr. Mit Beidem sind die Deutschen sehr zufrieden.

Und ist die Flüchtlingskrise nicht wirklich eine deutsche Erfolgsgeschichte? Mit ungeheurem Einsatz ist es gelungen, die Menschen unterzubringen. In Deutschland ist kein Flüchtling erfroren, niemand hungerte. Unter dem Druck der hohen Zahlen hat die

Politik endlich die Kraft für lange überfällige Reformen gefunden: Die Masseneinwanderung vom Balkan wurde gestoppt, indem die jungen Demokratien dort zu sicheren Herkunftsländern erklärt wurden. Wer hingegen aus einem Kriegsgebiet kommt, erhält heute schneller als je zuvor einen positiven Bescheid, Sprachkurse und Integrationshilfe.

Der Preis war, dass Europa politisch unsicherer geworden ist. Zwei Monate nach der Grenzöffnung wurde in Polen eine nationalistische Regierung gewählt, die den Kurs der Modernisierung und Europäisierung des Landes revidierte. Im Sommer 2016 entschied sich Großbritannien für den Austritt der EU. Die Angst vor unkontrollierbarer Einwanderung hat in beiden Wahlkämpfen eine dominierende Rolle gespielt, Deutschlands offene Grenze war ein abschreckendes Beispiel. Sogar der neue US-Präsident Donald Trump polemisierte im Wahlkampf gegen die Flüchtlingspolitik Angela Merkels.

In Deutschland ist das alte Parteiensystem zerbrochen. Zum ersten Mal seit 1945 ist rechts von der Union eine relevante politische Kraft entstanden, die AfD. Das demokratische Wechselspiel von bürgerlichen schwarz-gelben Regierungen und linken rot-grünen Koalitionen ist unwahrscheinlich, ja fast unmöglich geworden. Einstweilen regiert in Deutschland eine alternativlose Große Koalition, was den Extremisten weiter Auftrieb geben dürfte.

Aber die Unsicherheit ist auch existenziell. Die Terroristen, die am 13. November 2015 in Paris 130 Menschen töteten, tarnten sich als Flüchtlinge. Einige von ihnen waren nach der Grenzöffnung über die Balkanroute eingereist. Anis Amri, der ein Jahr später zwölf Menschen auf dem Weihnachtsmarkt am Berliner Breitscheidplatz ermordete, war unmittelbar vor der Grenzöffnung nach Deutschland eingereist. Er konnte sich hinter vierzehn unterschiedlichen Flüchtlingsidentitäten verstecken – auch weil das BAMF in den Monaten nach der Grenzöffnung strukturell überfordert war.

Die Lösung in der Flüchtlingskrise ist nur eine provisorische. Denn die Aufgabe, zu entscheiden, wer aufgenommen oder abgewiesen wird, wurde einfach delegiert – an die Türkei, die sich immer mehr in eine Diktatur verwandelt, und an Mazedonien, einen Staat, in dem das organisierte Verbrechen herrscht. Diese Lösung wird so wenig von Dauer sein wie einst die von Gaddafi erkaufte Abschottung des Mittelmeers. Die Flüchtlingskrise ist noch nicht zu Ende.

Dank

Mein Dank gebührt den Menschen, ohne die dieses Buch nicht möglich gewesen wäre: meinen Gesprächspartnern und Informanten. Einige sprachen für diese Recherche zum ersten Mal mit mir und gewährten mir einen großen Vertrauensvorschuss. Andere kennen meine Arbeit schon länger. Manche wussten, dass ich einige Aspekte der Flüchtlingspolitik kritisch betrachte und haben gerade deshalb das Gespräch nicht abgebrochen – davor habe ich großen Respekt.

Offen darf ich den Kollegen danken, die mir sehr großzügig geholfen haben. Mit Manuel Bewarder habe ich viele gemeinsame Recherchen in der Flüchtlingskrise für die »Welt am Sonntag« gemacht, deren Ergebnisse auch in dieses Buch eingeflossen sind. Deniz Yücel gab mir gute Hinweise, die entscheidende Phase des EU-Türkei-Deals zu rekonstruieren. Boris Kálnoky öffnete mir in Budapest Türen, die mir sonst verschlossen geblieben wären. Dr. Christoph B. Schiltz gab mir in Brüssel gute Ratschläge, Martin Greive bewahrte mich vor einem finanzpolitischen Irrtum. Von Ralf Schulers ostdeutscher Skepsis durfte ich in vielen Gesprächen über Angela Merkel und ihre Politik profitieren. Dr. Peter Siebenmorgen half mir, wie schon so oft. Meine Ressortleiter Marcus Heithecker und Dr. Jacques Schuster gewährten mir Sonderurlaub für dieses Buch und auch anschließend so manchen Freiraum. Meine Chefredakteure bei der »Welt«-Gruppe Stefan Aust, Jan-Eric Peters, Dr. Ulf Poschardt und Thomas Schmid ermöglichen mir seit Jahren, Angela Merkel um die ganze Welt zu folgen.

Mein besonderer Dank gilt Jens König, der vor vielen Jahren mein Lehrer war und sich auch über diesen Text gebeugt hat. Und ohne Jens Dehning würde es dieses Buch nicht geben: Er hat es mir abverlangt.

Ohne meine Familie wäre meine Arbeit nicht möglich. Neo, Nike, Kilian und Astrid haben mich für dieses Buch viele Stunden lang entbehrt und mir trotzdem Mut gemacht. Ann-Kathrin und Martin Fleckner haben uns im Sommer großzügig Garten und Schreibtisch überlassen. Ulla Alexander, ohne die ich nicht Schreiben gelernt hätte, hat alles als Erste gelesen.

Personenregister

Auf die Aufnahme von Angela Merkel ins Register wurde verzichtet.